板書&イラストで
よくわかる

365日の全授業

小学校国語

4年 上

河合啓志 編著
国語"夢"塾 協力

明治図書

はじめに

　小学校の国語科の授業時数は，１年で306時間，２年で315時間，３・４年で245時間，５・６年で175時間と定められており，時間割を見れば毎日のように国語の授業があるはずです。

　日々の授業の積み重ねが子どもを伸ばします。これだけの時間を使って子どもたちに国語の力を身に付けさせることが求められています。忙しい中，ゼロから教材研究を重ね，毎単元・毎時間の授業を組み立てていくのは至難の業です。特に，若い先生にとっては学校生活すべてがはじめてのことばかりでしょう。

　そこで，下記を目指して本書を企画しました。

▶　朝，授業前にパッと目を通すことでいい授業ができるようになる本
▶　365日，国語の全授業が詰まっている本
▶　この１冊さえ手元に置いておけば安心！と思っていただける本

　工夫したのは，下記の３点です。

❖　**板書例を実物イメージのまま掲載！**
　　～実際の板書イメージを大切に授業が見通せる～

❖　**授業の流れを４コマのイラストでビジュアルに！**
　　～今日の授業はココが肝！　教師のメイン発問・指示が分かる～

❖　**今日の授業のポイント**
　　～ちょっと先輩が「今日はココが注意」とささやくようなアドバイス～

　まずは，本書から先生方に国語授業の楽しさやコツを知っていただき，「話したくて，聞きたくて，書きたくて，読みたくてたまらない！」……そんな子どもたちがいる「夢の国語教室」が全国に広がることを願っています。

　　　　　　　　　　　　編著者一同　岩崎直哉（１年）宍戸寛昌（２年）藤井大助（３年）
　　　　　　　　　　　　　　　　　　河合啓志（４年）小林康宏（５年）大江雅之（６年）

本書の使い方

> **本時の準備物を押さえる**
> 授業に必要な準備物を明記しています。

> **今日の授業の注意点が分かる**
> 今日の授業のポイントは？
> 気を付けるべき点は？
> そして，苦手さのある子がいる時にどう配慮するか，など配慮点をまとめてあります。
> 授業の要所を確認できます。

1 / 7時間 〈練習〉見立てる／言葉の意味が分かること／［情報］原因と結果

準備物：全文の拡大コピー

●単元のめあてをしっかりと確認すること
　この単元は，二つの教材を使って説明文の要旨をとらえるための学習です。「単元のめあて」「学習する教材」「学習する手順」などを子どもと十分共有してから学習をはじめましょう。

●教材の位置付け
　「見立てる」は，題名の前に書かれているように，「言葉の意味が分かること」の学習に生かすための「練習教材」として位置付けられています。これまで身に付けてきたことを振り返りながら，要旨をとらえるための基礎をしっかりと学んでいくようにしましょう。振り返りでは，教科書p.9の「四年生の学びを確かめよう」を読んだり，これまで習ってきた学習用語を確認したりします。

◇「見立てる」の構成表

構成	初め	中	終わり
段落	①	②③④⑤	⑥
要点			
大事な語や文			

❶単元のめあてや学習手順を確認する

「文章の要旨をとらえ，自分の考えを発表しよう」というめあてで「見立てる」と「言葉の意味が分かること」の二つの説明文をこれから読んでいきましょう。

　単元の扉を開き，単元名やリード文を読みながら「今日から二つの説明文を読んで，筆者が伝えたいことはどんなことなのかをとらえる学習をしていきます」と話し，単元のめあてや学習手順を確認する。その際，教科書p.9の「四年生の学びを確かめよう」を読んだり，これまで習った「筆者」「段落」「要点」「要約」といった学習用語を確かめたりする。

❷「要旨」という学習用語を学ぶ

「要旨」ってどういうことだろう。

「要旨」とは筆者が文章で取り上げている内容の中心となる事柄や，それについての筆者の考えの中心となる事柄のことです。

　この単元で学ぶ「要旨」という学習用語の確認をする。教科書p.46欄外に用語の解説があるが，「説明文を通して筆者が私たちにどうしても伝えたいと考えていること」と説明してもよいだろう。

76　〈練習〉見立てる／言葉の意味が分かること／［情報］原因と結果

> **授業の流れが分かる**
> 1時間の授業の流れを4コマのイラストで示しています。本時でメインとなる教師の指示・発問は■■■（色付き吹き出し）で示しています。**ココが今日の授業の肝です！**

忙しい！でも，いい授業がしたい！

授業準備の時間がないぞ…。

▼

『365日の全授業』は一目で授業づくりが分かる！

急いで確認！

▼

深くていい授業

読みが深まりましたね。

本時の目標と評価を押さえる
本時の主な目標と評価内容を示しています。

本時の目標
・単元のめあてを確認して，学習の見通しをもつとともに，「見立てる」を読み，およその内容と段落ごとの要点をつかみ，文章全体の構成を整理することができる。

本時の評価
・単元のめあてを確認して，学習の見通しをもつとともに，「見立てる」を読み，およその内容と段落ごとの要点をつかみ，文章全体の構成を整理している。

〈練習〉見立てる
言葉の意味が分かること

単元のめあてをつかみ，「見立てる」を読もう

○単元のめあて
　文章の要旨をとらえ，自分の考えを発表しよう

○学習する教材
　「見立てる」「言葉の意味が分かること」

○学習する手順
　①「見立てる」を読んで，要旨のとらえ方を学ぶ
　②「見立てる」の学習をいかして「言葉の意味が分かること」の要旨をとらえる

要旨 → 筆者が文章で取り上げている内容の中心となる事がらや，それについての筆者の考えの中心となる事がら
＝
筆者が読者にどうしても伝えたいこと

---

❸「見立てる」を読んで内容をつかむ

「見立てる」を読みましょう。どんなことが書いてありますか。

あや取りのことが書いてあります。

想像力のことが書いてあります。

　教師がゆっくりと範読した後，子どもたちに何度も声に出して読ませ，およその内容をつかませる。短い文章なので繰り返し読ませることが大事である。読む時も何も考えずに読むのではなく，「どんな内容なのか」「筆者が伝えたいことってどんなことなのだろうか」を頭に置きながら読むようにさせる。また，黒板とは別のところに全文を拡大コピーしたものを掲示し，書き込めるようにする。

❹段落の要点をまとめ，構成を整理する

各段落の要点をまとめましょう。大事だと思われる語や文はどこでしょうか。教科書に線を引いてみましょう。

　形式段落を確認してから，大事だと思われる語や文に線を引かせ，各段落の要点をまとめていく。その際，なぜその語や文が大事だと思ったかを言わせる。「～だ。」とか「～である。」とかいう断定的な文末の箇所や繰り返し出てくる言葉などに気付いていたら取り上げる。それから「初め」「中」「終わり」の構成を整理し，次時にはこのことをもとに要旨をまとめていく学習をすることを予告して授業を終える。

第1時　77

板書が分かる
実際の板書イメージで，記す内容や書き方を示しています。具体的な授業の様子がイメージできます。

本書の使い方　5

CONTENTS

目次

購入者特典について
本書の特典は，右のQRコード，または下記URLより無料でダウンロードできます。

URL ： https://meijitosho.co.jp/435416#supportinfo
ユーザー名：435416
パスワード：365kokugo4

はじめに

本書の使い方

第1章 授業づくりのポイント

1 指導内容と指導上の留意点 …………………………………… 010
2 資質・能力をはぐくむ学習評価 ……………………………… 014
3 国語教師の授業アップデート術 ……………………………… 018

第2章 365日の全授業　4年上

こんなところが同じだね …………………………………………… 022
（1時間）

春のうた …………………………………………………………… 026
（1時間）

1　場面と場面をつなげて読み，考えたことを話そう

白いぼうし ………………………………………………………… 030
（7時間）

本は友達

図書館の達人になろう …………………………………………… 046
（1時間）

漢字の組み立て 050
（2時間）

漢字辞典の使い方 056
（2時間）

春の楽しみ 062
（2時間）

聞き取りメモのくふう 068
[コラム] 話し方や聞き方から伝わること
（6時間）

漢字の広場① 082
（2時間）

2　筆者の考えをとらえて，自分の考えを発表しよう

〈練習〉思いやりのデザイン 086
アップとルーズで伝える
[じょうほう] 考えと例
（8時間）

カンジーはかせの都道府県の旅1 104
（2時間）

お礼の気持ちを伝えよう 110
（6時間）

漢字の広場② 124
（2時間）

3　場面の様子をくらべて読み，感想を書こう

一つの花 130
（7時間）

つなぎ言葉のはたらきを知ろう 146
（2時間）

短歌・俳句に親しもう（一） 152
（1時間）

[じょうほう] 要約するとき ················· 156
（2時間）

新聞を作ろう ····················· 162
［コラム］アンケート調査のしかた
（12時間）

カンジーはかせの都道府県の旅2 ··········· 180
（2時間）

夏の楽しみ ····················· 186
（2時間）

本は友達
事実にもとづいて書かれた本を読もう ········· 192
ランドセルは海をこえて
（5時間）

詩を味わおう
忘れもの ······················ 204
ぼくは川
（2時間）

あなたなら，どう言う ··············· 210
（3時間）

パンフレットを読もう ··············· 218
（2時間）

いろいろな意味をもつ言葉 ············· 224
（2時間）

漢字の広場③ ···················· 230
（2時間）

＊本書の構成は，光村図書出版株式会社の教科書を参考にしています。

第 1 章

授業づくりのポイント

I　指導内容と指導上の留意点

❶　上巻の収録内容

単元名	教材名	時数
	こんなところが同じだね	1
	春のうた	1
1　場面と場面をつなげて読み，考えたことを話そう	白いぼうし	7
本は友達	図書館の達人になろう	1
	漢字の組み立て	2
	漢字辞典の使い方	2
	春の楽しみ	2
	聞き取りメモのくふう [コラム] 話し方や聞き方から伝わること	6
	漢字の広場①	2
2　筆者の考えをとらえて，自分の考えを発表しよう	〈練習〉思いやりのデザイン アップとルーズで伝える [じょうほう] 考えと例	8
	カンジーはかせの都道府県の旅1	2
	お礼の気持ちを伝えよう	6
	漢字の広場②	2
3　場面の様子をくらべて読み，感想を書こう	一つの花	7
	つなぎ言葉のはたらきを知ろう	2
	短歌・俳句に親しもう（一）	1
	[じょうほう] 要約するとき	2
	新聞を作ろう [コラム] アンケート調査のしかた	12
	カンジーはかせの都道府県の旅2	2
	夏の楽しみ	2
本は友達	事実にもとづいて書かれた本を読もう ランドセルは海をこえて	5
詩を味わおう	忘れもの ぼくは川	2
	あなたなら，どう言う	3
	パンフレットを読もう	2
	いろいろな意味をもつ言葉	2
	漢字の広場③	2

2 指導のポイント

知識及び技能

　4年生は、「10歳の壁」とも言われるように、子どもたちにとっては大きな変化がはじまる時期です。3年生までは、自己中心的な視点で考えることが多いですが、4年生になると、対象と距離を置いた分析ができるようになり、自分のことも客観的にとらえることができるようになります。学習内容も、具体的なイメージがしやすい内容から、抽象度が高い内容が増えてきます。つまり、物事を俯瞰的、客観的に分析することができるようになる時期です。学習指導要領の3・4年生の内容には、言葉の「考えたことや思ったことを表す働き」「様子や行動、気持ちや性格を表す語彙」「文章全体の構成」「理由や事例、全体と中心」など、抽象的、俯瞰的な内容が散りばめられています。例えば、「アップとルーズで伝える」の説明文の学習でも、「初め」「中」「終わり」などの全体の構成を学習した後に、筆者の考えを読み取る学習を行います。その時に、筆者の考えと具体例のつながりをもとに、読みを深めることが求められます。一つ一つの段落だけを読むのではなく、全体と部分の関係を踏まえて、筆者の考えを読み取ったり、自分の考えを述べたりする学習が大切になります。

　俯瞰的、客観的なものの見方や考え方は、一度指導したからといってすぐに身に付くことではありません。物語や説明文を読む学習や文章を書く活動だけでなく、他の教科の学習などの様々な場面で、何度も何度も繰り返し指導する中で、子どもたちに少しずつ身に付いていくものです。全体と部分を見てそのつながりを見ながら自分の考えを深めていく学習の積み重ねで、子どもたちは10歳の壁を成長の糧として乗り越えていくことができます。

思考力、判断力、表現力等

①話すこと・聞くこと

　学習指導要領では、「相手に伝わるように、理由や事例などを挙げながら、話の中心が明確になるよう話の構成を考え」て話すこととあります。また、「必要なことを記録したり質問したりしながら聞き、話し手が伝えたいことや自分が聞きたいことの中心を捉え、自分の考えをも」って聞くこととあります。そして、「互いの意見の共通点や相違点に着目して、考えをまとめ」て話し合うこととあります。これらは、「伝えたいこと」と理由や事例などの「具体例」とのつながりを見極めながら、話し、聞き、話し合うことが求められています。

　例えば、「聞き取りメモの工夫」では、話し手が伝えたいことや自分が聞きたいことを話の中心としてとらえ、必要な情報を聞き分けながら簡単な言葉でメモすることを学びます。「あなたなら、どう言う」では、自分がどう感じるかだけでなく、相手の立場になって考え、相手に伝わる表現の仕方について学びます。これらの単元を中心として、話の中心を聞き分ける力の育成が求められます。

②書くこと

　「書くこと」では，報告・記録・説明・意見などの《説明的な文章》を書く学習と，日記・手紙，創作などの《実用的な文章・文学的な文章》を書く学習が設定されています。4年生では，《説明的な文章》として，事実を分かりやすく伝えることを目標に「新聞」を，理由や例を挙げて考えを伝えることを目標に「説明文」を，自分の考えを正しく伝えることを目標に「感想」を書きます。《実用的な文章・文学的な文章》では，気持ちを伝えるための「手紙」と，自分の思いを読む人に伝えるために「感想」を書きます。

　学習指導要領では，「材料を比較したり分類したりして，伝えたいことを明確に」し，「自分の考えとそれを支える理由や事例との関係を明確にして」書くこととあります。ここで重要となるのが，「意見」と「事実」の違いを意識し，そのつながりを考えながら書くことです。低学年の頃は事実と意見の区別が難しい時期ですが，中学年になり物事を客観的に考えられるようになってくる時期になると，事実と意見を区別して考える学習を積み重ねていく必要があります。「アップとルーズで伝える」では，筆者の考えと，伝えたいことを印象付けるための具体例のつながりについて学習します。これらの学びを生かして，書く学習でも意見と事実を区別して考え，自分の考えを分かりやすく伝えるために，例の挙げ方を工夫することが求められます。

　例えば，「新聞を作ろう」では，事実を分かりやすく報告することが目標となります。事実を明確にするために，アンケート調査や見学，インタビューを実施します。そして，それらの結果をもとに，自分の意見を形成して，新聞にまとめます。ここでは，子どもたちに「意見」と「事実」の違いを意識して新聞づくりに取り組むことが重要です。事実と意見の区別をしながら学習を取り組むには，シンキングツールであるピラミッドチャート（右図）の活用が有効です。インタビューやアンケート調査の結果（事実）を下段に書き，そこから分かったことを中段に書き，そして分かったことをもとにして自分の意見を上段に書きます。このような考え方を何度も繰り返すことで，少しずつ意見と事実の区別をして考える力が付いていきます。

ピラミッドチャート

③読むこと

　「読むこと」では，説明的文章と文学的文章を学習します。どちらも，構造と内容の把握，精査・解釈，考えの形成，共有という展開で学習が進められます。特に，精査・解釈において，説明文では要約を学習し，物語では登場人物の気持ちの変化を学習します。ここでも，「知識及び技能」「話すこと・聞くこと」「書くこと」と同様に，一つの段落や一つの場面だけでなく，文章全体から中心となる言葉を見付け，考えを深めることが求められています。

　4年生の説明文では，「思いやりのデザイン」「アップとルーズで伝える」「パンフレットを

読もう」「世界にほこる和紙」「ウナギのなぞを追って」を学習します。4年生で重要な学習となるのが，要約です。下の教科書では，「世界にほこる和紙」で筆者が伝えたいことを表す中心となる言葉を見付け，文章全体を要約します。要約をするためには，筆者が伝えたいことをとらえ，それにつながる重要な言葉を見付けなければなりません。そのために，上の教科書では「アップとルーズで伝える」の学習で，筆者の考えをとらえることを目標に学習を進めます。そして，筆者の考えと具体例のつながりを読み取り，伝えたいことを印象付けるための組み立てについて学びます。

　物語では，「白いぼうし」「一つの花」等を学習します。4年生で重要な学習となるのが，登場人物の気持ちや性格について，文章中の言葉を手がかりにして具体的に想像することです。4年生の1年間で，本文中の言葉から人物の気持ちを想像する経験を何度も何度も積み重ねることが重要です。そして，子どもたちに人物の気持ちを想像するもととなる言葉を見付ける力を育てなくてはいけません。気持ちを想像できる言葉は大きく分けて四つあります。一つは「言動」です。人物の言ったことや，動きから気持ちを想像する。二つ目は，「人物描写」です。人物の様子から気持ちを想像します。三つ目は，「修飾語」です。例えば，「一つの花」で，お父さんはゆみ子を「めちゃくちゃ」に高い高いをします。「めちゃくちゃ」という言葉からお父さんの気持ちを想像するのです。四つ目は，「情景」です。場面の景色からも人物の気持ちを想像できます。これら四つの言葉に着目することを多く経験することで，人物の気持ちを豊かに想像できる子どもを育てることができます。

3 苦手さのある子どもへの配慮

　4年生では，比較したり分類したりする活動が多くあります。比較したり分類したりする学習では，板書で整理しながらまとめることが有効です。Xチャートやピラミッドチャートなどのシンキングツールを活用して板書にまとめるなど，比較や分類の結果を可視化することで，苦手さのある子にも分かりやすくすることができます。

　「書くこと」を苦手にしている子どもは多いです。苦手な子どもには，成果物のサンプルを複数提示することが効果的です。例えば，新聞を書く学習では，教師が作成したいくつかの新聞の原稿を示すことで，それを真似ながら書くことができます。文章の書きはじめ方や言葉の使い方などを真似ることで，すべての子どもが書きやすくなります。

　「読むこと」の学習では，教師の発問で授業を構成することが多いです。算数では，問題の見通しの時間に解決の方略や方向性を検討することが多いですが，国語では子どもに発問をそのまま丸投げしてしまう授業を見ることがあります。国語でも，発問の後に，「会話文から読み取ろう」「1場面と2場面を比較しよう」などと発問の解決につながる見通しをもつ場面を設定することで，すべての子どもが見通しをもって考えることができるようになります。

第1章　授業づくりのポイント　13

2　資質・能力をはぐくむ学習評価

■ 2017年度学習指導要領改訂を踏まえた学習評価

　今回の改訂で，子どもたちに育てることが求められているものは「資質・能力」です。

　では，学習指導要領で示されている資質・能力とは一体何でしょうか。学習指導要領解説を見ると資質・能力は次のように説明されています。

> ア　「何を理解しているか，何ができるか（生きて働く「知識・技能」の習得）」
> イ　「理解していること・できることをどう使うか（未知の状況にも対応できる「思考力・判断力・表現力等」の育成）」
> ウ　「どのように社会・世界と関わり，よりよい人生を送るか（学びを人生や社会に生かそうとする「学びに向かう力・人間性等」の涵養）

　読んでみると，資質・能力とは，「何ができるか」「どう使うか」「よりよい人生を送るか」といった言葉に示されているように，授業で学習したことがその時間の中で完結してしまうのではなく，その後も生かしていくことを志向するものであることが見えてきます。

　ここで，国語の授業を思い浮かべてみましょう。

　4年「ごんぎつね」の最後の場面，ごんを撃ってしまった兵十は「ごん，おまいだったのか，いつも，くりをくれたのは。」とごんに語りかけます。ごんはぐったりと目をつぶったままうなずきます。そこで，私たちは，「ぐったりと目をつぶったままうなずいたごんはどんな気持ちだったのだろう」という学習課題を設定し，ごんの嬉しさ，切なさについて読み深めていきます。教室は，ごんの嬉しさ，切なさへの共感に包まれます。

　ただし，この授業の評価が，登場人物の気持ちを想像した満足感だけにとどまっていたとすると，資質・能力の育成がなされたとは言い難いのです。

　「子どもたちは本時を通して，何ができるようになったのでしょうか。」

　この問いに対して答えられるような授業，そして評価規準が設計されていなければならないでしょう。

　例えば，子どもが，まとめに「兵十のごんに対する呼び方が，それまで『ぬすっとぎつね』と悪い言い方をしていたのが『おまい』っていう友達に言うような言い方に変わったので，友達のように思ってもらえてごんはうれしかった」ということをノートに書いていれば，この子は，名前の呼び方の比較をすることで登場人物の心情の変化を想像することができるようにな

ったことを見取ることができます。

当然，子どもが「名前の呼び方の変化を比較する」という見方・考え方を働かせるためには，教師の働きかけが必要となります。

授業の位置付けにもよりますが，本時は子どもたちが学習課題を達成することとともに，何をできるようにさせたいのかを具体化して，授業を設計し，評価の俎上に載せていくことが，資質・能力の育成を目指す授業づくりでは大変重要です。

2 「知識・技能」にかかわる指導と評価

「知識・技能」にかかわる評価について，国立教育政策研究所教育課程研究センターが出している「『指導と評価の一体化』のための学習評価に関する参考資料」（以下，参考資料）には以下のように記載されています。

「知識・技能」の評価は，各教科等における学習の過程を通した知識及び技能の習得状況について評価を行うとともに，それらを既有の知識及び技能と関連付けたり活用したりする中で，他の学習や生活の場面でも活用できる程度に概念等を理解したり，技能を習得したりしているかについても評価するものである。

「知識及び技能の習得状況（下線　筆者）について評価を行う」という箇所は，これまでもよく行われてきたことだと思います。例えば，ひんぱんに行っている漢字テストなどは，その典型です。

一方で「他の学習や生活の場面でも活用できる程度に概念等を理解」という点については，あまりなじみがないという先生も多いかも知れません。

要するに，知識・技能の点においても，「何ができるようになるか」ということが大切にされているということです。

では，実際には，子どもたちのどのような姿を見取っていけばよいのでしょうか。

大まかに言えば，子どもが学んだ知識・技能を，実際に用いる場面を設ける，例えば，文章を書いて，自分の意見の説明をするという場面を設けるということが挙げられます。

案内の手紙を書く活動を行う3年上「気もちをこめて『来てください』」の教材を学習していく場面を例にとって説明します。

授業の中で，敬体と常体が混在している手紙，常体だけの手紙，敬体だけの手紙を比較させるなどをして，知識・技能の指導事項「丁寧な言葉を使うとともに，敬体と常体との違いに注意しながら書くこと。」（(1)キ）を指導します。

その授業の中で，子どもは案内の手紙の一部を，敬体を使って書いたとします。

子どもが書いたものから，学んだ知識・技能を，実際に用いる姿をとらえ，評価していくことができます。

第1章　授業づくりのポイント　15

3 「思考・判断・表現」にかかわる指導と評価

　国語科の場合は，これまで「話すこと・聞くこと」「書くこと」「読むこと」という領域での評価でしたが，まとめて，「思考・判断・表現」となりました。そうなると評価の在り方がずいぶんと変わるのではないかという不安をもってしまいます。

　けれども，「思考・判断・表現」というのは，〔知識及び技能〕と〔思考力，判断力，表現力等〕という二つの内容のまとまりのうちの一つであり，〔思考力，判断力，表現力等〕のまとまりが，さらに，「A話すこと・聞くこと」と「B書くこと」と「C読むこと」の三つに分けられているわけです。つまり，これまでの三領域がもう一つ上の階層の〔思考力，判断力，表現力等〕で束ねられているということなので，「思考・判断・表現」で評価していくといっても新たな評価項目を設定するというわけではなくて，具体的には各領域で評価をしていくということですので，評価の在り方は従来と変わりはないのです。

　「思考・判断・表現」にかかわる評価について，参考資料には以下のように記載されています。

　　「思考・判断・表現」の評価は，各教科等の知識及び技能を活用して課題を解決する等のために必要な思考力，判断力，表現力等を身に付けているかを評価するものである。

　　「思考・判断・表現」におけるこのような考え方は，従前の「思考・判断・表現」の観点においても重視してきたものである。

　この箇所からも，「思考・判断・表現」に関する指導や評価はこれまで同様でよいというニュアンスが感じ取れます。けれども，何から何までこれまでと変わりなくということになると，指導要領改訂の趣旨から外れてしまうでしょう。やはり，「主体的・対話的で深い学び」の視点から授業を設計し，子どもが，思考・判断・表現する場面を意図的に設定して指導，評価すべきでしょう。また，評価につながる言語活動としても，話し合いや，自分の考えを書くといった表現活動を積極的に行い，それらの様子を集めたポートフォリオを作るなど，子どもの「思考・判断・表現」のよさを様々な点から見取る工夫が必要になります。

4 「主体的に学習に取り組む態度」の評価の方法と工夫

　「主体的に学習に取り組む態度」にかかわる評価について，参考資料には以下のように記載されています。

　　「主体的に学習に取り組む態度」の評価に際しては，単に継続的な行動や積極的な発言を行うなど，性格や行動面の傾向を評価するということではなく，各教科等の「主体的に学習に取り組む態度」に係る観点の趣旨に照らして，知識及び技能を習得したり，思考力，判断力，表現力等を身に付けたりするために，自らの学習状況を把握し，学習の進め方について試行錯誤するなど自らの学習を調整しながら，学ぼうとしているかどうかという意思的な側

面を評価することが重要である。

　引用箇所の前半に記載されている「単に継続的な行動や積極的な発言を行うなど，性格や行動面の傾向を評価するということではなく」というのは，毎時間ノートをまめにとっているとか，授業中に挙手が多いとか，性格や行動の傾向が一時的に表れた姿を評価の対象にするのではないということです。

　では一体，何を評価するのでしょうか。

　参考資料では，「『主体的に学習に取り組む態度』の評価規準の設定の仕方」の箇所に以下のように記載されています。

　　①粘り強さ〈積極的に，進んで，粘り強く等〉

　　②自らの学習の調整〈学習の見通しをもって，学習課題に沿って，今までの学習を生かして等〉

　　③他の2観点において重点とする内容（特に，粘り強さを発揮してほしい内容）

　　④当該単元の具体的な言語活動（自らの学習の調整が必要となる具体的な言語活動）

　参考資料には，評価規準の設定例として「進んで，登場人物の気持ちの変化について，場面の移り変わりと結び付けて具体的に想像し，学習課題に沿って，感じたことや考えたことを文章にまとめようとしている」とありますが，私たちが授業をつくっていく時に特に考えていくべきは上の①と②でしょう。

　子どもが粘り強さを発揮したり，自らの学習の調整をしたりするためにはどのような授業を構想し，何をどのように評価するのかの実践と工夫を重ねることが必要となります。

5　子どもの学びに生きる評価の工夫

　評価は何のために行うのでしょうか。

　通知表を付けるためでしょうか。もちろん，学期末の評定の資料に使うという目的もあるでしょう。けれども，もっと大切なことが二つあると思います。

　一つは，私たちの授業改善でしょう。本時に見取った子どもたちの学習状況から授業を振り返り，より質の高い授業につなげていくことができるでしょう。また，次時の授業の内容を考える際の参考にもなるでしょう。二つは，子どもが一層輝くためでしょう。子どものよさを見取り，子どもに返すことで，その子の自信につなげることができます。また，課題を見取った際には，適切な支援を図ることで，その子の力は伸びていきます。前もって子どもと評価規準の共有をしたり，多様な評価場面を設定し，評価を行う等の工夫をしたりすることで，評価を通して，一人一人のよさを引き出し，一層輝かせていくことを目指したいです。

第1章　授業づくりのポイント　17

3　国語教師の授業アップデート術

　改訂された学習指導要領では「主体的・対話的で深い学び」という授業改善の新しい視点が示されました。そして，学校には一人一台のタブレット PC が導入され，新しい教科書には新しい教材と新しい指導法が入るなど，教育界には日々新しいものが流れ込んできます。そこで，ここでは，授業をアップデートする視点をいくつか紹介します。アップデートはある日突然すべてがまったく新しいものに切り替わることを意味するわけではありません。これまでの方法をちょっといいものに上書きするだけです。まずは気軽にはじめてみてください。

■ タブレット PC（iPad）の活用

一人一台のタブレット PC で授業はどう変わるか

　GIGA スクール構想により，配備が進むタブレット PC。あまり構えず「ちょっと見た目が新しい文房具」という意識で付き合ってみるとよいでしょう。例えば，"付箋" は便利な文房具です。1 枚ごとにアイデアを書き出して「視覚化」し，類比や対比をしながら並べ替えて「分類」「整理」をするなど，情報を具体物として操作できるよさがあります。しかし，個別に配付する手間，操作に必要なスペース，貼り終わった後の処理などの面倒に思える部分があるのも事実です。そこで，これらの操作をタブレット PC で代用してみてはどうでしょう。台紙の配付も集約も整理もあっという間ですし，子どもが指先で直感的に操作できる操作性のよさはもちろん，電子黒板やプロジェクターを使えば簡単に全員の記録を見せることもできます。もちろん写真を撮って記録をする必要もなく，そのまま次の授業で続けることができます。また，作文の下書きをワープロソフトで書かせてみてはどうでしょう。鉛筆とは異なり，間違えた時や言葉を付け足したい時にすぐ直せるので，子どもは自由な表現に集中することができます。あとは印刷して清書するだけです。このように，タブレット PC だからと構えず，現行の教具をちょっとよくする使い方から始めてみましょう。

プロジェクターを併用すると板書はどう変わるか

　教師が授業を行ううえで必須の教具は何かと問われた時に，まず挙がるのは黒板でしょう。一口に板書といっても，そこには「集中」「収集」「整理」「焦点化」「強調」「補完」といった様々な機能が集約されています。中でも「集中」や「強調」といった機能は ICT の得意分野です。プロジェクターや大画面モニターを利用した動画やプレゼンテーションの提示は教材への没入度を高め，学習内容の理解を深める効果が期待できます。また，一人一台のタブレット

PCを使えば，意見の「収集」「整理」を短時間で美しく板書で見せることもできます。このように，単機能に特化すると優秀なのですが，ICTだけを用いて授業を進めることは避けるべきです。なぜなら，板書が本来もっている学びの基地として役割が果たせないからです。学びの基地とは，1時間の授業の流れや子どもの活動の足跡が残ることを意味します。パッパッと切り替わるスライドを目で追うだけでは，今何をやっているのか，先ほど何を学んだのか，子どもが自分のペースで振り返ることができなくなります。また，ノートに視写する手間がなければ，記憶として頭に残る割合も減ってしまうのです。ですから，これから始まるICTを併用した板書では，何を書き，どこにICTを使うか，これまで以上に授業者のねらいを明確にしていく必要があるのです。

2 学びを深める「思考ツール」の活用

　思考ツール（シンキングツール）とは，情報を整理したり思考をクリアにしたりすることで，多角的多面的な見方を可能にする図表群を表します。国語授業をアップデートするためにまずオススメするのは，手順を流れで整理する「ステップ・チャート」と，情報を軸で整理する「マトリックス」です。国語の板書は縦書きを基本とするため，右から左に進む巻物のようになり，文脈による理解が必要になります。そこで，枠囲みと矢印を使って順番を整理すると，それだけで理解しやすくなります。また，子どもの意見を集約する時に，十字の線を引いてそれぞれの属性に合わせて整理するだけで，共通点が見えやすくなります。このように普段の板書に適切な思考ツールを取り入れるだけで，構造化の度合いがぐんと高まるのです。

　さらに，物語の読解では「プロット図」が役立ちます。物語のプロットを山型に示したもので，それぞれの場面における心情の上昇や下降が明確になるよさがあります。人物の心情を読み取ってからつくる心情曲線とは異なり，普遍的な物語の構成を単純化しているため，どの作品にも使いやすいことが特徴です。

　まずは教師が授業の中で積極的に使い，思考ツールを子どもの身近なものにしていきましょう。そして，学年

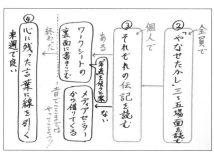

ステップ・チャート

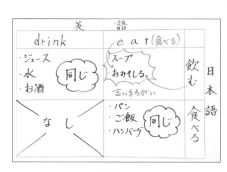

マトリックス

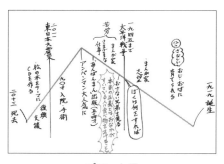

プロット図

の終わりには子ども自身が目的や場面に応じて選択し，活用できるようにするのがゴールです。

3 「ペア・グループ活動」の活用

　言語活動の充実が叫ばれた時に，多くの教室で「ペア対話」が取り入れられました。全体に発表する前に自信をつける，すべての子どもに表現の機会を与えるなど，簡単に取り組めるうえに効果が高い活動として今でもよく使われています。そのペア対話をアップデートするポイントを二つ紹介します。一つは「ペア対話」を世に知らしめた元筑波大学附属小学校の二瓶弘行先生が大切にされていた「"やめ"と言われるまで話し続ける」ことです。話し続けることは対話に対する構えをつくることにつながります。話題が尽きたら同じ話を繰り返してもよいから，とにかく話し続けることを子どもに指示します。もう一つは上越教育大学教授の赤坂真二先生がよく使われる「話のきっかけをつくる」ことです。例えば，知っている動物について話し合わせたい時には「隣の席の動物の専門家に聞いてみましょう」のような言葉を用いて促すことで，子どもは自然と相手に「訊く」構えが生まれます。どちらも効果は絶大です。

　グループ学習ではこれまで様々な手法が提案されてきましたが，国語授業のアップデートとして試してほしいのが"外向き花びら型グループ学習"です。机を合体させ，顔を向き合わせて行うのが通常のグループ学習ですが，これは机を花びらのように外側に向け，背中を内側に向けた形になります。一人学びの時は集中しやすいように外を向き，話し合いたい時には内側を向いて膝を寄せるようにします。子ども自身が学習のスタイルを選択でき，探究型の長時間に渡る学びにも対応できる，オススメの型です。

4 「マルチ知能・脳科学」の知見

　「個に応じた学び」は大切です。そして，本当の意味で個性に適した学習を考えるには，子どもがもつ複数の能力を見極める視点が必要です。それがハーバード大学のハワード・ガードナー教授が提唱する「マルチプル・インテリジェンス」です。「言語能力」や「空間能力」をはじめとした八つの能力を窓として見ることで，その子どもの個性や得意分野，興味に合わせて成長をサポートすることができます。例えば，説明文の読解をする際に，中心となる語句をうまく抜き出せない子どもがいたとします。「音感能力」が高いのであれば，リズムに合わせたり，特定の言葉だけ大きな声で言わせたりといった音読する場面を設けることで気付きが得られるかもしれません。「論理的・数学的能力」が高いのであれば，同じ言葉が繰り返される回数や配置に着目させることで規則性を見出すかもしれません。「人間関係・形成能力」が高ければ，友達と交流させることで答えを引き出していきます。八つすべては無理であれ，授業の方略を複数用意する効果的な視点となるでしょう。

第**2**章

365日の全授業　4年上

こんなところが同じだね

1時間

① 単元目標・評価

- 様子や行動，気持ちや性格を表す語句の量を増やし，話や文章の中で使うことができる。（知識及び技能(1)オ）
- 話し手が伝えたいことや自分が聞きたいことの中心をとらえ，自分の考えをもつことができる。（思考力，判断力，表現力等 A(1)エ）
- 言葉がもつよさに気付くとともに，幅広く読書をし，国語を大切にして，思いや考えを伝え合おうとする。（学びに向かう力，人間性等）

知識・技能	様子や行動，気持ちや性格を表す語句の量を増やし，話や文章の中で使っている。((1)オ)
思考・判断・表現	「話すこと・聞くこと」において，話し手が伝えたいことや自分が聞きたいことの中心をとらえ，自分の考えをもっている。(A(1)エ)
主体的に学習に取り組む態度	言葉がもつよさに気付くとともに，思いや考えを伝え合おうとしている。

② 単元のポイント

この単元で知っておきたいこと

　「比較」は，物事を考えるための第一歩と言える。「比較」というのは，ある観点で対象を見て，共通点と相違点を探すことを言う。1年生から自然と「比較」の学習がある。例えば，1年生の説明文の「くちばし」「じどう車くらべ」などは，「比較」を学ぶ第一歩だ。本単元も，その流れにある。比較をするためには，比べる物事と比べる観点が大切になる。本単元では，自分と友達を比較する。子どもたちは，授業を通して，比べるための観点の重要性に気が付く。

教材の特徴

　年度はじめで，まだ友達ともなじむことができていない時に，お互いの共通点を見付けることは，お互いの関係を深めていくことにつながる。また，友達との共通点を探すことで，自分自身を見つめ直すことにもなる。国語の授業は，言葉の力を付けるとともに，友達との関係を深くし，自分自身のことを見つめ直すこともできる。

22　こんなところが同じだね

3 学習指導計画（全1時間）

次	時	目標	学習活動
一	1	・様子や行動，気持ちや性格を表す語句の量を増やし，話や文章の中で使うことができる。 ・話し手が伝えたいことや自分が聞きたいことの中心をとらえ，自分の考えをもつことができる。	○教師のモデルを示す。 ・○○先生と△△先生の比較をベン図にまとめる。 ・比較したテーマをまとめる。 ○二人一組で比較する。 ・時間を決めてペアで比較し，共通点や相違点を見付ける。 ・比較したテーマを発表する。 ○4人グループで共通点を見付ける。 ・見付けたテーマを参考に，4人グループの共通点を見付ける。 ○共通点をクイズ形式で発表する。 ・見付けた共通点をクイズ形式で発表する。

振り返りの工夫

　本時の振り返りは，二つの視点で書かせることが有効です。

　一つは，「比較」を学習したことについての振り返りです。「比べる」ということは共通点と相違点を見付けること，比べるためには観点（テーマ）が必要なこと，そして，実際にやってみて分かった「比べることのコツ」を振り返らせることが大切です。

　　「くらべるということは，（　　　　　　　　　　　　）。
　　　くらべるためには（　　　　　　　　　　　　　　）。
　　　そのコツは（　　　　　　　　　　　　　　　　　）。」

などと型を示すと書きやすくなります。

　もう一つは，友達のことについての振り返りです。授業の中で，子どもたちは友達との様々な共通点を見付けます。これから1年間一緒に学ぶ仲間との出会いの場とも言えます。共通点を見付けることで，これからの会話もよりはずむでしょう。友達との共通点を見付けたことのうれしさや，これから楽しみなこと，知らなかった友達の一面を振り返ることで，これからの学びを楽しみにする気持ちがわきあがることでしょう。

　本時は「言葉のじゅんび運動」の単元になります。言葉は，思考のツールでもあり，コミュニケーションのツールでもあります。これから1年間，子どもたちは，友達とともに多くのことを学んでいきます。その土台となるのは，自由に発言し，それを受けとめてもらえる学級風土です。これからの豊かな学習をスタートする準備として，子ども同士の関係を深める学習が本時の一番のねらいです。

こんなところが同じだね

準備物：なし

●比較

比較するというのは，同じところと違うところを見付けることです。比較は，思考を深めたり，新たな発見をしたりするための重要な方法です。本時ではベン図の指導も可能です。ベン図の使い方を教えることで，国語だけでなく他の教科においても活用することができます。

●自分と友達

本時は進級してはじめての国語の授業です。授業では，学力を付けることが大切ですが，それと同じくらい「子ども同士が仲よくなる」ことも大切です。授業を通して，少しずつ関係を深めていくのです。本時では，お互いの共通点や相違点を見付けることを通して，自分のことを話し，友達のことを聞きます。授業後に，ほかの人との共通点を見付ける宿題を出すのもいいですね。

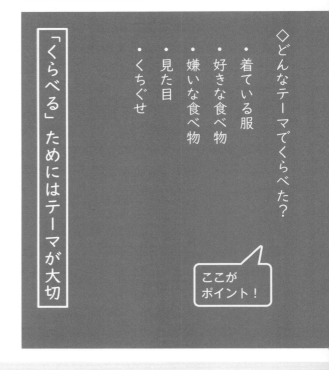

◇どんなテーマでくらべた？
・着ている服
・好きな食べ物
・嫌いな食べ物
・見た目
・くちぐせ

「くらべる」ためにはテーマが大切

ここがポイント！

❶教師のモデルを示す

○○先生と○○先生を比べましょう。比べるというのは，同じところと違うところを見付けることです。

同じところは両方とも先生というところ。

違うところは2人のくちぐせです。

ベン図を用いて，授業者と他の先生などの他者を比較させる。授業開きでもあるので，楽しい雰囲気をつくれるように，アニメのキャラクターなどの子どもが興味をもつ人物と比較させてもよい。

比較するということは同じところと違うところを見付けることであることを確認する。次の活動を見据えて，見た目や性格などのいろいろなテーマを出させる。

❷二人一組で比較する

それではペアで同じところと違うところを見付けましょう。同じところがたくさん見付かるといいですね。

どんなテーマで比べましたか。

二人一組で共通点と相違点を見付けさせる。ベン図を使用すると，今後の比較の学習でも活用できる。これからの学級づくりに向けて，「同じところは，いくつ見付かるかな」などと共通点を意識させたい。時間は2〜3分ほど取る。時間があれば，ペアを交代させて，何回かしても面白い。

最後に，比較した観点（テーマ）を発表させる。お互いを知る視点が増えていく。

本時の目標	本時の評価
・様子や行動，気持ちや性格を表す語句の量を増やし，話や文章の中で使うことができる。 ・話し手が伝えたいことや自分が聞きたいことの中心をとらえ，自分の考えをもつことができる。	・様子や行動，気持ちや性格を表す語句の量を増やし，話や文章の中で使っている。 ・話し手が伝えたいことや自分が聞きたいことの中心をとらえ，自分の考えをもっている。

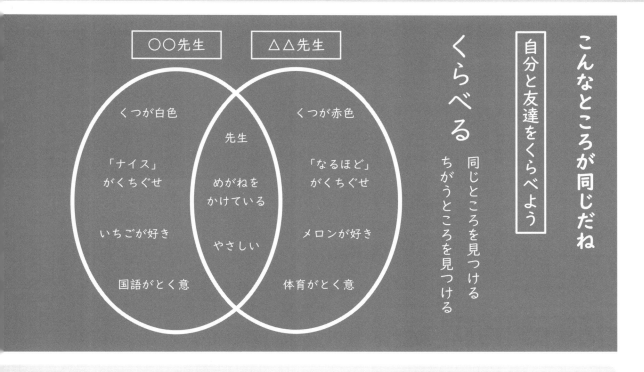

❸ 4人グループで共通点を見付ける

さっきのテーマは参考になるね。みんなの好きなキャラクターは何？

○○さんは，私と同じキャラクターが好きなんだ！

　今度は，二つの組を合わせて4人グループをつくり，4人の共通点をたくさん探させる。❷で見付けた観点を参考にさせる。「5分間でたくさん見付けよう」などと時間制限を設けるとゲーム性が出て面白い。できるだけ意外な共通点を見付けるように声かけをする。大切なことは，「共通点を探す」という活動を通じて，お互いのことを知ることにある。

❹ 共通点をクイズ形式で発表する

私たちの共通点は，好きな食べ物でした。4人に共通する好きな食べ物は何でしょうか。

4人に共通する好きな食べ物か…。この前，給食の時に話していたなぁ。

　最後に発表をさせる。普通に発表させてもいいが，クイズ形式にすると，聞いている子どもたちも4人の共通点を考えることができるので，より主体的に関わることができる。クイズの出し方も，共通するテーマを発表させ，それが何かを考えるものにする。そうすることで，テーマに意識が向く。最後に，「友達との共通点を知って思うこと」をテーマに振り返りを書かせる。

春のうた

（1時間）

1 単元目標・評価

- 場面の様子やかえるの気持ちを意識しながら音読ができる。（知識及び技能(1)ア・ク(2)イ）
- 場面の様子やかえるの気持ちを具体的に想像できる。（思考力，判断力，表現力等 C(1)エ）
- 言葉がもつよさに気付くとともに，幅広く読書をし，国語を大切にして，思いや考えを伝え合おうとする。（学びに向かう力，人間性等）

知識・技能	場面の様子やかえるの気持ちを意識しながら音読している。（(1)ア・ク(2)イ）
思考・判断・表現	場面の様子やかえるの気持ちを具体的に想像している。（C(1)エ）
主体的に学習に取り組む態度	場面の様子やかえるの気持ち，音読での表現の仕方について課題を設定して，課題について追求しようとしたり，観点をもったうえで友達と音読を聞き合い，互いのよさについて伝え合いをしようとしている。

2 単元のポイント

この単元で知っておきたいこと

　冬眠から目覚めたかえるの喜びと，進級して希望に満ち溢れている子どもたちの気持ちは，シンクロしやすいであろう。その子どもたちの気持ちを生かしながら，子どもたちがこれからの国語の学習を楽しみだと思えるように，楽しく授業を行いたい。

言語活動

　どのように音読をすると明るく楽しく感じるのか，様々な読み方を範読で示したうえで，子どもたちに考えさせたい。音読の速さ，声の大きさ，抑揚の付け方による，聞き手の受け取り方の違いに気付かせ，それぞれが表現したい場面の様子やかえるの気持ちを表現できるようにさせたい。また，実際に表現できているかよりも，どのように読もうとしたのかを汲み取るようにしたい。

26　春のうた

3 学習指導計画（全１時間）

次	時	目標	学習活動
一	1	・表現を意識しながら音読ができる。 ・場面の様子や気持ちを具体的に想像できる。 ・場面や気持ちについて想像しようとしたり、互いの音読のよさを伝え合おうとしたりする。	・場面の様子やかえるの気持ちについて考え、話し合わせる。 ・教師の範読を聞き、自分が表現したい場面や気持ちを表現するための読み方について考える。 ・互いの音読を聞き合う。 ※詩の音読を楽しむことを第一とし、子どもたちのそれぞれの工夫を認めるとともに、なぜそのような工夫をしたのかを確認するようにする。

詩を声に出そう

谷川俊太郎の「かっぱ」という詩をご存知ですか。

ただ黙って目で追うと、どう読んだらいいのか、少し分かりづらい詩です。ところが、この詩を声に出して読んでみます。最初は、なかなかうまく読めないかもしれませんが、２回、３回と声に出してみてると、だんだんと区切りが分かってきます。このように、声に出すことで区切りの分かる詩があります。

また、詩の中には、今回の「春のうた」のように、読んでいるうちに、自然とリズムよく読めてくるものがあります。リズムのよい詩の多くは、七五調という形式でできています。どの行も、文字の数を数えてみると、ほぼ七文字と五文字の組み合わせでできています。また、はじまりや終わりの言葉を統一することで、よりリズムに規則性を出している詩もあります。

他にも、早口言葉のような詩や言葉遊びになっている詩など、たくさんの詩があります。今回の「春のうた」のように、独特な擬態語や擬声語が出てくる詩もたくさんあります。今回の授業をきっかけに、そういった詩を子どもたちに紹介したり、図書館・図書室で見付けてくるように声をかけたりしてみてください。きっと、子どもたちが、さらに詩を楽しめるようになるはずです。

春のうた

準備物：黒板掲示用資料

●工夫の意図を大事にしよう

詩の音読の授業では，内容を深読みするよりも，だいたいの場面の様子・気持ちを押さえ，音読の工夫を考える時間をたくさん取ってあげましょう。

音読の授業では，「なぜそのように読んだのか」という部分を大切にします。これを省くと，「ただ変わった読み方をして楽しんだ」という授業に陥ってしまいがちです。必ず「○○が伝わるように，△△に読んだ」ということを言えるようにしましょう。

●うまく表現できない子には……

教師の側からその子が表現したいものに合った読み方を提示して，「同じように読んでごらん」と伝えてあげます。無理に考えさせるよりも，今後につながるように，どのように工夫すれば表現できるのかを実感させてあげてください。

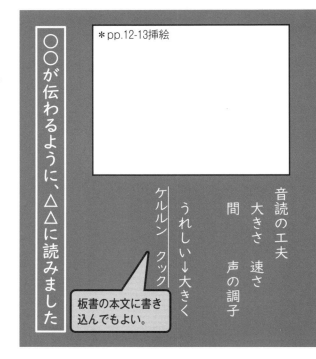

❶一斉音読後，内容の読み取りを行う

音読後，子どもに疑問点を尋ね，「ケルルン クック」という表現に目を向けさせると，課題が設定しやすくなる。「何を表現していると思う？」と問うと，「春が来たからうれしくて歌っている」「かえるの鳴き声」などの意見が出される。「うれしい」「春が来た」という言葉が出たら，それをもとに，「春の様子はどの言葉から分かる？」「どのくらいうれしい？」と問いかけて，内容理解を深めたい。

❷音読の工夫について考える

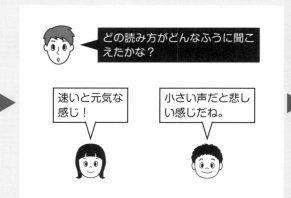

音読を工夫しようと言っても，何をどうすれば工夫になるのかを子どもが分かっていない場合は，教師の側から「大きさ・速さ・間・声の調子」を変えて様々な音読の仕方を提示し，それぞれの違いによる聞き手の受け取り方に気付かせたい。

そのうえで，それぞれが表現したいことに合った音読の工夫を考えさせ，「○○を表現したいから△△な読み方をする」という意識をもたせたい。

本時の目標	・表現を意識しながら音読ができる。 ・場面の様子や気持ちを具体的に想像できる。 ・場面や気持ちについて想像しようとしたり，互いの音読のよさを伝え合おうとしたりする。	本時の評価	・表現を意識しながら音読をしている。 ・場面の様子や気持ちを具体的に想像している。 ・場面や気持ちについて想像しようとしたり，互いの音読のよさを伝え合おうとしたりしている。

春のうた

想像した場面の様子や気持ちを表現して、聞き合おう

＊pp.12-13詩

かえるの気持ち
楽しそう・
おどっていそう
うれしい
春が来たから
まぶしい
みずは……
かぜは……
いいにおい
いぬのふぐり
おおきなくも

場面の様子
明るい
さわやか
花が咲いている
他にも生き物がいる

❸ 音読の練習をする

かえるのうれしい気持ちを表現するために、「ケルルン　クック」は大きな声で速く読もう。

また，工夫について板書で例を示しながら，教科書の本文の隣に書き込ませる。できれば，ただ「大きく」「間」などだけではなく，「とても嬉しい→大きく」など，工夫の理由も書かせたい。また，「大きく」ばかり書き込んでしまうような子には，違いを付けるとよいことを伝え，「一番大きく」「少し大きく」といった記述ができるようにしたい。

❹ 工夫した音読を発表する

かえるのうれしい気持ちが伝わるように、「ケルルン　クック」は大きな声で速く読みます。

かえるが喜んで踊っている様子がよく伝わってきたよ。

発表する機会を確保するために，小グループで発表させる。発表前に工夫を一つ伝える時間も取る。「○○が伝わるように，△△しました」といった文型を示す。小グループでの発表後は，代表だけでも全体の前で発表させる。発表の意図を伝える時間と，発表後に子どもから感想を伝える時間を取る。また，「△△という工夫がよかったから，○○が伝わったよ」などと，必ず教師としての評価を伝える。

第1時　29

1　場面と場面をつなげて読み，考えたことを話そう

白いぼうし

7時間

1　単元目標・評価

- 文章全体の構成や内容の大体を意識しながら音読することができる。（知識及び技能(1)ク）
- 登場人物の行動や気持ちなどについて，叙述をもとにとらえたり，文章を読んで理解したことに基づいて感想や考えをもったりすることできる。（思考力，判断力，表現力等 C(1)イ・オ）
- 言葉がもつよさに気付くとともに，幅広く読書をし，国語を大切にして，思いや考えを伝え合おうとする。（学びに向かう力，人間性等）

知識・技能	文章全体の構成や内容の大体を意識しながら音読している。（(1)ク）
思考・判断・表現	「読むこと」において，登場人物の行動や気持ちなどについて，叙述をもとにとらえたり，文章を読んで理解したことに基づいて感想や考えをもったりしている。（C(1)イ・オ）
主体的に学習に取り組む態度	積極的に，登場人物の行動や気持ちなどについて叙述をもとにとらえ，学習課題に沿って考えたことを話し合おうとしている。

2　単元のポイント

教材の特徴

　子どもは，本作「白いぼうし」を読んで，「後ろの座席に座っていた女の子が知らない間に消えている」ということなどに何かしら不思議な感じを受け取ると思われる。そして，「女の子が消えたってどういうこと？」「女の子がちょうって分かるところは？」といった疑問を解決していこうとする中で，結末に至る伏線を見付けることができる。低学年までは，作品の中に入り込んで想像を広げることが多いが，本作品では，物語にある「言葉と言葉のつながり」を，外からの目で見付けることで，物語の巧みな仕組みについてもとらえていくことができる。

言語活動

　本単元では，「話題について話し合う」という言語活動を中心に位置付けている。4月のこの時期なので，「様々な意見を出し合うことでみんなの理解が深まるって楽しい」という経験を積み，学級集団の基盤をつくるという意味付けもできよう。どんな意見でも先生や仲間が温かく受け入れてくれるという雰囲気づくりを心がけたい。

30　白いぼうし

3 学習指導計画（全7時間）

次	時	目標	学習活動
一	1	• 教師の範読を聞き，作品から感じたことや疑問に思ったことを出し，単元の学習課題「作品のふしぎについて話し合おう」を追求する意欲をもつことができる。	○教師の範読を聞き，感想を話し合い，単元の学習課題「作品のふしぎについて話し合おう」について確かめる。
二	2	• 「時，場，人物」を観点に場面に分け，人物の行動をまとめたうえで，作品の大まかなあらすじを話すことができる。	○場面分けを確認し，それぞれの登場人物と場所を確かめる。 ○登場人物の主な行動を確かめる。
	3	• 松井さんの人柄について行動や会話を根拠にしてとらえることができる。	○中心人物「松井さん」の人柄について話し合う。
	4	• 場面の移り変わりに注意しながら，伏線をとらえることができる。	○「女の子が，ちょうだ」と言えるわけについて話し合う。
	5	• 作品の言葉と言葉のつながりに気付くことができる。	○「どうして女の子は助かったのか」について話し合う。
	6	• 作品における大事な言葉をとらえ，考えをまとめることができる。	○最後の一文について考えたことを話し合う。
三	7	• これまでの話し合いで考えたことを文章化することができる。	○「白いぼうし」について，話し合ってきたことをもとにして考えたことを書く。

1/7時間 白いぼうし

準備物：なし

●「初読の感想」を書かせる

「初読の感想」を書かせる意図は，大きく三つあります。

> ①教師が子どもの読む力／作品への理解度を知ること。
> ②単元の学習課題（ゴール）を設定すること。
> ③単元末の感想と比べることで，子どもが学びの成果を自覚できるようにすること。

本単元では，②を重視して，主に作品の第一印象を短く書くように設定しています。

感想を書けない子がいたら，型を示してあげることも有効です。例えば，「『白いぼうし』は，〜な話です。それは，〜。」というような型に当てはめることで安心して書ける子もいるでしょう。箇条書きで書くことにするのも支援の手立てとなります。

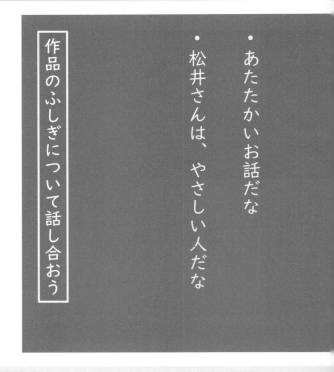

作品のふしぎについて話し合おう
・松井さんは，やさしい人だな
・あたたかいお話だな

❶様子を想像する大切さを確かめる

読む時には，文字を映像として頭に浮かべることを確かめておく。
例「前に学習した『春のうた』では，かえるの様子を想像しましたね。今回の物語でも様子を絵に浮かべながら聞きましょう。」
　また，作者あまんきみこさんは，3年「ちいちゃんのかげおくり」の作者でもある点も押さえると，子どもの関心も増す。

❷教師の範読を聞く

T「先生が読んだ後，どんな話だと感じたのか，疑問に思ったことは何かを書いてもらいますから，考えながら聞いてくださいね。」
　次の活動を予告したうえで範読を聞かせる。
　範読している時は，できれば子どもたちの表情やつぶやきから，物語への関心，理解度を少しでも見取るようにしたい。「女の子がちょうなのではないか？」と気付く子もいるので，よく見ておきたい。

本時の目標	・教師の範読を聞き，作品から感じたことや疑問に思ったことを出し，単元の学習課題「作品のふしぎについて話し合おう」を追求する意欲をもつことができる。	本時の評価	・教師の範読を聞き，作品から感じたことや疑問に思ったことを出し，単元の学習課題「作品のふしぎについて話し合おう」を追求する意欲をもっている。

白いぼうし

文章を読むときのポイント
　頭の中で絵を想像（ぞう）する

感じたことやぎもんに思ったことを出し合おう

・ふしぎな感じがする
　女の子は消えたのかな？
　女の子がちょうちょ？
　松井さんは、なぜ女の子を乗せたの？

❸作品から受けた感想を出し合う

読んだ感想や疑問を発表してください。

女の子は消えたのかな？

松井さんは優しいなぁ。

❹今後の見通しをもつ

ふしぎだなぁ。

女の子がちょうになったの？

では，作品のふしぎについてみんなで考えていきましょう。

　「女の子が消えたのがふしぎ」「白いぼうしに夏みかんを入れた松井さんは優しい」といった第一印象を出し合うことができたらよい。
　例えば，次のような指示をする。
T「『作品全体から受けた感じ』『あれ？と思ったこと』という二つのことについて感想を書きましょう。」
　「感想を書きましょう」では，漠然としすぎていて何を書けばいいか分からないので NG。

　学習課題を決める際，子どもたちの興味・関心も受け入れながら決めていくようにしたい。
　本作品では，作品から何かしらの「不思議さ」を感じ取る子がいることが予想される。
　子どもが感じたことを生かし，「そのみんなが感じた『不思議さ』って何だろう？」と投げ返すと，子どもも追求していきたい学習課題として共有しやすい。

白いぼうし

2/7時間
準備物：なし

● 「あらすじ」をまとめる

　子どもたちの意見をもとに「あらすじ」をまとめる時，どれぐらい詳しくまとめていくのかが迷いどころです。特に，作品の面白さを損なわないようにしようとすると，どんどん詳しくなってしまいます。「あらすじ」は「粗筋」，言わば物語の骨格です。ですから，作品の面白さが必ずしも表れていなくてもよいのです。作品は，そのストーリーが面白くなるように肉付けしているのですから。「あらすじ」をまとめる意図は，作品の全体像を大まかにつかむことにあります。「あらすじ」をまとめていく過程で，子どもたちは作品を何度も読み返し，その全体像をとらえていきます。

　外せないキーワードを2・3確定しておく，作品（場面）の述部は何かをとらえる，などの手立ても有効です。経験を重ね，自分で物語をまとめていく力を育てていきたいところです。

③ 松井さん　松井さんは、女の子が乗っているのに気づく
　女の子
　男の子　男の子がお母さんを連れてくる
　お母さん
④ 松井さん　女の子がいなくなっている
　ちょう　小さな声を聞く
　　　　　女の子はちょう？

❶本時のめあてを確かめる

家に帰って「白いぼうし」ってどんなお話？と聞かれて，答えられなかったら，「読めた」とは言えないよね。
今日は，どんな話なのか，あらすじを簡単に言えるようにしましょう。

　「『白いぼうし』ってどんな話か短く言えますか？」と子どもに問うと，きっと困る子も多いでしょう。そこで，「作品の不思議について話し合う準備として，家でお母さんに『白いぼうし』ってどんな話？と聞かれて，答えられなかったら，物語を『読めた』とは言えないよね。だからまずどんな話なのかを言えるようにしよう」と本時のめあてを子どもたちと共有しましょう。語ります。

❷場面に分ける

どうして「アクセルをふもうとしたとき，」で場面が変わるのかな？

「細いうら通りに」で，場所が変わるからです。

　全体を「場面」で分けると，イメージを描きやすくなります。場面に分けていく時の観点は，「時，場，人物」の移り変わりです。全体で4場面に分かれることを伝えたうえで，子どもたちにどこで分かれるのかを考えさせて，みんなで確かめていきます。実は，教科書では1行分の行間が空いているところが場面の分かれ目。それをヒントに，あまり時間をかけすぎないのがコツです。

本時の目標	・「時，場，人物」を観点に場面に分け，人物の行動をまとめたうえで，作品の大まかなあらすじを話すことができる。	本時の評価	・「時，場，人物」を観点に場面に分け，人物の行動をまとめたうえで，作品の大まかなあらすじを話している。

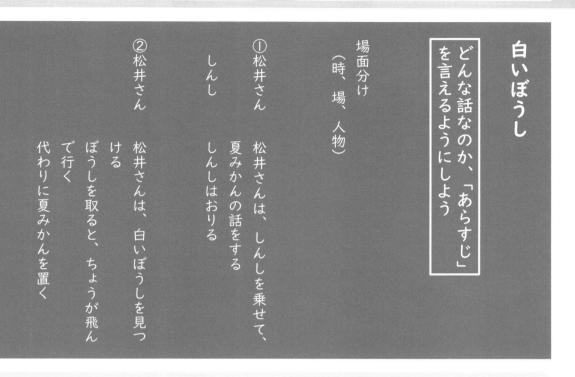

❸各場面で誰が何をするか確認する

1場面で，松井さんは何をしていますか？

お客の紳士と夏みかんの話をしています。

お客を乗せて，運転しています。

　ここでは，単的に場面の中心をとらえるように投げかけます。
　「要するに〜」「つまり〜」など，要点をとらえたり，まとめたりする力は，文学の授業に限らず大切な言葉の力です。慣れないうちは戸惑う子もいるでしょうが，友達の意見を真似しながら場面ごとに活動を重ね，できるようにしていきたいところですね。

❹ペアの友達に「あらすじ」を話す

最初，松井さんは，客の紳士を乗せて，夏みかんの話をしている。紳士を降ろした後，松井さんは，白い帽子を見付けるの。取ってみると，ちょうが飛んで行ったので，代わりに夏みかんをおいたのね。それで…

うん、うん。

　本時の最後に，場面ごとにまとめたものを参考にして，ペアの友達に「あらすじ」を話す活動を行います。教科書を見ながらでもOK。苦手な子も，教師が手本を示したり，代表で誰かが発表したりすることで，取り組みやすくなります。話す子が困っていたら，ペアの子が途中で助けてあげてもいいですね。

第2時　35

3/7時間 白いぼうし

準備物：なし

●魅力的な話し合う学習を行う

本時の学習は、松井さんの人柄について話し合う学習です。話し合う学習は、学級の考えをみんなでつくり上げていくので、新たな考えが生み出されるたびに指導者もうれしくなっていきます。

とても魅力的な「話し合い」なのですが、一部の子だけが発言し、学習に参加していない子がいるかもしれないということには注意が必要です。

参加度を上げる手立てはいろいろありますが、本時のような根拠を探す学習の場合、ある子が見付けた叙述について、他のみんなもその叙述を確かめているかを見取る必要があります。

根拠となる叙述を確かめる意味で、一斉に音読するのも有効な手立てとなります。

- おふくろからとどけられた夏みかんをタクシーに乗せる
- 松井さんは〇〇〇な人だと思いました。それは、（　　　）ところから分かります。（　　　）また、……と思ったのでしょう。

❶本時のめあてを把握する

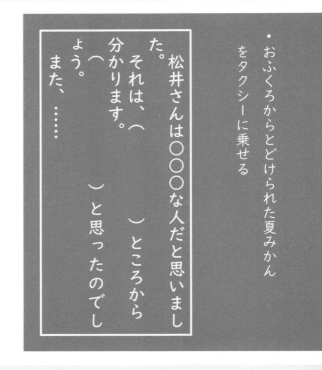

「めあて」は子どもと一緒につくっていくことで、受け身ではなく、主体的な学びになります。

初発の感想を思い出させたり、穴埋めにして答えさせたりすることで、「めあて」＝「みんなが考えたいこと」に近付けていくことができます。

なお、「松井さんは〇〇〇な人」の〇〇〇は、「人がら」を想定していますが、「性格」「優しさ」などの子どもの言葉でしっくりくるものにしましょう。

❷音読で「松井さんの人がら」を確かめる

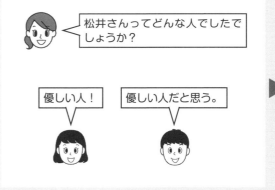

まず、「めあて」を意識させて音読させます。

そして、松井さんの人柄について子どもたちに尋ねます。

「優しい」という意見は出るでしょう。

ここでは、根拠となる叙述を確認するのは、次の活動にしています。

「想像力溢れる」という意見も出るといいのですが、出なくても焦って説明する必要はありません。

後々、気付く子どもがいるかもしれません。

| 本時の目標 | ・松井さんの人柄について行動や会話を根拠にしてとらえることができる。 | 本時の評価 | ・松井さんの人柄について行動や会話を根拠にしてとらえている。 |

板書

白いぼうし

松井さんの人がらについて話し合おう

どんな人？
- やさしい人
- 人の気持ちが分かる人
- よく想像する人

どんな行動や会話から分かる？
- ぼうしが落ちているのに気づいた
- 車がひいてしまわないようにどけた
- ちょうの代わりに夏みかんを入れた → ちょうをつかまえた子が悲しまないように
- 飛ばないように石でつばをおさえた

❸松井さんの優しさが分かる叙述を探す

どこから優しいということが分かりますか？

「いなかのおふくろが，……」のところで，お母さん思いで優しい，って分かる。

夏みかんに帽子をかぶせたところが優しい。

他にも，優しさの根拠があります。
- 信号が赤なのでブレーキをかけてからにこにこして答えたところ。
- 白いぼうしに気付くところ。
- 白いぼうしをどけようとするところ。
- 飛ばないように石でつばを押さえたところ。

子どもは，「優しさ」の根拠探しに夢中になるでしょう。

❹松井さんの人柄についてまとめる

松井さんは（やさしい）人だと思いました。それは、（ちょうのかわりに夏みかんを入れた）ところから分かります。（ちょうをつかまえた子が悲しむ）と思ったのでしょう。また、……

本時のまとめを書かせると，一人一人の本時の理解度がよく分かります。

ただ、「書きましょう！」では，難しく感じる子もいます。

上の例は，（　）で穴埋めにしたものです。

このように，「まとめ＋具体例」という書き方を教えておくと，苦手な子どもも取り組みやすくなり，今後もあらゆる学びで使える型となります。

白いぼうし

準備物：なし

●**伏線を見付けるための問いについて考える**

女の子が，実は松井さんが逃がしてしまったちょうであり，そのような見立てで再読するとちょうだと言える叙述が見付けられることは，本作品の面白さの一つであると言えます。

ただ，子どもたちの中には「女の子＝ちょう」であることに気付かない子もいます。「女の子の正体は，ちょうなのでした」とは書いてありません。そのため，「女の子は消えてしまうから幽霊だ」と主張し，頑なにゆずらない子もいるかもしれません。ですから，「『女の子はちょうなのではないか』とＡさんは思ったみたいだけれど，そう思えるのはどうしてなのかな」と問うようにすると，幽霊派の子もＡさんの「女の子＝ちょう」という主張に寄り添って考えることができます。

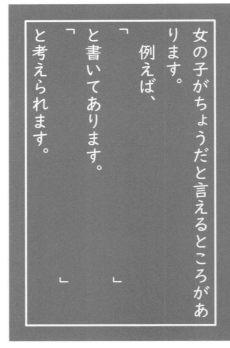

女の子がちょうだと言えるところがあります。例えば、「　　　　」と書いてあります。「　　　　」と考えられます。

❶**本時のめあてを確認する**

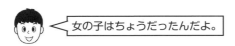
女の子はちょうだったんだよ。

では、「女の子がちょう」だって言えるわけについて話し合っていきましょう。

「女の子」が，実は男の子が捕まえた「ちょう」であったと気付くこと，それが本作品の大きな面白さである。再読を重ねることで，それまでの叙述に，「女の子＝ちょう」を匂わせる伏線について気付く子どももいるだろう。

そこで，「もう気付いているから言いたい！」「ふしぎのひみつを解き明かしたい」という子どもたちの意欲を生かした導入を心がけたい。

❷**根拠となる叙述を探す**

「菜の花横町ってあるかしら」って言うところは，もしかして…

第３時と同様に，根拠を探す活動は，目指すことが明確なので，子どもは興味をもって取り組みやすい。まずは，自分の力で探していくことを指示する。ペアや少人数のグループで，意見を出し合いながら協働的に取り組むこともできるので，子どもの実態や教師の願いに応じて，活動の場を設定したい。

本時の目標	・場面の移り変わりに注意しながら，伏線をとらえることができる。	本時の評価	・場面の移り変わりに注意しながら，伏線をとらえている。

白いぼうし

『女の子』が『ちょう』であると言えるわけを話し合おう

- 「道にまよったの。四角い建物ばかり」
  ふつう、ビルだと知っているはず
- つかれたような声
  ← 逃げてきてつかれている
- 「菜の花横丁ってあるかしら。」
  ふつう、生き先は知っている。菜の花のあるところがちょうのすみか
- 「早く行ってちょうだい。」
  自分をつかまえた男の子から逃げたい
- 「ふり返っても、だれもいません。」
  ちょうが窓から外に出たのでは？

❸叙述について話し合う

女の子が、「四角い建物ばかり」と言うところは、ちょうだからビルって知らないのではないかなぁ。

「菜の花横町ってあるかしら」と言っているけれど、ふつうは知っているはず！

▶ 女の子がちょうではないかと考えられる叙述には、次のようなものが挙げられる。
- 「道にまよったの。……。」（p.20 10行目）
- 「菜の花横町って……。」（p.21 1行目）
- 「早く行ってちょうだい。」（p.22 3行目）
- 「ふり返っても、……。」（p.23 8行目）

❹考えをまとめる

女の子がちょうだと言えるところがあります。
例えば、
「　　　　　」
と書いてあります。
「　　　　　」
と考えられます。

▶ 本時の最後に、「女の子がちょうだと言えるわけ」について、まとめる。上のような型を教えることで、書きやすくなり、論理的な説明の仕方を学ぶことができる。
例「女の子がちょうだと言えるところがあります。例えば、『バックミラーには、だれもうつっていません。』と書いてあります。『女の子がちょうになって窓から飛んでいった』と考えられます。」

第4時　39

5/7時間 白いぼうし

準備物：なし

● 言葉と言葉のつながりに気付く

　本時では，作品の結末と人物の人柄がつながっていることの面白さを味わう授業です。今まで見えていなかった言葉と言葉のつながりが，話し合うことを通して見えてくることは，文学作品を仲間と読み合うよさでもあります。

● 特別な支援を要する子への配慮

　言葉と言葉のつながりに自分だけではなかなか気付けない子もいます。
　自分で気付いてほしいという教師の願いもありますが，友達の意見を聞いたら，よく分かったということも大切な経験です。出てきた意見の根拠となる叙述をみんなで音読したり，復唱させたりしながら，友達の考えを，全体に共有していくようにします。

★ 人物の人がらと作品の結末がつながる
★ 場面と場面がつながる

❶本時のめあてを把握する

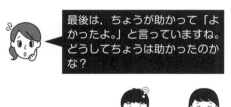

最後は，ちょうが助かって「よかったよ。」と言っていますね。どうしてちょうは助かったのかな？

　「どうしてちょうは助かったのか？」を話題にすることで，4場面の結末と1場面にも表れる松井さんの人柄とのつながりが見えてくる。作品全体を通して，言葉と言葉のつながりを今一度とらえ直していきたい。

❷白いぼうしを拾った理由を考える

松井さんが白いぼうしを拾おうとしたから，ちょうが逃げたんだよ。

松井さんは，どうして白いぼうしを拾ったのかな？

　ちょうが助かったのは，松井さんが白いぼうしを拾ったからである。それは多くの子が気付くことだろう。そこをさらに，「どうして松井さんは白いぼうしを拾ったのかな？」と問う。すると，「落ちているぼうしが気になったから」という答えが出る。このことにより，落ちている白いぼうしを心配する松井さんの優しさが，本作品の結末に大きく関わっていることが見えてくる。

本時の目標	・作品の言葉と言葉のつながりに気付くことができる。	本時の評価	・作品の言葉と言葉のつながりに気付いている。

白いぼうし

どうしてちょうが助かったのか話し合おう

- 松井さんの人がら / 優しさ
  - → ちょうが助かった（作品の結末）
- 松井さんが「白いぼうし」を拾う → ちょうが助かった
- 落ちているぼうしが心配 → ちょうが助かった

❸タクシーに乗せた理由を考える

他にも松井さんの優しさによってちょうが助かったところがありますよ。

女の子をタクシーに乗せて、連れて行ってあげたところ。

　松井さんは、知らない間に座っていた女の子に対しても、嫌な顔一つせず目的地まで乗せて行ってあげている。松井さんの人柄が、作品の結末に大きく関わっていることが、そんなところにも表れている。

❹自分の考えをまとめる

松井さんの優しい人柄が、ちょうを助けたのですね。
1・2・3・4場面に書かれていることがつながっているのですね。

　ここでは、「松井さんの優しさ」という人物の人柄と「ちょうが助かった」という作品の結末がつながる面白さを確かめる。
　さらに、そんな「つながり」を見付けるという読み方についても価値付けることが、今後の読む力にもなっていくので押さえたい。
　まとめとして文章化させたり、ペアで確かめ合うという手立ても有効であろう。

第5時　41

白いぼうし

6/7時間
準備物：なし

● **深い教材解釈で，授業に深みを**

　本時で取り上げた「夏みかんのにおい」の意味については，教科書の手引きには載っていません。でも，繰り返し登場する言葉のもつイメージ，意味について考えることは，文学作品を豊かに味わうための読み方でもあります。後の教材文「一つの花」にもつながります。教師が作品に対して面白いと思える解釈をもっているからこそ，子どもにもその面白さを味わわせることができます。他にも例えば，「どうして題名が『白いぼうし』なのか？」「ちょうと夏みかんを交換してもいいの？」「『よかったね』って本当に言っていたの？」といった話題も発展性があります。教師がそんな話題について考えることを楽しいと思えるなら，きっと教室でもその楽しさを子どもたちに味わわせることができます。ただ，教師の解釈の押し付けには注意です。

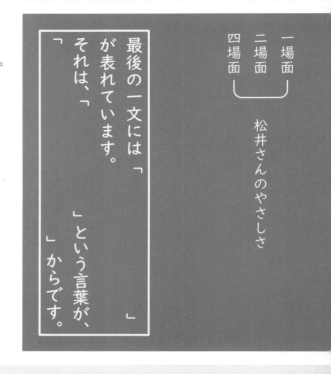

❶ **本時のめあてを把握する**

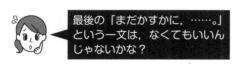

　教師から子どもに投げかけると，子どものつぶやきが出てくる。子どものつぶやきを受け止めたうえで，改めて「めあて」とすることで，その「めあて」は，子どもの「考えたい」という意識を生かしたものとなる。

❷ **最後の一文について話し合う**

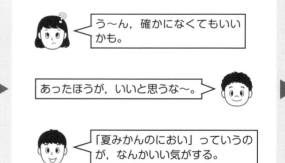

　最後の一文は，「あったほうがよい」のか「なくてもよい」のか，二者択一で問うことで，子どもの思考は活性化する。ここでは，「松井さんがいる車の中の世界にもどっていること」や，「『夏みかんのにおい』のもつイメージ」についての意見が出ることが予想される。教師から，「どの言葉が印象に残る？」と尋ねられると，「夏みかんのにおい」に着目する子も出るだろう。

| 本時の目標 | ・作品における大事な言葉をとらえ，考えをまとめることができる。 | 本時の評価 | ・作品における大事な言葉をとらえ，考えをまとめている。 |

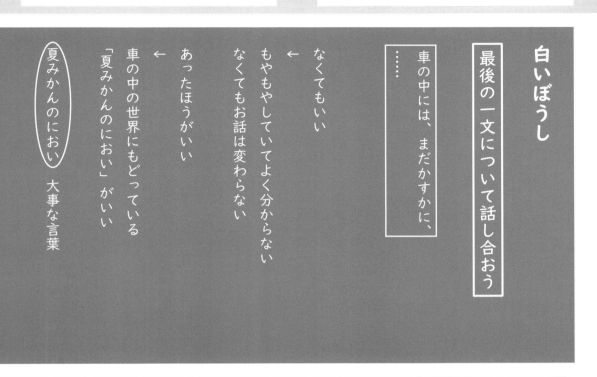

白いぼうし

最後の一文について話し合おう

車の中には、まだかすかに、……

↑
なくてもいい
もやもやしていてよく分からない
なくてもお話は変わらない

↑
あったほうがいい
車の中の世界にもどっている
「夏みかんのにおい」がいい

夏みかんのにおい　大事な言葉

❸「夏みかんのにおい」について話し合う

他にも「夏みかんのにおい」が出てくる場面はないかな？

あっ，１場面で出てきたよ。

「夏みかんのにおい」は，１場面（お客との温かいやりとりの場面）でも２場面（ちょうのかわりとして帽子に入れる場面）にも出てくる。いずれも，松井さんが優しい言動をとる時だ。４場面では，ちょうが仲間のもとに帰って「よかったよ」と聞こえる場面である。最後の一文の「夏みかんのにおい」も，松井さんの優しい言動を象徴していると読むことができる。

❹自分の考えをまとめる

最後の一文には「　　　」が表れています。それは、「　　　」という言葉が、「　　　」からです。

最後に，本時に考えたことをまとめます。

書くことを苦手とする子のために，型を与えてもよい。例えば，次のようなまとめが考えられる。
例「最後の一文には，松井さんの優しさが表れています。それは，『夏みかんのにおい』という言葉が，１場面や２場面でも，松井さんの優しさが表れるところで使われているからです。」

7/7時間 白いぼうし

準備物：文章を書く用紙（Ａ４や画用紙にマス目を入れたもの，普通の原稿用紙でもよい）

●物語授業の単元末に

物語の授業の最後は，どのようにしていますか。

本単元のように「話し合い」がメインとなる言語活動の場合でも，最後に１枚の用紙に文章化する活動で終えるのは，オススメです。１枚にまとめることで，①子どもが学習を振り返りながら自分で考えること，②子どもが学習成果を自覚すること，③教師は話し合いの成果を見取ること，④掲示して読み合うこと，⑤コピーして記録すること，⑥保護者に学習成果を見せることも容易です。

単元の最初に，「最後には，みんなに伝える紹介文を書こう」などと位置付けておくと最後にまとめることを意識して読んでいくことできます。

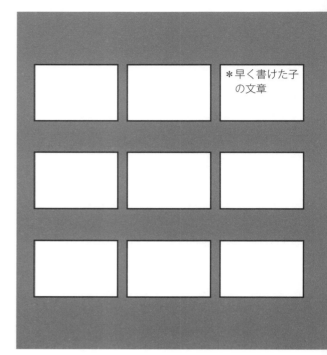

＊早く書けた子の文章

❶まとめ学習を行うことを告げる

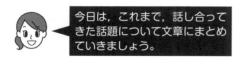

今日は，これまで，話し合ってきた話題について文章にまとめていきましょう。

これまでの話し合いで考えてきたことを今一度まとめ直すことで，学びの成果を形にする。

書くことで，子どもたちは，もう一度考え直すことができ，学習内容を確かなものにすることができるだろう。その子なりの学びがもう一度表現されることで，授業の成果が表れるのは，教師にとって怖いことでもあり，楽しみでもある。

❷話し合ってきたことを振り返る

・あらすじ
・松井さんの人がら
・女の子がちょうであると言えるわけ
・どうしてちょうは助かったのか
・最後の一文について
・物語の読み方について

いろいろ話し合ってきましたね。

これまで話題にしてきたことが，そのまま文章を書く題材になる。すべての項目を書くと，負担が大きいので，特にこだわってほしい項目を必修として，あと二つを子どもに選択させるなどのルールを決める。

また，自分で疑問に思ったこととそれについての考えを書く，感想を自由に書くなどと子どもの思いを生かした項目を設定してもよい。

| 本時の目標 | ・これまでの話し合いで考えたことを文章化することができる。 | 本時の評価 | ・これまでの話し合いで考えたことを文章化している。 |

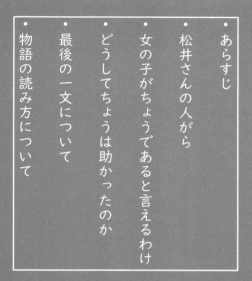

白いぼうし

これまで話し合ってきたことを文章にまとめよう

これまで話し合ってきたこと

- あらすじ
- 松井さんの人がら
- 女の子がちょうであると言えるわけ
- どうしてちょうは助かったのか
- 最後の一文について
- 物語の読み方について

❸ 一人一人が用紙に考えを書いていく

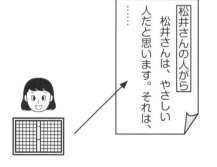

子どもは，ノートや教科書を読み返しながら，話題について文章を書いていく。
　A4用紙や画用紙にマス目や行を印刷したものを使うと，掲示できてよい。
　もちろん原稿用紙でも構わない。
　マス目が大きく字数の少ない用紙や細かく字数の多い用紙を準備しておくと個々の力量や意欲に合わせて選ぶことができる。

❹ 掲示して読み合う

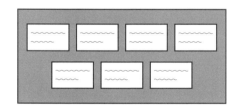

完成した文章を黒板に掲示していくと，筆の進まない子が参考にできる。
　もちろん，時間があれば，きちんと読み合う時間を取るのもよい。
　単元終了後に，教室の壁などに掲示しておくと，互いに読み合うことができる。また，互いに読み合うことを事前に話しておくことで，意欲を高めることにもつながる。

本は友達

図書館の達人になろう

(1時間)

▌ 単元目標・評価

• 幅広く読書に親しみ，読書が必要な知識や情報を得ることに役立つと気付くことができる。
（知識及び技能(3)オ）
• 言葉がもつよさに気付くとともに，幅広く読書をし，国語を大切にして，思いや考えを伝え
合おうとする。（学びに向かう力，人間性等）

知識・技能	幅広く読書に親しみ，読書が必要な知識や情報を得ることに役立つと気付いている。((3)オ)
主体的に学習に取り組む態度	読書が必要な知識や情報を得るために役立つことに進んで気付こうとし，これまでの経験を生かして，地域や学校の図書館の役割や工夫について話し合おうとしている。

2 単元のポイント

この単元で知っておきたいこと

　スイカ，海，かき氷，気温が高い，四季の一つ……。「夏」と聞いて思い浮かべることは人
によって様々であるが，大きく二つに分類される。「スイカ，海，かき氷」と「気温が高い，
四季の一つ」の二つである。「スイカ，海，かき氷」は，言葉からイメージを広げたものだ。
それに対して「気温が高い，四季の一つ」は，言葉の事実（論理）を説明したものだ。同じ
「夏」という言葉でも，「イメージを広げる役割」と「論理を表す役割」の二つの役割がある。
物語や詩，小説などの言葉は「イメージを広げる役割」で書かれており，科学的な本や論文，
図鑑などの言葉は，「論理を表す役割」で書かれている。クラスの中で，物語や文学ばかりを
読む子は，言葉の「イメージを広げる言葉の役割」を読むことが得意で，逆に図鑑や科学的文
章ばかりを読む子は，言葉の「論理を表す言葉の役割」を読むことが得意なことが多い。

　国語の授業では，両方を読む力を育成することが大切である。本単元では，幅広く読書に親
しむことが目標だ。文学が得意な子には，科学的な本も読むように指導することが求められる。
図書館にはいろいろな種類の本がある。自分で選ぶと，これまでに出会ったものと似たような
本ばかりを選んでしまう。1年のはじめに，図書館の中には様々な種類の本があることに気が
付き，手に取って読んでみることで，読書生活が豊かになる。

46　図書館の達人になろう

3 学習指導計画（全1時間）

次	時	目標	学習活動
一	1	・幅広く読書に親しみ，読書が必要な知識や情報を得ることに役立つと気付くことができる。 ・地域や学校の図書館の役割や工夫について話し合おうとする。	○全員に図書館の本を配付し，本を探しやすくする図書館の工夫について考える。 ・ラベルに着目し，ラベルの意味を考える。 ・クラスみんなで10のそれぞれの分野の本を，1人1冊持ち，数値が違うことに気が付く。 ○ラベルについて説明し，様々な種類の本があることを知る。 ・気付いたことを交流し，ラベルに着目する。 ・本が10の分野に分けられていることを知る。 ○地域や学校の図書館には，他にどんな工夫があるか考える。 ・グループで取り組み，気付いたことを付箋に書き，見付けた工夫を整理する。 ・見付けきらなかった工夫は，教科書で確認する。 ・いろんな本に出合ってもらえるように，様々な工夫をしている司書の思いに気が付く。 ○図書館はどんな時に役に立つかを考える。 ・これまでに役に立った経験を振り返ったり，これからどんな時に役立てたいかを考える。

読書をする子に育てるために

　子どもが，意欲的に本を読むためには，本とどのように出合わすことができるかがポイントになります。好きな作家やジャンル，シリーズに出合えば，どんどん自分から本を読むようになります。子どもたちが様々な本に出合うきっかけを増やすために，教室に本を置いたり，先生が読み聞かせをしたり，多くの工夫をしていることと思います。

　子どもたちが本と出合う場の一つとして，友達からの口コミがあります。教室に，本を紹介するコーナーを設置し，紹介するカードを掲示することで，日常的に本と接することができるようになります。本の紹介をするカードには次のようなことを書かせます。

〈本の紹介カードの内容〉

○本の題名　　　　　　　○著者　　　　　　　○登場人物　　　　　○人物関係図

○おおまかなあらすじ　　○心に残った言葉　　○絵

○オススメの人

　（日常に刺激をもとめている人にオススメ，温かい気持ちになりたい人にオススメなど）

○観点を決めてチャートに（わくわく度・ほっこり度・ドキドキ度など）

単元について　47

図書館の達人になろう

1/1時間

準備物：学校の図書館の本（日本十進分類法の10の分野をそれぞれ）

●本に触れる

本時では、すべての分野の、そして多くの種類の本を教室に持ち込みます。これまでの図書の時間では自分から手に取らなかった本も多くあるはずです。本との偶然の出合いが、子どもたちの読書の幅を広げてくれるものです。

●図書館で授業をする

本時は、図書館の工夫について学習します。ぜひ、図書館で授業をしてください。何気なく見ている図書館の風景ですが、「本を探しやすくする工夫」という視点で見ると、司書の先生が日頃から様々なことに気を配って、図書館という環境を整備していることに気が付きます。図書館をこれまでとは違った視点で見ることで、図書館のことをもっと好きになるでしょう。

◆ちいきの図書館は、どんなときに役立つか？

- 本を置いてある場所をまとめる
- けんさく用コンピューター
  - 本があるか調べることができる
- 司書の先生
  - 自分に合わせた本をしょうかいしてくれる
- 学校にはない本や資料を借りるとき
- 家族で本を借りるとき
- えいぞう資料や音声資料を借りるとき

---

❶1人1冊本を配付し工夫を考える

図書館の本を1人1冊配りました。図書館では、みんなが本を探しやすくするために工夫をしています。この本にはどんな工夫がありますか。

バーコードが貼ってあるよ。

3桁の数字と平仮名がある。何だろう。

図書館で授業をする。図書館の本を、0から9までの分類がばらけるように、1人1冊配付する。「本を探しやすくする工夫」という視点で、配られた本を見て工夫を探させる。ラベル、バーコード、ラミネートなどの様々なことに気が付かせたい。日頃は何気なく見ている図書館の本を、改めて見返すことが大切なことである。

❷ラベルについて話を聞く

いろいろありましたね。本の背のラベルに3桁の数と平仮名がありましたね。3桁の数は置いてある棚や置く順序を示しています。百の位は0から9までありますよ。
では、平仮名は何でしょう。

作者の名前の1音目と同じになってる。

特にラベルに注目する。日本十進分類表については、5年生で学習するので詳しく触れる必要はないが、百の位が0から9まであり、分野ごとに割り当てられていることは紹介する。また、2段目が作者の名前の1音目になっていることも発見させる。図書館の司書の先生に説明してもらってもよい。

本時の目標	本時の評価
・幅広く読書に親しみ，読書が必要な知識や情報を得ることに役立つと気付くことができる。 ・地域や学校の図書館の役割や工夫について話し合おうとする。	・幅広く読書に親しみ，読書が必要な知識や情報を得ることに役立つと気付いている。 ・地域や学校の図書館の役割や工夫について話し合おうとしている。

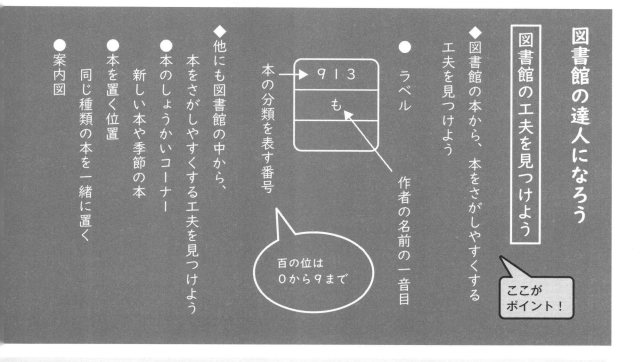

図書館の達人になろう

図書館の工夫を見つけよう

◆ 図書館の本から、本をさがしやすくする工夫を見つけよう

● ラベル　作者の名前の一音目

913　も

本の分類を表す番号

百の位は0から9まで

◆ 他にも図書館の中から、本をさがしやすくする工夫を見つけよう

● 本のしょうかいコーナー　新しい本や季節の本
● 本を置く位置　同じ種類の本を一緒に置く
● 案内図

ここがポイント！

❸図書館の工夫を考える

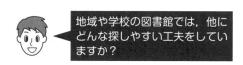

地域や学校の図書館を思い出しながら，本を探す工夫を考えさせる。地域の図書館の写真などを用意すれば，考えやすくなる。少しでも本に親しんでもらうために，司書の方が様々な工夫をしていることに気が付かせたい。これまでは使う側だったが，司書の視点になって図書館を見直すことに学習の価値がある。

❹地域の図書館について考える

最後に地域の図書館について考える。地域の図書館には学校よりも多くの本があり，DVDやCDなどの音声資料や映像資料もあることに気が付かせる。図書館は，静かにゆったりと本を楽しむことができる場所である。地域の図書館の様子を写真などで紹介したり，先生が図書館のよさを語るなどして，子どもたちが行きたくなるような工夫をしてほしい。

第1時　49

漢字の組み立て

2時間

1 単元目標・評価

- 漢字がへんやつくりなどから構成されていることについて理解することができる。(知識及び技能(3)ウ)
- 言葉がもつよさに気付くとともに，幅広く読書をし，国語を大切にして，思いや考えを伝え合おうとする。(学びに向かう力，人間性等)

知識・技能	漢字がへんやつくりなどから構成されていることについて理解している。((3)ウ)
主体的に学習に取り組む態度	漢字がへんやつくりなどから構成されていることについて進んで理解し，これまでの学習を生かして漢字の組み立てについて考えようとしている。

2 単元のポイント

この単元で知っておきたいこと

　子どもたちは，これまで多くの漢字を習ってきた。本時では，日頃は何気なく見ている漢字を，へんやつくりなどという観点から見直すことで，漢字の世界の面白さに気が付くことが求められる。

　漢字を覚えることが難しいと感じる子も多い。何度も同じ漢字を書いて，漢字テストに挑む子もいるだろう。漢字を覚えやすくするためには，その漢字のイメージを広げることが大切だ。漢字は，無意味な形の集まりではなく，字を形成する形に意味や由来がある。本単元では，部首を扱う。そして，その部首の意味や由来を考える。

　「くさかんむり」は植物に関係する漢字，「たけかんむり」は竹に関係する漢字，「うかんむり」は家に関係する漢字，「れんが」は燃えるものや光るものに関係する漢字，「しんにょう」は立ち止まることや走ることに関係する漢字など，部首には意味をもっているものが多くある。これらを発見しながら学ぶことで，子どもたちは漢字に対するイメージを広げていく。また，それぞれの部首の成り立ちを調べてみるのも面白い。本単元の次の単元は，「漢字辞典の使い方」になる。多くの漢字辞典には部首の成り立ちが載っている。本単元においても，漢字辞典を紹介しながら扱うことで，漢字辞典に親しみをもつことができる。

50　漢字の組み立て

3 学習指導計画（全2時間）

次	時	目標	学習活動
一	1	・漢字が，へんやつくりなどから構成されていることについて理解することができる。 ・これまでの学習を生かして漢字の組み立てについて考えようとする。	○漢字の仲間分けクイズをする。 ・15個の漢字を一つずつ提示して，子どもとやり取りしながら，五つに分類させる。 ・分けながら漢字を二つのパーツに分けて見る見方に気が付かせる。 ○仲間分けの理由を考える。 ・二つのパーツの共通点に気が付かせる。 ○それぞれに「かんむり」「あし」「にょう」「たれ」「かまえ」という名前を知る。 ○それぞれの部首が付く漢字を考える。 ・それぞれの部首が付く漢字を考えて，黒板に記入する。
	2	・へんやつくりなどに意味があることについて理解することができる。 ・これまでの学習を生かして漢字の組み立てについて考えようとする。	○「くさかんむり」の漢字を思い出す。 ・班ごとで何個思い付くか，ゲーム形式で取り組む。 ○「くさかんむり」の漢字の共通性を考える。 ・主に植物に関係する漢字であることに気付かせる。 ○班ごとに部首を決め，その共通性について考える。 ・「たけかんむり」「れんが」「もんがまえ」「しんにょう」「まだれ」などを扱う。 ○班ごとに見付けた共通性を発表する。 ・漢字辞典に書かれている部首の成り立ちについて説明する。

整理・分析する力の育成を

　本単元では，漢字を分類し，その共通点から部首を発見する流れで学習を進めます。第1時は，漢字の形に着目して分類し，その共通点を見付ける学習です。第2時は，同じ部首の漢字を集め，そこからその部首の意味を考えます。情報を整理し，共通点や相違点を見付けて分析することで，新たな気付きが生まれます。

　課題解決に向けて，情報を収集・整理・分析する活動は，国語だけでなく他の多くの教科・領域でも実施することができます。このような活動は，物事を考える基本になります。多くの場面で経験を積み重ねることで，子どもたちに共通点や相違点を見出す力を育み，そして物事を多面的・多角的に考える力を育てることができます。

1 漢字の組み立て

(2時間)

準備物：黒板掲示用資料

●仲間分け

　本時のポイントは，「かんむり」や「あし」などの漢字を組み立てている部首を発見することにあります。そのために，五つに仲間分けをします。15個の漢字を，子どもたちと一緒に少しずつ分類することで，漢字の形や組み立てに目を向けさせ，少しずつ「きまり」に気が付かせていきます。共通点を見出すことで，子どもたちは自然と部首に気が付きます。

●他の漢字に目を向ける

　学習をより確かなものにするためには，日常で目にする漢字を「授業で発見した部首」という視点で見直すことが大切です。そのためにも，「『かんむり』が使われている漢字を見付けよう」など，授業のまとめや宿題などで漢字を見付ける学習を設定することが大切です。

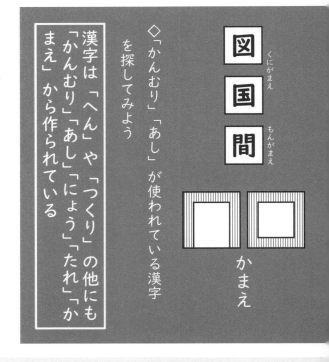

◇「かんむり」「あし」が使われている漢字を探してみよう

漢字は「へん」や「つくり」の他にも「かんむり」「あし」「にょう」「たれ」「かまえ」から作られている

❶漢字の仲間分けクイズをする

　今から15個の漢字を順番に見せていきます。五つに仲間分けをしましょう。

　遠・近・通は三つとも「しんにょう」だ。

　三つの漢字に似ているところがあるよ。

　15の漢字をランダムに見せて仲間分けをする。「この漢字はどのグループでしょう？」などと子どもに聞きながら教師が五つに分けていき，その理由を子どもたちに考えさせていく。グループ分けを通して，漢字が二つの部分に分かれていることと，共通点があることに気が付かせる。「かんむり」「あし」が気が付きにくいので，「にょう」「たれ」を先に気が付かせたい。

❷仲間分けの理由を考える

　五つに分けましたが，分け方にはどんなきまりがありますか？

　漢字を二つに分けて考えられるよ。

　それぞれ「かんむり・あし・にょう・たれ・かまえ」と言います。そして，それぞれおおまかな意味を表す部分です。

　五つに分類した後，その分け方について考えさせる。先ほどの分類の過程で多くの子が気付いているので，漢字を二つの部分に分けていること，共通点があることを確認する。そして，それぞれに「かんむり・あし・にょう・たれ・かまえ」という名前があり，おおまかな意味を表す部分になることを伝える。

本時の目標	・漢字が，へんやつくりなどから構成されていることについて理解することができる。 ・これまでの学習を生かして漢字の組み立てについて考えようとする。	本時の評価	・漢字が，へんやつくりなどから構成されていることについて理解している。 ・これまでの学習を生かして漢字の組み立てについて考えようとしている。

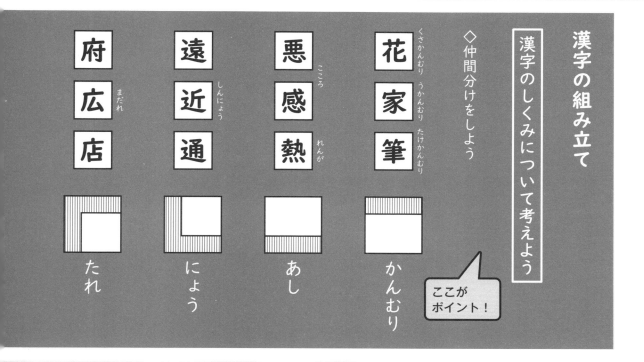

❸ それぞれ部首の名前を知る

それぞれに名前が付いています。「くさかんむり」「うかんむり」「たけかんむり」…

竹だから「たけかんむり」なのかな。意味が何かあるかもしれないな。

▶ 子どもたちに想像させながら，「くさかんむり」「れんが」「まだれ」などのそれぞれの部首の名前を伝える。次時に，それぞれの部首の意味を考えるので，本時では，意味についてはあまり触れない。

❹ それぞれの部首がある漢字を考える

4人グループに分かれて，それぞれの部首がある漢字をたくさん見付けましょう。

ぼくのグループは，「あし」がある漢字を探そう。

私のグループは，「かまえ」にしよう。

▶ 4人グループに分かれて，「かんむり・あし・にょう・たれ・かまえ」がある漢字を見付けさせる。自分や友達の名前に使われている漢字や本などからたくさん見付けさせる。それぞれ五つずつ見付けさせるなど，漢字の部首に着目させるような宿題を出すと効果的である。

第1時 53

漢字の組み立て

2/2時間　準備物：黒板掲示用資料

●部首の意味を発見する

授業で一番大切にしたいことは、「子どもたちが発見する」ことです。必要感のない状況で人から教えられたことは忘れやすく、逆に自分で発見したことは心に残り、確かな知識として定着しやすいものです。そのためにも授業づくりでは、子どもたちが発見する場を設定することが重要です。本時では、同じ部首をもつ漢字を多く書き出し、その共通点から部首の意味について想像します。そこで子どもたちが部首の意味を発見することにより、これまで何気なく見ていた漢字が違ったように見えることでしょう。たくさんの漢字からその共通点を探し、その部首の意味を考えることは、推理をするみたいに子どもたちにとっては楽しいものです。

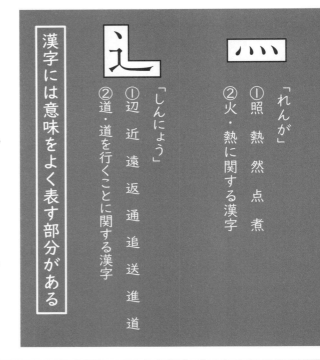

漢字には意味をよく表す部分がある

「しんにょう」
① 辺 近 遠 返 通 追 送 進 道
② 道・道を行くことに関する漢字

「れんが」
① 照 熱 然 点 煮
② 火・熱に関する漢字

❶「くさかんむり」の漢字を思い出す

班で「くさかんむり」の漢字をできるだけたくさん見付けましょう。班対抗ですよ。

草・花・菜・葉…

あっ、植物系を探せばいっぱい見付かる！

3分ほど時間を取り、班ごとに「くさかんむり」の漢字を思い出させる。習っていない漢字も知っていれば積極的に出させる。そうすることで日頃から漢字に興味をもたせることができる。

3分後、思い出した「くさかんむり」の漢字を発表させる。

❷「くさかんむり」の共通性を考える

みなさんが見付けた「くさかんむり」は、何かに関係のある漢字が多いです。何でしょう？

植物に関係する漢字が多いな。

「かんむり」や「あし」などは意味を表すことがあります。

子どもたちが見付けた漢字から、「くさかんむり」は何に関係のある漢字が多いかを考えさせる。すべてが植物に関係があるわけではないことを確認しておくことで、この後の学習がスムーズになる。ここで、部首はおおまかな意味をもつことを押さえる。

| 本時の目標 | ・へんやつくりなどに意味があることについて理解することができる。
・これまでの学習を生かして漢字の組み立てについて考えようとする。 | 本時の評価 | ・へんやつくりなどに意味があることについて理解している。
・これまでの学習を生かして漢字の組み立てについて考えようとしている。 |

漢字の組み立て

共通点をさがそう 〔ここがポイント！〕

◇「くさかんむり」の漢字を見つけよう

◇「くさかんむり」は何に関係のある漢字かな

花　芽　菜　苗　茶　草　菊　藤

植物に関係する漢字

◇関係を見つけよう
① 漢字を見つける
② 関係をさがす

「たけかんむり」
① 筆　箱　節　算　管
② 竹に関する漢字

---

❸班ごとに他の部首について調べる

班で「たけかんむり」「れんが」「しんにょう」について考えてみましょう。やり方は、①漢字を思い出す、②関係を考える、です。

私の班は、「しんにょう」だね。

今度は、「たけかんむり」「れんが」「しんにょう」について考える。班ごとに一つの部首を決めて考える。この三つの部首が考えやすいが、「もんがまえ」や「うかんむり」などの他の部首に取り組んでもいい。手順としては、「くさかんむり」と同様に、①漢字を思い出す、②関係を考える、の二つを示す。

❹班ごとに発表する

私たちの班は、「れんが」について考えました。れんがの漢字は、熱・照・然・点などがあります。これらは、太陽に関係があると思います。

ぼくの班も「れんが」だったけど、ぼくたちは火に関係すると考えたけどな。

最後に班ごとに発表させる。それぞれの部首について、各班の考えが違うこともあるので、それらを比べても面白い。最後には、教師から「たけかんむり…竹に関する漢字」「れんが…熱にかんする漢字」「しんにょう…道に関する漢字」と伝える。漢字辞典を示して、それらを読み上げると、次の「漢字辞典の使い方」の学習につなげることができる。

漢字辞典の使い方

2時間

1 単元目標・評価

- 漢字辞典の使い方を理解し，使うことができる。（知識及び技能(2)イ）。
- 言葉がもつよさに気付くとともに，幅広く読書をし，国語を大切にして，思いや考えを伝え合おうとする。（学びに向かう力，人間性等）

知識・技能	漢字事典の使い方を理解し，使っている。（(2)イ）
主体的に学習に取り組む態度	漢字辞典の正しい使い方を身に付けようと進んで調べたり，調べ方を確認したり，生活の中で活用する具体的な場面について考えたりしようとしている。

2 単元のポイント

教材の特徴

　この教材は，漢字辞典の引き方について説明する前に，部首と画数について確認する構成になっている。前単元の「漢字の組み立て」で学習したことを振り返りながら，教科書に準じて，部首が「漢字を分類するとき，形のうえで目じるしとするもの」であり，画数が「漢字を組み立てているひとつづきの線や点」であるということを，実例を示して確実に押さえておきたい。

　教科書には「開」と「聞」などの同じ部分をもつ漢字でも部首が違う例や，「曲がり」や「ひとつづきに見えても，二画と数えるもの」の画数の数え方が挙げられている。ドリルを使った漢字練習などで，子どもたちがある程度知っていることに油断して，つい指導が甘くなりがちだが，「部首引き」や「総画引き」でいらぬつまずきにより学習が阻害されないようにしたい。

身に付けたい資質・能力

　「音訓引き」「総画引き」「部首引き」の三つの引き方を確実に身に付けさせたい。それには教科書の説明に加えて実際に辞典を引いている場面を見せるのがよい。可能なら，教科書のQRコードから動画にアクセスしたり，辞典を引いている様子を書画カメラ等で拡大して示したりなど，ICT機器を効果的に活用して効率よく引き方を指導することで，児童が引き方を練習する時間を確保したい。

③ 学習指導計画（全2時間）

次	時	目標	学習活動
一	1	・漢字辞典の仕組み，部首や画数について理解することができる。 ・漢字辞典の使い方について理解しようとする。	○漢字辞典を調べ，気付いたことを発表させる。 ・子どもたちの疑問や好奇心をもとにして学習課題を設定し，学習に対する見通しをもたせる。 ○漢字辞典の仕組みを確認する。 ・教科書 p.34や実際の漢字辞典を用いて，画数，部首，読み方，成り立ち，意味，語句などが書かれていることや，部首別，画数順になっていることなどに気付かせる。 ○部首と画数について確認する。 ・教科書 p.35を読み，同じ部分をもつ漢字でも部首が違うことがあること，「おれ」「曲がり」に気を付けて画数を数えることを押さえる。 ・画数については，実際に指を動かして確認するようにする。
	2	・「音訓引き」「部首引き」「総画引き」を使い分け，漢字の読み方や意味，使い方を調べることができる。 ・漢字辞典の使い方について理解しようとする。	○「音訓引き」「部首引き」「総画引き」の引き方を確認する。 ・実物を書画カメラで写したり，動画を見せたりして，実際に辞典を引く様子を視覚的に確かめる。 ○課題に取り組む。 ・教科書 p.37の課題に取り組み，漢字辞典の使い方を身に付けさせる。 ・自分が調べたい漢字や，教師が示す漢字を調べさせる。 ○学習を振り返る。 ・漢字辞典の使い方について分かったこと，その他に気付いたこと。今度やってみたいことなど，学習を通して学んだことをノートにまとめる。 ・まとめたことを発表して交流させる。

意味や読み方が分かるだけではもったいない！

　漢字辞典の学習では，辞典の使い方を身に付けさせるとともに，子どもたちの漢字に対する興味や関心を高めることが重要です。

　それには，漢字の成り立ちに触れることが大切です。教科書にも「飛」が例として挙げられていますが，今までは意味も分からずに「ドリルにそう書いてあるからこれ！」と機械的に覚えてきた漢字が，実は「はばたく鳥」の絵だと知ったとき，子どもたちは衝撃を受けることでしょう。そして「他の漢字が元々は何を表しているのかもっと知りたい！」という好奇心がわいてくるでしょう。先生方も辞典を手に取り，ぜひ他の面白い例を示してあげてください。

　形だけでなく，由来にも触れてみてください。諸説ありますが，「幸」が「手錠の刑程度で済んだから幸せ」など，ブラックな例を示すのもこの年齢の子どもの興味を引くにはいいかもしれません。ただ，責任ある大人として，一線は超えないように十分気を付けてください。

漢字辞典の使い方

準備物：漢字辞典（人数分），書画カメラまたは辞典の拡大画像，PCとプロジェクター

●漢字辞典との出合いを大切に

漢字辞典と子どもたちのはじめての出合いとなる1時間です。子どもたちの疑問や好奇心を大切にして，漢字辞典の学習に興味をもって取り組めるようにしましょう。そのためには，漢字辞典を開いて読む時間を確保するとともに，気付いたことや疑問を何でも受け止めるといった寛容な態度で臨み，子どもたちの素直な発言を取り上げながら授業を組み立てていくことが大切です。

●「つめ」や「はしら」

国語辞典の使い方で学習していますが，辞典の側面にある「つめ」や，ページに掲載されている言葉の範囲を示す「はしら」について，名前と役割をここでもう一度確認しておきましょう。

```
☆画数
区 4　池 6
子 3　近 7
弓 3　糸 6
進 11　世 5
「おれ」「曲がり」「ひとつづきでも二画」
```

❶「飛」の成り立ちについて考える

漢字に対する興味や関心を高めたうえで学習に入ることで，漢字辞典の有用性に気付き，ひいては漢字辞典の使い方を知りたいという思いを子どもたちにもたせることができる。子どもたちの自由な発想を尊重しつつも，部首や成り立ちなどの既習内容を想起させると学習が深まる。

❷漢字について調べる

「飛」の成り立ちや意味について確認し，漢字について調べる面白さを感じさせた後に，漢字辞典を与える。実態に応じて，自由に漢字辞典を調べて気付いたことを発表させたり，教科書の例を示しながら手元の漢字辞典を読ませたりして，漢字辞典の仕組みを確認するとともに，正しい使い方を知りたいという課題意識をもたせる。

本時の目標	本時の評価
・漢字辞典の仕組み，部首や画数について理解することができる。 ・漢字辞典の使い方について理解しようとする。	・漢字辞典の仕組み，部首や画数について理解している。 ・漢字辞典の使い方について理解しようとしている。

漢字辞典の使い方

漢字辞典の上手な引き方について考えよう

*書画カメラで教師の漢字辞典を映す

☆気づいたこと
・内容
・つくり
・国語辞典と同じ
・国語辞典とちがう

☆部首
開…門　聞…耳　字…子
新…斤　親…見　家…ウ

漢字の意味をよく表す部分が部首になる

❸部首について確認する

漢字の意味をよく表す部分が部首になります。

　色チョーク等で強調して視覚的に理解させる。ここでは，部首を判別させたり，覚えさせたりすることが目的ではない。例えば，「聞」の場合，部首は「門」か「耳」でおよその見当をつけて調べられればよい。
　また，漢字辞典によって部首が違うこともあるということにも触れておきたい。

❹画数について確認する

何画で書くのか，一緒に書いて確かめましょう。

　目で見るだけでなく，声を出しながら，1画ずつ，ゆっくりと宙に書かせて確認する。
　「おれ」「曲がり」「しんにょう」など，画数を間違えやすい部分を含む漢字は，教科書の内容以外にも例を示し，画数を正しく数えられるようにするとともに，正しい筆順で書けるようにするとよい。

漢字辞典の使い方

2 / 2時間

準備物：漢字辞典（人数分），付箋，書画カメラまたは辞典の拡大画像，PCとプロジェクター

●児童の足並みをそろえる

漢字辞典を引くスピードにはかなりの個人差があります。机間指導で児童の様子を把握してフォローしましょう。見付けるのが早い子には付箋を与えて目的のページに貼らせ，自分の調べたい漢字をどんどん調べさせましょう。内容を全員で確認する時にも，付箋を貼らせて辞典から意識をこちらに向けさせて指導するようにしましょう。

●家庭学習につなげる

授業内で調べきれなかった漢字や自分の名前，新出漢字などを家庭学習でも調べさせましょう。漢字辞典に慣れるには，やはり回数を重ねるのが1番です。

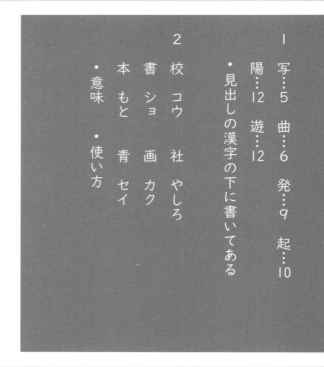

1
・見出しの漢字の下に書いてある
写…5　曲…6　発…9　起…10
陽…12　遊…12

2
校　コウ　社　やしろ
書　ショ　画　カク
本　もと　青　セイ
・意味
・使い方

❶前時の振り返りと本時の学習課題

「漢字辞典は読み方と部首と画数を手がかりに引きます。」

「どうやって読み方，部首，画数を使うんだろう？」

前回の内容を振り返り，「つめ」や「はしら」といった漢字辞典の仕組みや，部首が普通漢字の意味を表す部分であるということ，画数は，折れや曲がり，一続きでも2画になる場合に注意して数えることなどを確認する。その後，それを使ってどのように調べたらいいのか，効率のよい調べ方はあるのかといった疑問をもたせ，学習課題を設定する。

❷「音訓」「部首」「総画」の引き方

「三つの引き方をマスターして効率よく引こう！」

「索引は三つあるんだね。」

「1番早いのは，訓読みで引くことかな。」

教科書の「湖」「信」「世」を例に挙げ，三つの索引を使って漢字を調べさせる。書画カメラで教師の手元を映して視覚的に理解させることで時間短縮と確実性を高める。また，引き方を身に付けさせるだけでなく，探す手間の少なさや確実性などにも着目させることで，三つの索引の特徴を明らかにさせる。「つめ」や「はしら」を使って効率よく調べる方法についても確認する。

| 本時の目標 | ・「音訓引き」「部首引き」「総画引き」を使い分け，漢字の読み方や意味，使い方を調べることができる。
・漢字辞典の使い方について理解しようとする。 | 本時の評価 | ・「音訓引き」「部首引き」「総画引き」を使い分け，漢字の読み方や意味，使い方を調べている。
・漢字辞典の使い方について理解しようとしている。 |

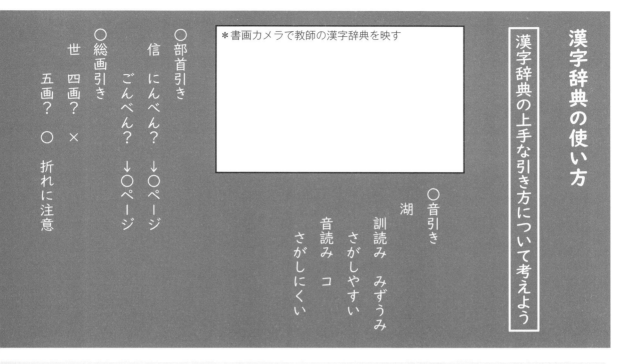

❸ p.37の練習問題を解く

三つの引き方の特徴を生かして調べよう。

正しい読み方，意味，使い方は，どこを見たら分かるのかな？

画数は，見出しの漢字の真下に書いてあるよ。

　三つの索引を使ってなるべく効率よく調べるように指示する。問題の正答を知ることではなく，漢字辞典を実際に引く経験を積むことや，漢字辞典のどこを見て正答だと判断したのかについて考えることが大切なので，答え合わせだけして終わらないようにする。机間指導で補助したり課題を与えたりして，つまずいたり，飽きたりする子どもがいないようにする。

❹ 学習を振り返り，まとめる

漢字辞典の使い方について分かったこと，がんばったこと，これからやってみたいことなどをノートに書こう。

部首がどちらか分からない時は，両方引けばいいと思った。

　単元を通して学習してきた内容を教科書や黒板で振り返ったうえで，児童にこれまでの学習に向かう姿勢と学んだことについて記述させる。考えを書き表すことが苦手な児童には，机間指導で教師がヒアリングをしてまとめさせるとよい。また，発表して交流させることで児童の学びをさらに広げるようにする。

春の楽しみ

2時間

☐ 単元目標・評価

• 言葉には性質や役割による語句のまとまりがあることを理解し，語彙を豊かにすることができる。(知識及び技能(1)オ)

• 経験したことや想像したことなどから書くことを選び，伝えたいことを明確にすることができる。(思考力，判断力，表現力等 B(1)ア)

• 言葉がもつよさに気付くとともに，幅広く読書をし，国語を大切にして，思いや考えを伝え合おうとする。(学びに向かう力，人間性等)

知識・技能	言葉には性質や役割による語句のまとまりがあることを理解し，語彙を豊かにしている。((1)オ)
思考・判断・表現	「書くこと」において，経験したことや想像したことなどから書くことを選び，伝えたいことを明確にしている。(B(1)ア)
主体的に学習に取り組む態度	積極的に語彙を豊かにし，学習課題に沿って，行事を説明する文章を書こうとしている。

☐ 単元のポイント

教材の特徴

　各学年で動植物や生活，気象などを通して季節の言葉を学習するが，4年生では，行事を通して行う。「花見だんご」や「ひな人形」などの行事に関わる食べ物や道具，景色などがある。また，「こいのぼり」や「茶つみ」などの季節の行事に関連する歌も多くある。このような具体的な物や歌を通して，子どもたちのイメージを膨らまし，同時に語彙も増やしていく。

説明書を書く

　本単元では，行事の簡単な説明書を書く。説明書などの文章を書くためには，文章を書く前に，対象のイメージを広げ，それに関わる語彙をできるだけたくさん見付けることと，文章の構成を明らかにすることが大切である。また，文章を書くというのは，人に伝えることが目標になる。よりよい説明書を書くために，「1年生に紹介しよう」や「お母さんやお父さんに紹介しよう」などの相手意識が大切になる。相手が明確になることで，使う言葉や内容を工夫することができる。

62　春の楽しみ

3 学習指導計画（全2時間）

次	時	目標	学習活動
一	1	・春の行事に関係する言葉を集めることができる。 ・春の行事に興味をもとうとする。	○春の自然の写真や地域の春の行事の写真，春の行事の歌などを見て，春の季節や行事のイメージを広げる。 ○3月，4月，5月の行事について知っているものを交流する。 ・教科書や地域の広報誌などを参考に，ひな祭りやお花見などの春の行事について知っていることを発表する。 ○イメージマップでイメージを広げる。 ・それぞれの行事について，使うものやつながりがある言葉をイメージマップで広げる。 ○自分の好きな行事を決める。 ・次時に説明書を書く行事を決める。 ・宿題でその行事について詳しく調べてくる。
	2	・春の行事に関係する言葉を使うことができる。 ・春の行事について，簡単な説明を書くことができる。	○教科書p.38の「大だこ祭り」から説明書の書き方を学び，「自分の好きな行事についての説明書を書く」という本時のめあてを確認する。 ○行事ごとにグループに分かれ，イメージマップを使い，行事に関連する言葉を集める。 ○集めた言葉を使い，行事の説明書を書く。 ・説明書の書き方を参考に文章を書く。 ・行事の絵なども書く。 ○書いた文章を交流する。 ・見付けた共通点をクイズ形式で発表する。

言葉を通して子どもの世界を広げる

　私たちは，日頃からたくさんのことを見て，聞いて生活しています。しかし，多くのことは意識されずに，聞き流されたり，見ているようで見えていなかったりするものです。本単元では，語彙を豊かにすることが目標です。言葉を獲得することは，その出来事や物を認識することにつながります。国語の学習を通して，子どもたちは多くの言葉を獲得していきます。言葉を獲得することで，子どもたちの世界を豊かにすることができます。

　本時で扱う春の行事も，子どもたちが何気なく見ているものも多いと思います。それを題材として扱うことで，その行事で使われている物や食べられている物などに子どもたちの意識が向きます。学校の帰り道に，目にする地域のイベントのポスターや春の植物や生き物が，これまでとは違った物に見えてきます。

単元について　63

春の楽しみ

1 / 2時間

準備物：春の行事の画像や歌，ホワイトボードや模造紙

● 画像と歌でイメージを広げる

　本時の導入は，春の行事の写真や歌を使います。「ひな祭り」や「お花見」などの写真や歌を通して，子どもたちの記憶を呼び起こします。この時に，学校がある地域の春のイベントを扱うと，子どもたちの経験から様々な関連する言葉が出てきます。授業の前に，クラスのみんなでお花見に行くとよりイメージが広がります。

● イメージマップ

　本時では，関連する言葉を書き出す方法としてイメージマップを使います。イメージマップは，関連する言葉を見付けたり，自分のイメージを広げて言語化させたりすることに有効です。俳句作りや作文などの表現をする前にイメージマップを書くことで，より豊かな表現につなげることができます。多くの場面で活用してみてください。

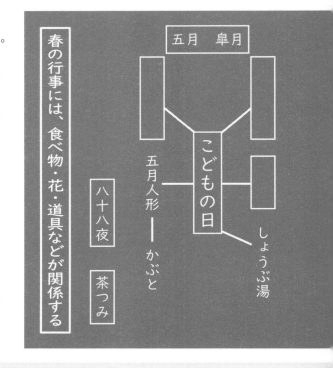

春の行事には、食べ物・花・道具などが関係する

五月　皐月
こどもの日
五月人形 — かぶと
しょうぶ湯
八十八夜
茶つみ

❶ 春の季節や行事のイメージを広げる

3月から5月までが春です。春にはいろいろな行事があります。先生が春の行事の写真などをまとめましたので，電子黒板を見ましょう。

ぼくのお家でもひな祭りをしているよ。

先週，家族で五月山の桜を見に行ったよ。

　子どもたちに画像を見せたり歌を聴かせたりして，春の行事を思い出させる。それぞれの行事の様子や使う物，食べ物が分かるようにインターネット上からダウンロードしたり，実際に撮った写真を編集する。また，「こいのぼり」などの行事に関係する歌を聴いたり歌ったりするとより想像がふくらむ。

　また，「弥生・卯月・皐月」が3〜5月の別名として使われることがあることを紹介する。

❷ 知っている行事について交流する

春のどんな行事を知っていますか。

ひな祭り，お花見，子どもの日。

「ひな祭り」からどんなものをイメージしますか。イメージマップを作っていきましょう。

ちらしずしを食べたな。

　子どもに提示した写真を参考に，春の行事を書き出していく。教師が月ごとに分類して板書する。その中から一つの行事を選んで，その行事からイメージされることを発表させ，イメージマップを作成する。子どもたちが見付けた物を，「食べ物」「道具」「花」などを分類することで，次のグループ学習のヒントになる。

本時の目標	・春の行事に関係する言葉を集めることができる。 ・春の行事に興味をもとうとする。	本時の評価	・春の行事に関係する言葉を集めている。 ・春の行事に興味をもとうとしている。

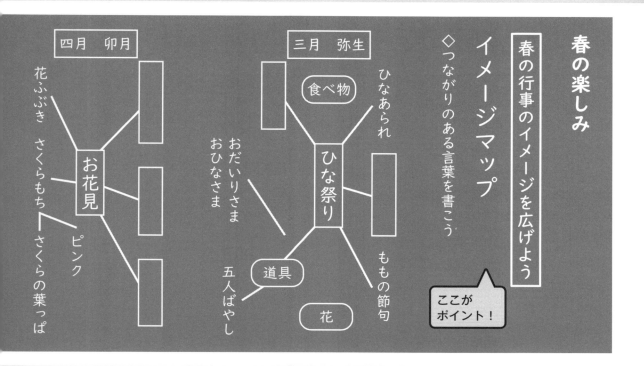

❸イメージマップでイメージを広げる

 グループで，イメージマップを使って，それぞれの行事のイメージを広げましょう。

さっき，みんなで「ひな祭り」を考えた時には，食べ物とか花とか，物があったな。

　グループごとに，各月で行事を一つ決めて，イメージマップを使い，イメージを広げる。模造紙やホワイトボードを用意し，子どもが自由に書き込んでいけるようにすると効率がよい。
　グループ学習終了後，グループで見付けた言葉を発表させる。黒板に自由に書かせてもよいし，順番に発表させてもよい。難しい言葉があったら，解説をする。

❹自分の好きな行事を決める

 次の時間に自分の好きな行事について説明文を書きます。どの行事が好きですか。

私は，弟が５才になるから，子どもの日について説明文を書こうかな。

 自分が選んだ行事について，お家で調べてきましょう。

　次時に，春の行事の説明書を書くことを子どもたちに伝える。子ども自身に説明書を書く行事を選ばせる。その時に名前カードを黒板の行事のところに貼らせたり，名前を書かせたりすると，誰が何を書くのかが把握できる。説明書を書くには，その行事についてある程度の資料が必要になる。教師がその行事の資料を用意してもよいし，行事を調べることを宿題として出してもいい。

2 (2時間) 春の楽しみ

準備物：グループ学習で使う模造紙かホワイトボード

●説明を書く

文章を書く前には，文章構成の学習が必要になります。基本の文章構成を明らかにすることで，子どもたちは工夫をすることができます。本時においては，教科書 p.38に掲載されている「大だこ祭り」を通して，文章の構成について学びます。

> ①文章が三文で書かれている。
> ②一文目は行事の大まかな説明。
>   二文目はより詳しい説明。
>   三文目は自分の感想。

このような文章のきまりを見付けた後，それを参考に自分の選んだ行事の説明を書きます。この参考だけにとらわれるのではなく，自分のオリジナルの表現やアレンジを入れることができれば，よりよい説明文を書くことができます。

【せつめいを書こう】
①春の行事のせつめいを書く
②春の行事の絵をかく
③ちがうグループの人と交流する
④ふり返りを書く

❶説明の書き方を見付ける

これは「大だこ祭り」の説明です。どんなことが書いてありますか。

二つの段落で，三つの文があるね。

一つ目の段落はお祭りの説明で，二つ目の段落は思ったことが書いてあります。

教科書の「大だこ祭り」の説明を参考にして，説明の仕方を明らかにする。説明の段落と感想の段落の二つの段落で構成されていることと，①大まかな説明，②少し詳しい説明，③感想の三つの文で書かれていることを押さえる。「事実」と「意見」を分けて考えることにもつながるので，二つの段落は分けて書かせたい。

❷行事のイメージを広げる

昨日，自分の好きな春の行事を決めました。そして，お家でその行事について調べてきましたね。行事ごとにグループに分かれて，調べてきたことをイメージマップを使って交流しましょう。

私は「ひな祭り」について調べてきたよ。ひな祭りをする理由について調べたよ。

子どもたちを春の行事ごとのグループに分ける。説明を書く準備として，自分が説明を書く春の行事に関係のある語彙をできるだけ書き出させる。宿題で調べてきたことや教師が配付した資料を，グループで一つのイメージマップにまとめ，食べ物や道具，歴史などの様々な観点で語彙を広げる。

本時の目標	・春の行事に関係する言葉を使うことができる。 ・春の行事について、簡単な説明を書くことができる。	本時の評価	・春の行事に関係する言葉を使っている。 ・春の行事について、簡単な説明を書いている。

春の楽しみ
春の行事のせつめいを書こう

*p.38文章「大だこ祭り」

せつめいの仕方
- 二つの段落がある
  ① せつめいの段落
  ② 感想の段落
- 一つの文で書いている
  ① お祭りのせつめい
  ② お祭りのまめちしき
  ③ 思ったこと

春の行事
- ひな祭り
- こどもの日
- お花見
- さくらまつり
- 八十八夜

せつめいする相手を決めよう
― 一年生・家族・友だち

---

❸説明書を書く

それでは説明を書きます。1年生か家族、友達に向けての説明を書きましょう。

イメージマップの中から自分が説明に使いたい言葉に丸をしましょう。そしてその言葉を使って説明を書きましょう。

「八十八夜」の「八十八日目」と「茶つみ」の言葉は使いたいな。

　説明を書く前に、まず、説明を書く対象を決める。誰に書くのかを具体的にイメージすることで、より焦点化された説明になる。次に、各グループで作成したイメージマップから、自分が説明で使いたい言葉を選ばせる。文章を書く時に、「大だこ祭り」を参考にすることで、すべての子が書きやすくなる。

❹書いた説明書を交流する

説明が書けたら、自分の選んだ行事と違う行事を選んだ人と交流をしましょう。

行事で食べる物や使う道具など、自分の知らないことも多いな。

　説明を書いた後は、交流をさせる。自分と違う行事の説明を書いた友達と交流することで、新しい発見があり、交流が楽しいものとなる。時間があるなら、自分と同じ行事の説明を書いた人と、自分の説明文を比較し、書き方や見方の違いを明らかにする。交流をしながら推敲し、清書をして、絵を書き加えると、春らしい掲示物になる。

聞き取りメモのくふう／
[コラム] 話し方や聞き方から伝わること

6時間

1 単元目標・評価

- 話し方や聞き方によって，伝わり方が異なることを理解することができる。（知識及び技能(1)イ）
- 必要な情報を的確にとらえ，メモを取ることができる。（知識及び技能(2)イ）
- 要点を落とさず，必要なことを記録しながら聞くことができる。（思考力，判断力，表現力等 A(1)エ）
- 言葉がもつよさに気付くとともに，幅広く読書をし，国語を大切にして，思いや考えを伝え合おうとする。（学びに向かう力，人間性等）

知識・技能	話し方や聞き方によって，伝わり方が異なることを理解している。（(1)イ） 必要な情報を的確にとらえ，メモを取っている。（(2)イ）
思考・判断・表現	「話すこと・聞くこと」において，要点を落とさず，必要なことを記録しながら聞いている。（A(1)エ）
主体的に学習に取り組む態度	よりよいメモの取り方を工夫しようとしている。

2 単元のポイント

この単元で知っておきたいこと

　効果的なメモの取り方を学習する単元である。国語の学習だけでなく，総合的な学習の時間など，様々な場面で活用できるように意識していきたい。活用できるまで力を付けていくには，6時間の単元の中では練習する時間が少ない。本単元の第3時に示したようなメモの取り方の練習時間を，5分ずつでも継続的に，楽しく，国語のはじめの時間や隙間の時間に取り入れていきたい。

身に付けたい資質・能力

　単元の学習を通じて，子どもたちがメモを取ることのよさを感じ，必要性を実感することが重要になってくる。生涯に渡って，適切なメモの取り方やメモを取ろうとする態度は，欠かせない資質・能力である。他の学習で，メモを取っている子どもがいたら，「メモ取っているね！　すごい！」と，その姿勢について評価し，メモの習慣をつけていきたい。

3 学習指導計画（全6時間）

次	時	目標	学習活動
一	1	・これまでのメモをした経験を思い出し，メモのよさに気付くことができる。	○これまでのメモの経験を思い出す。 ・メモのよさを考える。
二	2	・よりよいメモの取り方の工夫を考えることができる。	○話を聞き，メモを取る。 ・メモの取り方を交流する。 ・効果的なメモの取り方を考える。
	3	・箇条書きや記号を使ったメモの取り方ができる。	○箇条書きや記号を使ったメモの取り方を練習する。 ・教師が文章を読み上げ，工夫してメモを取りながら聞く。
	4	・工夫してメモを取り，メモを使って発表することができる。	○メモをもとに聞いたことを発表し合う。 ・話を聞いてメモを取る。 ・聞いたことを発表し合う。 ・メモの取り方を振り返る。
	5	・目的によって，メモの取り方が変わることを理解することができる。 ・これまでの自分の学びを振り返り，これからの学習や生活で生かそうとする。	○目的に合わせたメモの取り方について考える。 ・二つの場面を比べて目的に合ったメモの取り方を考える。 ○これまでの自分の学びを振り返り，これからの学習や生活で生かそうとしている。
三	6	・話し方や聞き方によって，相手の受け取り方が変わることに気付くことができる。	○教科書 pp.44-45のそれぞれの場面の受け取り方の違いについて考える。 ・それぞれの場面のロールプレイをする。 ・受け取り方の違いを考える。

楽しみながら視覚的支援を

　メモの取り方に正解はありません。個人によって，最適なメモの取り方は違います。それぞれの子どもの工夫を認め，教師自身もその工夫を楽しみ，よりよいものを広げていくイメージをもちましょう。聞く活動が中心になるので，視覚優位の子どもへの支援を意識しましょう。そのためにも，子ども同士でメモを見合う時間を取ったり，教師が広げていくなどしていきましょう。

聞き取りメモのくふう／[コラム] 話し方や聞き方から伝わること

1／6時間 準備物：なし

●単元のはじめの１時間

単元の導入，第１時の授業です。どの単元でもそうですが，これからどんな学習をしていくのかという見通しを，なるべく具体的にもたせたいものです。また，メモを取ることのよさを感じさせ，「メモを取ることは大事だな，練習していこう」という気持ち，意欲を高めていきましょう。

●もしも～しなかったら？

４コマ❸の活動で，「もしもメモを取らなかったら？」ということを考えます。メモの必要性を感じるためには，それをしない場合を考えてみると見えてくることがあります。この視点は，他の学習でも使える視点です。説明文の学習でも，「もしも８段落がなかったら？」と，８段落の役割に迫ることができます。

> メモをすることのよさ
> ・あとで思い出すことができる
> ・わすれてもだいじょうぶ
> ・人に何かを伝えることができる

❶メモの経験を思い出し，ノートに書く

「みなさんはメモを取ったことがありますか？ どんな時にメモを取ったのか思い出してみましょう。」

「学校でも家でもメモを取っているな。」

メモを取った経験をノートに書いていく。思い出せない子どもがいたら，近くの人と相談しながら考えてよいということを伝える。

❷ノートに書いたことを発表していく

「ノートに書いたことを発表してください。」

「前にゲストティーチャーの話をメモして聞いたね。」

子どもたちからは「社会見学の時に，見たことかをメモした」「家の人が留守で，電話がかかってきた時にメモをしている」「連絡帳を書いているのもメモだ」「物を買った時など，おこづかい帳をつけている」などが出る。それらを黒板に書いていく。

本時の目標	・これまでのメモをした経験を思い出し，メモのよさに気付くことができる。	本時の評価	・これまでのメモをした経験を思い出し，メモのよさに気付いている。

聞き取りメモのくふう

メモを取ることのよさを考えよう

○メモを取った　けいけん

- 【学校で】
  - 社会見学のとき
  - ゲストティーチャーの話を聞くとき
  - 図書室で調べるとき
- 【お家で】
  - おつかいに行くとき
  - 家の人に電話がかかってきたとき
  - 買い物をしたとき（おつづかい帳）

○メモを取っていなかったら…

- あとでふり返ることができない
- わすれてしまう
- メモをもとに文章を書くから，それができない
- 困ってしまう
- めいわくをかける

❸「メモを取らなかったら？」を考える

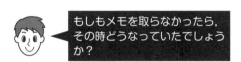

メモを取らなかった時と比較して，メモのよさに気付かせていく。「社会見学でメモを取らなかったら，どんな勉強をしたのか，あとで振り返ることができなくなっちゃうね」「お母さんに伝えないといけない大事なことを忘れてしまうよ」などと，具体的な場面で語らせる。

❹メモのよさをまとめる

まとめとして，メモを取ることのよさをノートに書いていく。

❸の活動の意見を板書しておき，まとめを書く手助けとなるようにしておく。

聞き取りメモのくふう／[コラム] 話し方や聞き方から伝わること

2/6時間　準備物：なし

● 困り感の共有

　成果を共有するのもよいですが、困っていることを共有する価値も大きいです。困り感を共有すると「みんな困っているんだ」と安心したり、「こうしたら解決できるよ！」というアイデアも子どもたちから出たりするようになります。

● モデリング

　4コマ❸でいいなと思うところを探す活動は様々な場面で行うことがあります。その時、いいなを見付けるだけでなく、すぐに自分の中に取り入れていく子どもを育てたいものです。活動中に子どもをよく観察し、友達のノートを見た後に、自分のノートを書き換えている子どもを見付けます。「今、何か書いていたよね？　何していたの？」と問い、それがすごいことであることを認めます。そうして全体に広げていきます。

- かじょう書き
- 短い言葉で
- 記号を使う
- 矢印や線でつなぐ
- 大事な言葉には丸をする
- ひらがな

❶ メモを取る

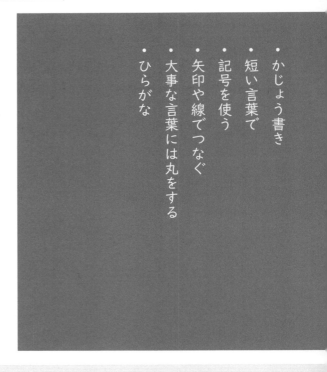

　教科書 p.41 の話の音声データを流し、子どもたちが実際にメモを取る。音声データを使用することによって、子どもたちがリアルタイムでメモを取る様子を見ることができる。この間に、工夫してメモを取っている子どもを見付けたい。

❷ メモを取って困ったことを共有する

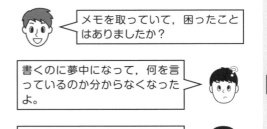

　一度聞いただけでは、もちろん上手にメモを取れない。メモを取っていて、困ったことを交流させていくようにする。子どもたちの困り感から出発したい。うまく書けなかった子どもの言葉を広げ、どんな工夫ができそうか全体で考えていく。工夫を交流したら、もう一度話を流し、メモを取っていく。

本時の目標	・よりよいメモの取り方の工夫を考えることができる。	本時の評価	・よりよいメモの取り方の工夫を考えている。

聞き取りメモのくふう

【メモの取り方のくふうを考えよう】

○メモを取るときに困ったこと
・書いているときに、話が次に進んでしまう → 短い言葉で書いたらいい
・全部書かないといけないのかな → 大事な言葉だけ書いたらいい

○メモの取り方のくふう

*p.41の[2]の本文

❸ どんな工夫をしたのかを交流する

友達がどんなメモを取ったのか、交流していきましょう。いいなと思うところを見付けてください。

短い言葉で書いているのがいいね。

友達の書いたメモを見て交流していく。ノートを机上に広げ、自由に見て回るようにする。その際、今度真似してみたいなと思うところを見付けるように声をかけておく。

❹ メモの取り方の工夫をまとめる

みんなで見付けたメモの取り方の工夫をまとめましょう。

箇条書きで書くと分かりやすい。

記号を使うのはすぐに書けるので、いい工夫だと思いました。

子どもたちが考えた工夫をまとめていく。子どもたちから意見がなかなか出ない場合には、教科書に載っているメモを提示し、工夫を探させることもできる。何でも子どもの言葉で出させないといけないと思わずに、教科書を上手に使ってまとめていけばよい。

聞き取りメモのくふう／[コラム]話し方や聞き方から伝わること

3/6時間

準備物：黒板掲示用資料

●練習を積み重ねる

「箇条書きをしよう」「記号を使おう」と言っても，すぐにできるようにはなりません。箇条書きとは何か，どんな記号があるのかなどを教えます。教えたうえで，実際に練習を積み重ねていきます。この時間に練習し，日々の隙間の時間にもメモを取る練習をしていくといいでしょう。

●ゲーム性をもたせた練習をする

ゲーム性をもたせたメモを取る練習が有効です。箇条書きには聖徳太子ゲームがオススメです。数名で同時に果物の名前などのテーマに合った言葉を言います。聞き取れた果物の名前を箇条書きで書きます。少しレベルを上げた新聞記事クイズもあります。子ども向けの新聞から記事を選び，読み上げ，メモを取らせ，記事の内容（いつ・どこ・誰・何があったかなど）のクイズを出します。

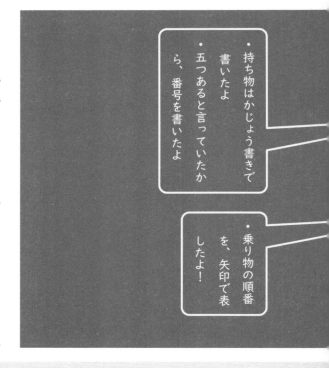

❶箇条書きに慣れる

果物の名前をできる限りたくさん箇条書きで書いてください。30秒です。用意スタート！

ゲーム性をもたせたメモを取る練習を以下のように行う。
①30秒以内に思いつく限りの果物の名前を書いていく。
②聖徳太子ゲームを行う。

❷記号の使い方を知る

メモには記号を使うことも有効です。これらは何の記号だと思いますか？

矢印は順番を表していると思います。順番が一目で分かるので，便利だと思います。

記号を使ったメモの取り方を練習していく。子どもたちには，記号を使ったメモのイメージがあまりないので，ゲーム形式で記号について親しめるようにしていく。「理由…⓵」「疑問…？」「→（矢印）は順番を表している」などである。

| 本時の目標 | ・箇条書きや記号を使ったメモの取り方ができる。 | 本時の評価 | ・箇条書きや記号を使ったメモの取り方をしている。 |

聞き取りメモのくふう

かじょう書きと記号を使ったメモの取り方を練習しよう

○かじょう書き
・いちご
・メロン
・ぶどう

・上に点を打つ
・横一列に書いていく

○記号
・）…理由　？…ぎもん
・→（矢印）…順番を表す

二〇一九年の十月七日月曜日に、遠足に行きます。行き先は、大阪城公園です。まずバスに乗ります。その後地下鉄に乗りかえます。地下鉄の駅からは徒歩です。持ち物は、五つあります。お弁当、水とう、しきもの、ぼうし、ハンカチです。8時30分までに教室に集合してください。おくれないように気を付けてくださいね。

❸工夫してメモを取る練習をしていく

先生が文章を読んでいきます。工夫してメモを取りましょう。2回読み上げます。

1回目に聞き取れなかったことは空けておいて、2回目に書けるようにしておこうかな。

教師が、ひとまとまりの文章を読み上げる。2回読み上げることを伝える。「1回目で分からない、聞き取れなかったことがあったらどうしたらいいでしょう？」と子どもたちに考えさせ、分からないところは、空けておいたり、「？」を付けておいたりしておくとよいことを伝えておく。

❹メモの工夫を交流する

どんなメモを取ったのか交流しましょう。

乗り物の順番を矢印で表したよ。

持ち物は箇条書きで書きました。

どのような工夫をしたのかを交流する。ポイントは二つある。一つ目は、矢印を使って遠足の行程を書いているかどうかということ。二つ目は、持ち物を箇条書きにしているかどうかということ。しかし、メモの取り方は人それぞれであって、こうでなければならないものではない。子どもたちが考えた工夫を認めていくことを大切にしていきたい。

聞き取りメモのくふう／[コラム]話し方や聞き方から伝わること

4/6時間　準備物：なし

●実際に話を聞く活動
　子どもたちが様々な人に話を聞き取る活動を取り入れるのは現実的に難しい場合があります。その際には、前もって話を録音させてもらい、その音声を授業で活用するということが考えられます。

●他社の教科書を活用する
　他社の教科書には、似たような学習が掲載されています。その素材を活用するという方法があります。教科書会社によってアプローチの仕方が違っているので、教材研究という点においても役に立ちます。

よろこぶ顔　一つ一つ大切に

❶本時の課題について把握する　❷話を聞き、メモを取る

　メモを取る目的の一つとして、聞いた話を誰かに伝えるというものがある。どんな場面が考えられるかを子どもたちに問い、具体的な場面を想定する。実際に話を聞きに行くことができる環境であれば、聞きに行くようにする。また、ゲストティーチャーや社会見学でそういった機会をもつことができれば、その機会を活用しない手はない。

　実際に話を聞く場面が設定できない場合には、他社の教科書会社の本文を活用したり、教師が文章を用意したり、音声を録音したりするなどして対応するとよい。ここでは、東京書籍3年上p.51の文章（ゆうびん局ではたらく人の話）を使用する。

| 本時の目標 | ・工夫してメモを取り，メモを使って発表することができる。 | 本時の評価 | ・工夫してメモを取り，メモを使って発表している。 |

聞き取りメモのくふう

メモをもとに、聞いた話を伝えよう

話を聞く
　↓
メモを取る
　↓
話して伝える

○ゆうびん配たつの仕事の話
話して伝える・新聞にまとめて伝える

大変なこと
①まちがえない
　名・住 たしかめる
②雨や雪の日
　ぬれない
③年がじょう
　いっせい　正月

---

❸聞き取った内容を発表し合う

メモした内容を確実に誰かに伝えるためには，どんなことに気を付けたらよいでしょう。

聞き取れなかったことは，もう一度教えてもらうように質問するといいと思います。

大事なことは確認するとか，印を付けておくといいです。

　聞き取ったメモをもとに，話の内容を伝え合う。
　「今から郵便局の人の話を聞きます。話を聞いていない人に，その内容を伝えるつもりでメモを取りましょう」と伝える。全員が話をできる環境にしたいので，ペアや4人程度のグループで伝え合う活動を設定する。その後，よりよいメモの取り方について交流していく。

❹自分のメモの取り方を振り返る

これまでに学習してきたことを思い出し，これからメモを取る時に，気を付けておきたいことを，ノートに書きましょう。

誰かに話をするためには，大事なことをちゃんと聞かないといけないな。

　本単元のここまでの学習を振り返る。これから様々な場面でメモを取ることを意識できるようにしていきたい。

聞き取りメモのくふう／[コラム]話し方や聞き方から伝わること

5/6時間
準備物：なし

● **二つの場面を比べる**

「知っていることを聞く時」「知らないことを聞く時」の二つの場面を比べます。メモの取り方は違うかな？聞く心構えは？など，具体的な比べる観点を示します。そうすることによって，それぞれの目的に合わせた聞き方・メモの取り方が明らかになってきます。

● **単元の振り返り**

単元の終末には，自己の成長を見つめられるような振り返りの機会を設け，成長を自覚させていきましょう。新しく知ったこと，できるようになったこと，メモの取り方に変化はあったかなどを振り返ります。

また，この「聞き取りメモのくふう」の学習をどんなところで生かせそうかも考えさせていきましょう。

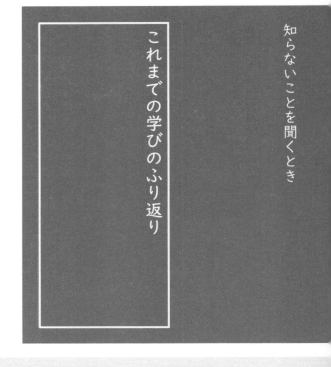
知らないことを聞くとき　これまでの学びのふり返り

❶ **課題を把握する**

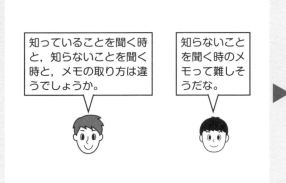

教科書に載っている「知っていることを聞くときと知らないことを聞くとき」について，具体的に考えていく。二つの場面を比較しながら考えていくことで，目的に合ったメモの取り方を考えていく。

❷ **メモの取り方の違いについて考える**

知っていることを聞く時と知らないことを聞く時のメモの取り方について，比較しながら考えていく。子どもの発言は，ベン図の形でまとめて板書していく。

本時の目標	・目的によって、メモの取り方が変わることを理解することができる。 ・これまでの自分の学びを振り返り、これからの学習や生活で生かそうとする。	本時の評価	・目的によって、メモの取り方が変わることを理解している。 ・これまでの自分の学びを振り返り、これからの学習や生活で生かそうとしている。

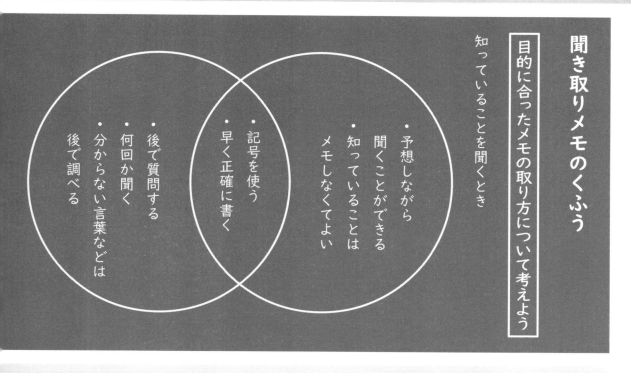

聞き取りメモのくふう

目的に合ったメモの取り方について考えよう

知っていることを聞くとき
・予想しながら聞くことができる
・知っていることはメモしなくてよい

・記号を使う
・早く正確に書く

・後で質問する
・何回か聞く
・分からない言葉などは後で調べる

❸目的に合ったメモの取り方を考える

　どんな時もメモの取り方は同じでいいでしょうか？

前の時間にもやったように、誰かに伝えるつもりで聞く時も、メモの取り方は工夫しないといけなかったね。　

何のためにメモを取るのかを考えてメモを取らなくてはいけないね。　

これまでの学習を思い出し、目的に合わせてメモの取り方を変えていくということをここで押さえておく。

❹これまでの学びを振り返る

　メモの取り方の工夫を勉強してきました。新しく知ったこと、できるようになったことはなんですか？振り返ってみましょう。

色んなメモの取り方を学んだので、これからの学習に生かすことができそうです。　

聞き取りメモの工夫の学習の中で、自分ができるようになったことなどを振り返る。まずは個々でノートに書き、その後、その振り返りを共有する。また、これからどんな場面で学んだことを生かそうとするのかについても考える。

第5時　79

6 聞き取りメモのくふう／[コラム]話し方や聞き方から伝わること

6／6時間

準備物：黒板掲示用資料

●ロールプレイで楽しく

　ここでは，表情や声の調子，態度の違いによって，受け取られる印象が違うことを学んでいきます。言葉で説明するより，体験して体で感じることが大事です。ロールプレイで，楽しい雰囲気で取り組めるようにしていきましょう。

●日常のコミュニケーションに生かす

　教科書では，コラム的な扱いになっていますが，重要な指導事項です。日常のコミュニケーションの中でも使う，必要な力です。こういったことが原因で子どもたち同士のトラブルにもつながります。1時間でじっくり丁寧に教えていきましょう。

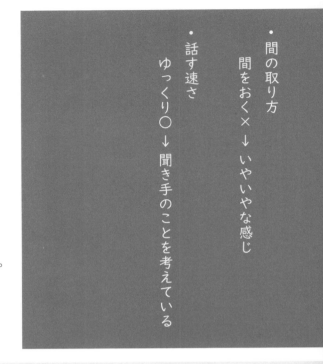

- 間の取り方
  間をおく× → いやいやな感じ
- 話す速さ
  ゆっくり○ → 聞き手のことを考えている

❶課題を把握する

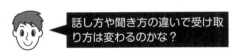

　いきなり真剣な表情で，低めの声で，間を開けながら「今からお話をします」と話す。すると子どもは，「大事な話？」「先生どうしたの？」という反応を示す。そこで，「どうしてそう思ったの？」と問い返す。「だって…」と，先生の話し方について子どもたちは言及するだろう。こういったやり取りをしながらの学習の入り方もある。

❷一つ目の場面のロールプレイをする

　教科書pp.44-45のそれぞれの場面でロールプレイしながら，受け取り方の違いについて考える。例えば，「上の絵の図書係の人は，どんな話し方をしているかやってみて？」と，ロールプレイをさせる。「どうしてそんな話し方をしたの？」と理由を聞き，深める。聞き手側にも，どう伝わったかを問い，受け取り方の違いに迫る。

本時の目標	・話し方や聞き方によって，相手の受け取り方が変わることに気付くことができる。	本時の評価	・話し方や聞き方によって，相手の受け取り方が変わっている。

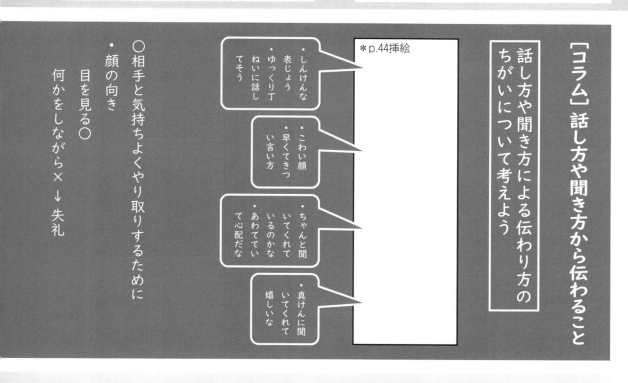

[コラム] 話し方や聞き方から伝わること

話し方や聞き方による伝わり方のちがいについて考えよう

*p.44挿絵

- しんけんな表じょう
- ゆっくり丁ねいに話してそう

- こわい顔
- 早くてきつい言い方

- ちゃんと聞いてくれているのかな
- あわてていて心配だな

- 真けんに聞いてくれて嬉しいな

○相手と気持ちよくやり取りするために
・顔の向き
　目を見る○
　何かをしながら× → 失礼

❸ロールプレイを繰り返す

話す人の立場になると，目を合わせないで話を聞いていると，嫌な気持ちになるのが分かるな。

間を取るだけで，何も話していないのに，気持ちが伝わるんだ。

❷の活動を他の場面でも繰り返していく。一部の子だけが活躍するのではなく，全員参加を心がけていく。

❹今日の学びを振り返る

今日の学びを振り返りましょう。

ロールプレイをすると，違う立場の気持ちも分かるようになるね。

「声の調子や表情，視線など，人に気持ちを伝えるのは言葉だけではない」「日常生活にも生かしていこう」といった振り返りをしていく。

また，内容の振り返りだけでなく，「ロールプレイをしたことによって，より理解が深まった」というような，学び方の振り返りもしていきたい。

漢字の広場①

2時間

Ⅰ 単元目標・評価

- ３年生までに配当されている漢字を書き，文や文章の中で使うことができる。（知識及び技能(1)エ）
- 間違いを正したり，相手や目的を意識した表現になっているかを確かめたりして，文や文章を整えることができる。（思考力，判断力，表現力等 B(1)エ）
- 言葉がもつよさに気付くとともに，幅広く読書をし，国語を大切にして，思いや考えを伝え合おうとする。（学びに向かう力，人間性等）

知識・技能	３年生までに配当されている漢字を書き，文や文章の中で使っている。((1)エ)
思考・判断・表現	「書くこと」において，間違いを正したり，相手や目的を意識した表現になっているかを確かめたりして，文や文章を整えている。(B(1)エ)
主体的に学習に取り組む態度	進んで３年生までに配当されている漢字を用いて書こうとしている。

2 単元のポイント

付けたい力

　本単元を通して子どもたちに付けたい力は，「３年生までに配当されている漢字を正しく用いて文を書く力」である。「文を書く」というのがポイントである。文を考えながら，漢字を使うというところに，よくある漢字ドリルの小テストにはない難しさがある。実際，漢字ドリルで書けている漢字が，自分で文を書いた時には使われないということが少なくない。本単元では，絵を見ながら町やまわりの様子を紹介するという設定になっており，文を書くことへの抵抗感を減らし，楽しく取り組むことができるような工夫がなされている。しかし，それでも文を考えることに難しさを感じる子もいるだろう。「さぁ，書きましょう」と子どもに丸投げするのではなく，まずは口頭で文を作ってみて共有するなど，どの子も安心して取り組めるように工夫していきたい。

82　漢字の広場①

3 学習指導計画（全2時間）

次	時	目標	学習活動
一	1・2	・3年生までに配当されている漢字を用いて，町やまわりの様子を紹介する文を書くことができる。	○既習の漢字を用いながら，町やまわりの様子を紹介する文を書く。

1・2 / 2時間　漢字の広場①
準備物：なし

●既習漢字を用いる

「習った漢字は使いなさい」と子どもに言って，書いた文を書き直しさせている教師や保護者がいるように感じます。

でも，漢字を用いずに平仮名で書くということは，まだその子にとっては，漢字で書くメリット（読みやすさなど）よりも，平仮名で書くことのメリット（楽であることなど）が上回っている状態であるということです。ですから，書く経験を重ねることで自然と漢字で書くようにもなるということです。本単元がそうであるように，学習指導要領では，該当学年の一つ下の学年で学んだ漢字を，漸次用いるようにすることが求められています。

無理に書き直させるのではなく，焦らず，その子の成長を見守る姿勢も指導者には求められているのではないでしょうか。

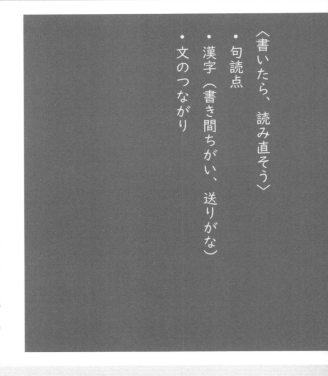

〈書いたら、読み直そう〉
・句読点
・漢字（書き間違い、送りがな）
・文のつながり

❶平仮名で書かれた文を読む

黒板を見てください。
全部平仮名で書いてみました。

簡単な平仮名のはずなのに
何だか，読みにくいような…

本時の活動は，既習の漢字を使って昔話を書くことである。「〜しましょう」と指示をしてもよいが，ほんのひと工夫で，子どもたちに学ぶ必要感をもたせたい。ここでは，教科書の例文を平仮名で板書することからスタートし，子どもが「読みにくい」と感じることで漢字を使わないことへの違和感を引き出している。そのうえで，「漢字を使った方が読みやすい」と漢字を使うよさを確かめたい。

❷本時のめあてを確かめる

では，町やまわりの様子を紹介する文を習った漢字を使って書いていきましょう。

「さぁ，絵を見て漢字を使って文を書きましょう」といった指示で始めても，すらすらと書けてしまう子もいるだろう。

ただ，どのように活動を進めていったらよいか分からない子もいるかもしれない。全体の場で，一，二文もどう書いていくのか確かめるようにすると，苦手な子も安心して書いていける。

84　漢字の広場①

| 本時の目標 | ・3年生までに配当されている漢字を用いて，町やまわりの様子を紹介する文を書くことができる。 | 本時の評価 | ・3年生までに配当されている漢字を用いて，町やまわりの様子を紹介する文を書いている。 |

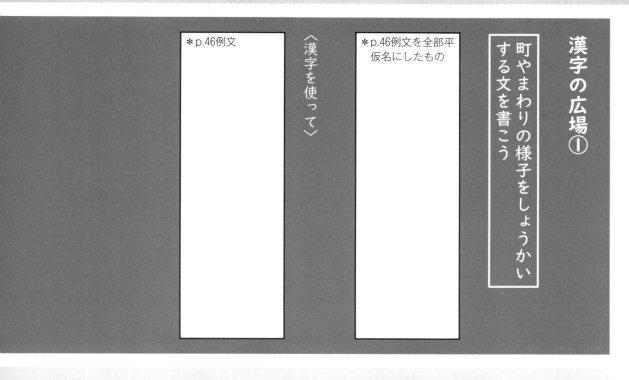

漢字の広場①

町やまわりの様子をしょうかいする文を書こう

〈漢字を使って〉

＊p.46例文を全部平仮名にしたもの

＊p.46例文

---

❸ 教科書を見て，個人で文を作る

駅の近くには、放送局があります。
その先を海の方へ行くと、赤いてっきょうが見えます。

全体である程度書き進めた後，個人で書き進めていく。
漢字を使うことよりも，文を綴っていくことの方に，子どもたちは難しさを感じるかもしれない。そこで，学級の実態に合わせて，グループで教え合いながら活動するようにしてもよい。

❹ 読み合い，間違いを正す

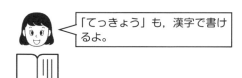

「てっきょう」も，漢字で書けるよ。

ありがとう。気を付けるよ。

書いたら，「句読点」「漢字の送り仮名」などに気を付けて読み直しをさせることが大切である。
その後，書いた文を互いに読み合う時間を取る。よいところを伝えたり，間違いに気付いたらアドバイスをしたりするようにする。
個人で書く時間に差ができるため，早く書き終えて読み直しの終わった子から，教室の後ろで交流させるようにすると空白の時間がなくなる。

第1・2時 85

2　筆者の考えをとらえて、自分の考えを発表しよう

〈練習〉思いやりのデザイン／アップとルーズで伝える／[じょうほう]考えと例

8時間

1　単元目標・評価

- 段落の役割について理解することができる。(知識及び技能(1)カ)
- 考えとそれを支える理由や事例との関係について理解することができる。(知識及び技能(2)ア)
- 段落相互の関係に着目しながら、考えとそれを支える理由や事例との関係について、叙述をもとにとらえることができる。(思考力,判断力,表現等 C(1)ア)
- 文章を読んで理解したことに基づいて、感想や考えをもつことができる。(思考力,判断力,表現力等 C(1)オ)
- 言葉がもつよさに気付くとともに、幅広く読書をし、国語を大切にして、思いや考えを伝え合おうとする。(学びに向かう力,人間性等)

知識・技能	段落の役割について理解している。((1)カ) 考えとそれを支える理由や事例との関係について理解している。((2)ア)
思考・判断・表現	「読むこと」において、段落相互の関係に着目しながら、考えとそれを支える理由や事例との関係について、叙述をもとにとらえている。(C(1)ア) 「読むこと」において、文章を読んで理解したことに基づいて、感想や考えをもっている。(C(1)オ)
主体的に学習に取り組む態度	考えとそれを支える理由や事例との関係などをとらえようとしたり、文章を読んでもった感想や考えをもとうとしたりしている。

2　単元のポイント

教材の特徴

　「思いやりのデザイン」も「アップとルーズで伝える」も「考え→例→考え」の双括型で文章が構成されている。「初め」で考えを述べ、「中」で例を挙げて説明し、「終わり」で再び考えを述べるという文章構成になっている。また、「中」では、対比的に説明することでそれぞれの特徴を明らかにしている。内容をシンプルにまとめた「思いやりのデザイン」で文章構成の確認をしておき、長文の「アップとルーズで伝える」の学習に生かしたい。

　「中」では、写真と文章を対応させて読む必要があるが、1段落につき一つの写真・図という分かりやすい組み合わせになっているので、比較的容易に内容をとらえさせることができる。

3 学習指導計画（全8時間）

次	時	目標	学習活動
一	1	• 段落の役割について理解することができる。 • 興味をもって文章を読み，単元全体の学習について見通しと課題意識をもとうとする。	• 教科書 p.7 の「三年生の学びをたしかめよう」を見て，既習内容の振り返りをする。 • 「思いやりのデザイン」を読み，児童の疑問や好奇心をもとにして単元の学習計画を立てる。 • 段落や文章構成に着目して「思いやりのデザイン」の大体の内容をとらえる。
	2	• 考えと例との関係を理解することができる。 • 段落相互の関係に着目して読むことができる。 • 段落相互の関係に着目して読もうとしたり，感想や考えをもとうとしたりする。	• 案内図と文章を対応させて読み，内容をとらえる。 • 案内図の説明を対比させて読み，それぞれの特徴をとらえるとともに，対比させて説明することのよさについて考える。 • 文章を読んでもった考えをまとめて発表する。
二	3	• 考えと例との関係を理解することができる。 • 段落相互の関係に着目して読むことができる。 • 段落相互の関係に着目して読もうとしたり，感想や考えをもとうとしたりする。	• アップとルーズの写真を見て，なぜそのような使い分けがなされているのかについて考える。 • 「アップとルーズで伝える」の大まかな文章構成をとらえる。
	4	• 考えと例との関係を理解することができる。 • 段落相互の関係に着目して読むことができる。 • 段落相互の関係に着目して読もうとしたり，感想や考えをもとうとしたりする。	• 写真と文章を対応させて読んだり，対比関係に着目しながら読んだりして，1〜3段落の関係について考える。
	5	• 考えと例との関係を理解することができる。 • 段落相互の関係に着目して読むことができる。 • 段落相互の関係に着目して読もうとしたり，感想や考えをもとうとしたりする。	• 写真と文章を対応させて読んだり，対比関係に着目しながら読んだりして，4〜6段落の関係について考える。
	6	• 考えと例との関係を理解することができる。 • 段落相互の関係に着目して読むことができる。 • 段落相互の関係に着目して読もうとしたり，感想や考えをもとうとしたりする。	• 7・8段落を読んで，7段落の「例」としての役割や，8段落に書かれた筆者の考えを確かめ，それに対する自分の考えをまとめる。
	7	• 考えと例との関係を理解することができる。 • 段落相互の関係に着目して読むことができる。 • 段落相互の関係に着目して読もうとしたり，感想や考えをもとうとしたりする。	• 1〜3，4〜6，7・8段落のまとまりに分け，それぞれの役割について考え，文章全体の構成をとらえる。
三	8	• 考えと例との関係を理解することができる。 • 自分なりの感想や考えをもって交流できる。 • 興味をもって考えを発表したり聞こうとしたりする。	• 「考えと例」を読み，具体例を挙げて話し合う。

文章全体における段落の役割について考える

　文章全体における段落の役割について考えながら読むという力を，ここで確実に身に付けさせたいものです。それには，まず，段落の要点をとらえさせる必要があります。繰り返し書かれている言葉や，題名と関わる言葉，問いに対する答えとなる言葉など，鍵となる言葉に線を引き，意識して読むようにさせましょう。そのうえで，各段落が文章全体のどのまとまりに属すのか，また，そのまとまりの役割は何かということを確認していきましょう。

〈練習〉思いやりのデザイン／アップとルーズで伝える／[じょうほう]考えと例

1／8時間

準備物：なし

● **必要性を感じさせる**

単元のはじめとなる授業です。児童が主体的に学ぶためには，この学習が児童にとって意味のあるものなのだと感じさせなければなりません。なぜ説明文の学習をするのか，どんなことを今まで学び，できるようになったのか・できないのか，などを振り返らせることで，学ぶ必要性を子どもたちが感じられるようにしましょう。

● **学習の見通しをもたせる**

本単元では，考えと例の関係に着目して内容を理解したり，そういった叙述の仕方を学んだりします。また，「考えを伝える」ということについて自分なりの考えをもって話し合います。教材の読解に入る前に，この学習を通してどんなことを学ぶのか，どんな力を身に付けていくのか児童に理解させて学習の見通しをもたせましょう。

```
「思いやりのデザイン」
話題    「インフォグラフィックス」
初め    筆者の考え
中      例
終わり  筆者の考え
```

❶ 3年生で学習した内容を振り返る

「説明する文章」の学習では，これまでにどんなことを学んできたかな？

3年生では，「すがたを変える大豆」で，「例」を挙げると分かりやすい，という学習をしました。

教科書 p.7「三年生の学びをたしかめよう」をもとに，3年生までの学習内容を振り返る。いきなり教科書を開かせるのではなく，これまでに学んだことを思い出させてから見たほうが効果的である。同時に，児童にどの程度学習内容が身に付いているのかも把握できる。必要ならば単元の学習に入る前にここで既習内容の再指導もしておく。

❷ 単元の学習について見通しをもつ

この単元では，「考えと例」の関係について，二つの文章を読んで学習します。また，「考えを伝える」時に，どんなことが大切か，ということについても，文章を読んで考えていきましょう。

教科書 p.47を読み，単元で学習する内容について見通しをもたせる。既習内容との違いを明らかにしながら，本単元で学ぶことを明らかにする。児童に，これまでに書いたり話したりして自分の考えを伝えた経験を聞き「例を上手に使うことはできたか」「どう使おうか困ったことはないか」などと尋ねることで，教材を学ぶ必要性を児童が実感することができる。

| 本時の目標 | ・段落の役割について理解することができる。
・興味をもって文章を読み，単元全体の学習について見通しと課題意識をもとうとする。 | 本時の評価 | ・段落の役割について理解している。
・興味をもって文章を読み，単元全体の学習について見通しと課題意識をもとうとしている。 |

〈練習〉思いやりのデザイン
アップとルーズで伝える
［じょうほう］考えと例

学習の見通しをもとう

☆これまでに学んだこと（説明文）
　「初め」「中」「終わり」
　例をあげる　など

☆この学習で学ぶこと
・考えと例
・「考えを伝える」ということ

「思いやりのデザイン」
　↓
「アップとルーズで伝える」

❸「思いやりのデザイン」の概要をとらえる

「思いやりのデザイン」の，「初め」「中」「終わり」にはどんなことが書かれているかな。

「初め」と「終わり」に筆者の考えが書かれています。

「中」には例が書かれています。

❹振り返りと次時の見通しを行う

本日の授業を通して分かったことや，これから考えていきたいことなどをまとめよう。

「初め」と「終わり」の両方に考えが書かれている…

次回はどのように例を挙げているのか学習していこう。

　「思いやりのデザイン」と「アップとルーズで伝える」の文章構成が同じであることを伝えてから，「思いやりのデザイン」の概要をとらえさせる。話題が「インフォグラフィックス」であること，双括型の文章であること，図が使用してあること，例が二つ挙げられていることを理解させる。教科書に「初め」「中」「終わり」のバー，段落番号が既に書かれている。効果的に活用したい。

　板書を活用して本時の内容をまとめるとともに，児童の個々の学びや今後の学習課題についてもノートに記述させる。児童が単元の学習に対する見通しをもつことができているか，本時の内容を自分の学びとしているかなど，意欲だけではなく，学び方を適切な方向へと調整していく力を評価することで，児童の学びに向かう力を高めたい。

第1時　89

〈練習〉思いやりのデザイン／アップとルーズで伝える／［じょうほう］考えと例

2／8時間

準備物：黒板掲示用資料，書画カメラとPCとプロジェクター

● 対比の効果を知る

　二つの物を比べて違いを明確にするという，対比の効果をここで押さえましょう。板書する際には，表にしてまとめ，二つの案内図の違いがより明確になるようにしましょう。また，書き手の工夫として，対比させやすいようにメリット→デメリットの順で書くといった工夫をしていることも確認します。対比をここで押さえることで，「アップとルーズで伝える」の学習でも，児童が対比を意識して読むことができます。

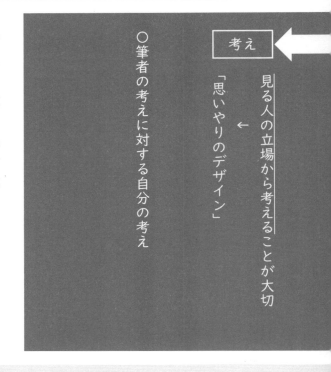

❶ 前時の振り返りと本日の学習課題を確認する

❷ 二つの案内図の特徴をまとめる

　まず，前時の内容を振り返り，「思いやりのデザイン」の話題が「インフォグラフィックス」であること，「初め」と「終わり」に考え，「中」に例が挙げてある双括型の文章だと確認する。そして教科書p.48の7行目「絵や図を使っていても…かぎりません。」を取り上げ，児童に問いかけることで，児童に疑問を生じさせ，筆者の考えと説明の仕方について主体的に読もうという意欲をもたせる。

　二つの案内図のメリットとデメリットについて，叙述をもとにして表にまとめさせる。全体で確認する際には，図を指し示して文と対応させながら読み進める。ここで「対比」についても確認する。対比させやすいようにどちらもメリット→デメリットの順に書かれていることなども理解させる。

	本時の目標	本時の評価
	・考えと例との関係を理解することができる。 ・段落相互の関係に着目して読むことができる。 ・段落相互の関係に着目して読もうとしたり，感想や考えをもとうとしたりする。	・考えと例との関係を理解している。 ・段落相互の関係に着目して読んでいる。 ・段落相互の関係に着目して読もうとしたり，感想や考えをもとうとしたりしている。

〈練習〉思いやりのデザイン

筆者の考えと説明の仕方について考えよう

図	よい	悪い
A	だれが見ても分かる 多くの人に役立つ	たくさんの目印があるからまよう 目的地の決まっている人がこまる
B	まよわず目的地に向かえる 目的地が決まっている人に役立つ	街全体の様子が分からない 目的地の決まっている多くの人には役立たない

例
* p.49Aの案内図
* p.49Bの案内図

---

❸筆者の考えに対する考えをまとめる

例があると筆者が「見る人の立場に立って作る」理由が分かりますか。

みんなは，筆者の考えについてどんなことを考えましたか。

ただ図や絵を描くだけじゃだめなんだと思いました。

図だけじゃなくて，文章でも同じだと思います。

　考えと例の関係について確認した後に，筆者の考えに対する自分の考えをまとめる。自分の考えをまとめるのが苦手な児童には，「筆者の考えについて，なるほどと思ったところや，大事だなと思ったことはある？」と具体的な言葉に置き換えて個別に声をかけることで，自分の考えをまとめる支援をする。

❹振り返りと次時の見通しを行う

本日の授業を通して分かったことや，これから考えていきたいことなどをまとめましょう。

対比すると，それぞれの違いがはっきりする…

この学習を次回の「アップとルーズで伝える」に生かしましょう。

　板書を活用して本時の内容をまとめるとともに，児童の個々の学びや今後の学習課題についてもノートに記述させる。考えと例の関係についてとらえているか，対比とは何か，対比の効果について理解しているか，筆者の考えをもとに自分の考えをもてたか，主体的に学べたかなどを振り返らせ，今後の学習へとつなげる。

〈練習〉思いやりのデザイン／アップとルーズで伝える／[じょうほう]考えと例

3/8時間

準備物：黒板掲示用資料，書画カメラとPCとプロジェクター

● 課題意識をもって主体的に読ませる

　長文では，児童が漫然と範読を聞いてしまい，せっかく時間をかけたのにも関わらず，内容が何一つ児童の頭に入っていないということがよくあります。児童が目的をもって主体的に読めるように，範読に入る前に，必ず課題意識をもたせるようにしましょう。必要な場所に線を引かせたり，大事な言葉をメモさせたりするのも有効です。教師が範読する場合は，児童の様子を見て少し読むのを待つほかにも，突然質問して，内容を理解しているかを確認してもよいと思います。

> 初め　①～③　考え
> 中　　④～⑦　例
> 終わり　⑧　　考え　←
> 何かを伝えるときには、アップとルーズを選んだり組み合わせたりする

❶ 前時の振り返りと本日の学習課題を確認する

どうして2種類の写真が使われていますか？

「相手の立場」によって使い分けているのかな？

　まず，前時で対比の効果と，考えと例の関係について学んだということを振り返る。次に，pp.50-51の写真を見せ，なぜ同じサッカーの試合でアップとルーズを使い分けるのかについて考えさせることで，児童に疑問を生じさせ，主体的に文章を読むための意欲をもたせる。

❷ 文章を読んで話題をとらえる

この文章は何について書かれているのかな。どこを読めば分かりますか？

アップとルーズという撮り方について書かれています。

それぞれのよいところや悪いところも書いてあったよ。

　漫然と教師の範読（または範読の音声）を聞くのではなく，話題やそれが分かる記述を探すという目的をもって主体的に取り組ませる。

本時の目標	・考えと例との関係を理解することができる。 ・段落相互の関係に着目して読むことができる。 ・段落相互の関係に着目して読もうとしたり，感想や考えをもとうとしたりする。	本時の評価	・考えと例との関係を理解している。 ・段落相互の関係に着目して読んでいる。 ・段落相互の関係に着目して読もうとしたり，感想や考えをもとうとしたりしている。

アップとルーズで伝える
おおまかな内容と文の組み立てをとらえよう

*p.50 アップの写真

*p.51 ルーズの写真

○どうして使い分けるのか？

○文の組み立て

話題
「アップとルーズの使い方」

---

❸ 文章構成をとらえる

「思いやりのデザイン」を参考にして，「初め」「中」「終わり」に分けましょう。

例が書かれているのが「中」で，考えが書かれているのが「初め」と「終わり」だね。

　まず，段落番号を振る。次に，考えと例に着目しながら，1～3段落を「初め」，4～7段落を「中」，8段落を「終わり」と分ける。「問い」であるp.51の「アップとルーズでは，どんなちがいがあるのでしょう。」という記述に着目すると，「初め」と「中」が分けやすい。3・8段落「伝えたいことに合わせて選んだり組み合わせたりする」という筆者の考えは確実に押さえ，双括型だととらえさせる。

❹ 振り返りと次時の見通しを行う

本日の授業を通して分かったことや，これから考えていきたいことなどをまとめましょう。

アップとルーズの違いをはっきりさせるために，これからの学習で考えていきたいな。

次回は，「初め」である1～3段落を読んでいきます。

　板書を活用して本時の内容をまとめるとともに，児童の個々の学びや今後の学習課題についてもノートに記述させる。「アップとルーズで伝える」の話題や大まかな文章構成についてとらえているか，主体的に学べたかなどを振り返らせるとともに，今後どんなことについて考えたいかについても考えさせ，今後の学習へとつなげる。

第3時　93

〈練習〉思いやりのデザイン／アップとルーズで伝える／[じょうほう]考えと例

4/8時間

準備物：黒板掲示用資料，書画カメラとPCとプロジェクター

●写真を用いて説明することのよさ

2枚の写真と対応する段落を見付け，文に書かれている内容について，写真を指し示し，写真と文章を対応しながら読んでいきます。写真がなくても文章だけで充分意味が伝わるぐらい具体的に書かれていますが，写真があることで内容がスッと頭に入ってきます。写真を隠して文章を読んだらどんな印象を受けるか，または，自分だったら写真のどんなところを取り上げるかなどを児童に考えさせるのも面白いと思います。

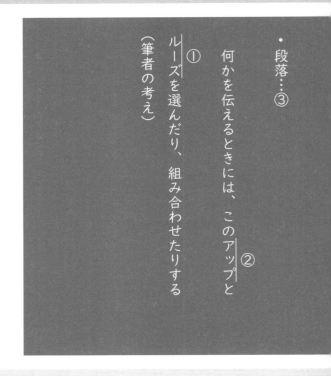

- 段落…③

何かを伝えるときには、このアップと①
ルーズを選んだり、組み合わせたりする②
（筆者の考え）

❶前時の振り返りと本日の学習課題を確認する

アップとルーズは，それぞれどんな撮り方でしたか？

遠いのがルーズだったかな？
近くがアップ？

まず，前時に「アップとルーズで伝える」の話題や大まかな文章構成について学んだことを振り返る。次に，pp.50-51の写真を見せ，アップとルーズがそれぞれどんな撮り方なのか，写真と対応している段落はどこなのかを問うことで，児童に疑問を生じさせ，主体的に文章を読むための意欲をもたせる。

❷文章を読み話題をとらえる

写真と対応する段落を見比べながら，アップとルーズがどんな撮り方か整理しましょう。

全体，つまり広い範囲を撮るのがルーズです。

選手1人など，ある部分を大きく撮るのがアップです。

写真と文章を対応させながら，アップとルーズの撮り方について整理する。全体で確認する時には，叙述が写真のどの部分を指しているのかを実際に指し示すと分かりやすい。3段落では1段落の内容を「広いはんいをうつすとり方」，2段落の内容を「ある部分を大きくうつすとり方」とまとめていることも確認する。

本時の目標	・考えと例との関係を理解することができる。 ・段落相互の関係に着目して読むことができる。 ・段落相互の関係に着目して読もうとしたり，感想や考えをもとうとしたりする。	本時の評価	・考えと例との関係を理解している。 ・段落相互の関係に着目して読んでいる。 ・段落相互の関係に着目して読もうとしたり，感想や考えをもとうとしたりしている。

板書例

アップとルーズで伝える

アップとルーズがどんなとり方なのか考えよう

段落…①	段落…②
*p.50ルーズの写真	*p.51アップの写真
・うつっているもの 　会場全体 　コート全体 　観客席 　　↓ 　広いはんい	・うつっているもの 　選手（一人） 　顔の向き 　　↓ 　ある部分

❸ 1〜3段落の関係を考える

1〜3段落はどんな関係になっていますか？

1・2段階でアップとルーズの説明をして，3段階で考えを述べています。

アップやルーズなど，はじめて見る言葉は，説明があった方が分かりやすいと思います。

　段落二つと写真2枚を使用して，アップとルーズの撮り方について説明している筆者の意図について考えさせる。「写真と1・2段落がなくて，3段落から文章が始まったらどう思うかな」と問いかけ，1・2段落のように例を挙げることのよさをとらえさせたい。また，3段落で二つの撮り方をいったんまとめることで読み手の考えを整理するという筆者の工夫についても触れておきたい。

❹ 振り返りと次時の見通しを行う

本日の授業を通して分かったことや，これから考えていきたいことなどをまとめましょう。

アップとルーズがどんな撮り方なのか分かりました。

次回は，4〜6段落を読んで，違いについて考えます。

　板書を活用して本時の内容をまとめるとともに，児童の個々の学びや今後の学習課題についてもノートに記述させる。アップとルーズがどんな撮り方なのか，例を挙げて説明することのよさをとらえられたか，主体的に学べたかなどを振り返らせ，今後の学習へとつなげる。

〈練習〉思いやりのデザイン／アップとルーズで伝える／[じょうほう]考えと例

5／8時間

準備物：書画カメラとPCとプロジェクター

●対比に着目して違いを明確に

対比を使った説明が最もよく表れている部分の読み取りを行います。「思いやりのデザイン」の学習を振り返り、伝わるもの→伝わらないものの順で書かれていることに着目してアップとルーズの特徴をとらえさせましょう。「見てみましょう」「分かります」「分かりません」といった文末表現や、「しかし」「でも」といった接続詞に着目させることで、段落内の説明が、「伝わるもの」から「伝わらないもの」へと移り変わったことに気付かせることができます。

- 段落⑥
  - ④⑤
  - ④
  - ⑤

  このように、アップとルーズには、それぞれ伝えられることと伝えられないことがあります
  ←
  目的に応じてアップとルーズを切りかえる（選ぶ）＝筆者の考え

❶前時の振り返りと本日の学習課題を確認する

アップとルーズ、撮り方が違うと、伝わることにはどんな違いが生まれますか？

アップの方がよく見えていいと思うけど…

まず、前時にアップとルーズがどんな撮り方なのか学んだことを振り返る。次に、アップとルーズの撮り方の違いが、伝わり方にどんな影響を及ぼすのかを問いかけ、児童に疑問を生じさせ、主体的に文章を読むための意欲をもたせる。

❷文章を読み話題をとらえる

「アップ」と「ルーズ」について、それぞれ伝えられるものと伝えられないものについてまとめましょう。

アップは細かい部分がよく分かります。

ルーズは細かい部分がなかなか分かりません。

写真と文章を対応させながら、アップとルーズについてそれぞれ伝えられるものと伝えられないものについて表にまとめる。写真と文章の対応だけでなく、「分かります」「分かりません」といった文末表現や、「しかし」「でも」といった接続詞に着目させるとよい。4・5段落が対比の関係になっていることにも注意する。

本時の目標	・考えと例との関係を理解することができる。 ・段落相互の関係に着目して読むことができる。 ・段落相互の関係に着目して読もうとしたり，感想や考えをもとうとしたりする。	本時の評価	・考えと例との関係を理解している。 ・段落相互の関係に着目して読んでいる。 ・段落相互の関係に着目して読もうとしたり，感想や考えをもとうとしたりしている。

アップとルーズで伝える

アップとルーズで生じるちがいについて考えよう

	伝わる	伝わらない
アップ④	あせ、口、顔、よろこび ← 細かい部分の様子	相手のチーム おうえん席 ← 走っている選手以外のこと （広いはんい）
ルーズ⑤	あちこちの旗 観客の様子 選手たち ← 広いはんいの様子	顔つき、視線、気持ち ← 細かい部分の様子

伝えられるものが反対

❸ 4〜6段落の関係を考える

4〜6段落はどんな関係になっていますか？

4・5段落でアップとルーズの違いを説明し，6段落でまとめています。

6段落は筆者の考えと直接つながる例として，「アップとルーズを切りかえながら放送しています」が挙げられています。

6段落の「アップとルーズには，それぞれ伝えられることと伝えられないことがあります。」の文が，4・5段落の説明を受けたまとめであることをとらえさせる。「このように」がまとめを表す言葉であることも押さえ，今後の学習で意識して読むようにさせたい。「何台ものカメラを用意して…」と対応する写真を用意した筆者の工夫についても触れておく。

❹ 振り返りと次時の見通しを行う

本日の授業を通して分かったことや，これから考えていきたいことなどをまとめましょう。

アップとルーズで伝えられるものの違いについて分かりました。

次回は，7・8段落を読んで，筆者の考えについて話し合います。

板書を活用して本時の内容をまとめるとともに，児童の個々の学びや今後の学習課題についてもノートに記述させる。アップとルーズが伝えられるものの特徴についてとらえられたか，6段落が例のまとめであることをとらえられたか，主体的に学べたかなどを振り返らせ，今後の学習へとつなげる。

〈練習〉思いやりのデザイン／アップとルーズで伝える／[じょうほう]考えと例

6/8時間
準備物：なし

●考えと例は対応している

7段落はこれまでと異なり、対比を使った説明がなされていないので、戸惑う児童もいることでしょう。今回は、筆者の考えと7段落を対応させて読んでいきます。筆者の考えと同じ言葉や似た言葉が使われていないか、筆者の考えのどの部分を詳しく説明しているのかなどについて考えさせることで、考えと例の関係をとらえさせましょう。

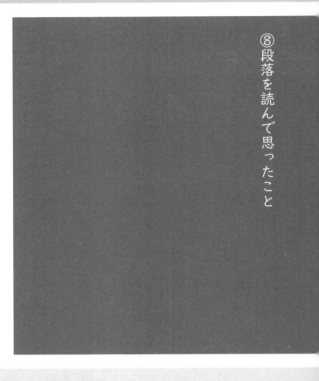

⑧段落を読んで思ったこと

❶前時の振り返りと本日の学習課題を確認する

7段落は、対比が使われていないけど、何について説明していますか？

新聞のことが書いてあるみたいだけど…

まず、前時にアップとルーズが伝えられるものの特徴について学んだことを振り返る。次に、「中」の最終段落である7段落が何の「例」なのか問いかけたり、8段落に書かれている筆者の考えについてどう思うのかを尋ねたりして、児童に疑問を生じさせ、主体的に文章を読むための意欲をもたせる。

❷7段落を読む

筆者の考えと照らし合わせて、何の例を挙げているのか考えましょう。

選んだり、組み合わせたりの例だと思います。

テレビだけじゃなく、他のメディアでも同じ考えでやっているんだね。

筆者の考えである「送り手は伝えたいことに合わせて、アップとルーズを選んだり、組み合わせたりする必要がある」を示し、どの部分の例を挙げているのか考えさせる。また、4～6段落が映像の話であったことに対して、7段落が静止画の話であることについてもとらえさせる。「切り替え」ではなく「組み合わせ」を使えることのよさについて考えるとさらに学びが深まる。

本時の目標	本時の評価
・考えと例との関係を理解することができる。 ・段落相互の関係に着目して読むことができる。 ・段落相互の関係に着目して読もうとしたり，感想や考えをもとうとしたりする。	・考えと例との関係を理解している。 ・段落相互の関係に着目して読んでいる。 ・段落相互の関係に着目して読もうとしたり，感想や考えをもとうとしたりしている。

アップとルーズで伝える

⑦⑧段落を読んで考えたことを話し合おう

筆者の考え

送り手は伝えたいことに合わせて、アップとルーズを選んだり、使い分けたりする必要がある

⑦段落

・新聞の例
・使い分けの例
⇔
えいぞうの例（④～⑥）

❸ 8段落を読んで考えをもつ

みんなは，筆者の考えについてどんなことを考えましたか？

より分かりやすく伝えるには，アップとルーズを使い分けるといいんだね。

伝わる内容が変わってしまう場合があるから気を付けようと思いました。

8段落を読んで筆者の考えについてとらえた後に，筆者の考えに対する自分の考えをまとめる。自分の考えをまとめるのが苦手な児童には，「筆者の考えについて，なるほどと思ったところや，大事だなと思ったことはある？」と具体的な言葉に置き換えて個別に声をかけることで，自分の考えをまとめる支援をする。

❹ 振り返りと次時の見通しを行う

本日の授業を通して分かったことや，これから考えていきたいことなどをまとめましょう。

アップとルーズの特徴を考えて伝えようと思いました。

次回は，文章全体の構成について考えます。

板書を活用して本時の内容をまとめるとともに，児童の個々の学びや今後の学習課題についてもノートに記述させる。7段落の役割についてとらえられたか，筆者の考えをもとに自分の考えをもてたか，主体的に学べたかなどを振り返らせ，今後の学習へとつなげる。

〈練習〉思いやりのデザイン／アップとルーズで伝える／[じょうほう]考えと例

7/8時間

準備物：なし（必要に応じて小見出しを書く穴埋めワークシートや，関係をまとめる表）

●表と矢印でまとめて視覚にうったえる

矢印で「例→考え」の関係を，表で各段落の役割をまとめることによって，文章の構成が一目で分かります。「段落の関係を図にまとめなさい」と指示するだけではほとんどの児童が活動に取り組むことができないでしょうが，このようにして手がかりさえ与えれば，4年生でも容易に各段落の関係を図で表すことができます。誰にとっても分かりやすいユニバーサルデザインの考え方を取り入れ，すべての児童が安心して学べる環境をつくっていきましょう。

```
小見出し
①ルーズのとり方
②アップのとり方
③組み合わせることが大切　【問い】
④アップで伝わるもの　【考え】
⑤ルーズで伝わるもの
⑥目的におうじて切りかえる（テレビ）
⑦目的に合わせて選び組み合わせる（新聞）
⑧伝えたいことに合わせて選び組み合わせる　【考え】
```

❶前時の振り返りと本日の学習課題を確認する

「アップとルーズで伝える」はどんな文章の組み立てになっていましたか？

考え→例→考えの順で書かれていたけど…

まず，既習内容を振り返り，アップとルーズの内容を把握しているか確認する。次に，どんな文章構成になっていたのかと問いかけ，児童に疑問を生じさせ，主体的に文章を読むための意欲をもたせる。

❷小見出しを付ける

各段落の内容に小見出しを付けましょう。

1段落は「ルーズの撮り方」かな。

3段落は「アップとルーズの違い（問い）」にしよう。

話題にかかわる重要な言葉に着目して小見出しを付けることで，段落の要点を押さえる。児童が慣れていないようなら，穴埋めのワークシートを用意したり，教師主導で進めたりして，次の学習活動に十分時間が取れるようにしたい。段落の要点をとらえることが重要なので，小見出しの言葉にはあまりこだわらなくてもよい。

| 本時の目標 | ・考えと例との関係を理解することができる。
・段落相互の関係に着目して読むことができる。
・段落相互の関係に着目して読もうとしたり，感想や考えをもとうとしたりする。 | 本時の評価 | ・考えと例との関係を理解している。
・段落相互の関係に着目して読んでいる。
・段落相互の関係に着目して読もうとしたり，感想や考えをもとうとしたりしている。 |

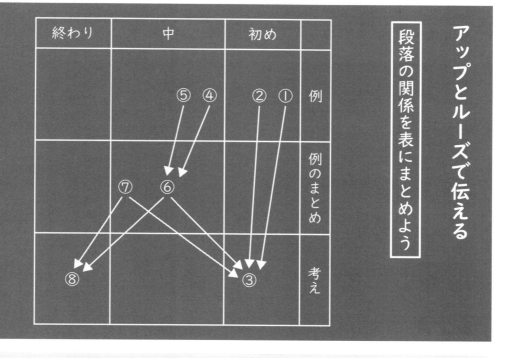

❸ 関係を表にまとめる

「表と矢印を使って，段落同士のつながりを確かめましょう。」

「1段落と2段落は，それぞれ別々に3段落につながるね。」

「6段落と7段落は，3段落と8段落につながるのかな？」

　矢印を使って段落同士のつながりをまとめさせる。また，段落の役割を明らかにするために，表を使って，筆者の考えは下段に，例は上段，例のまとめは中段に書かせる。机間指導でそれぞれの児童の様子を把握し，既習事項を振り返らせたり，大事な言葉に着目させたりするなどの支援を行うことで，各段落の関係を自分で考えられるようにしたい。

❹ 振り返りと次時の見通しを行う

「本日の授業を通して分かったことや，これから考えていきたいことなどをまとめましょう。」

「各段落のつながりや役割がよく分かりました。」

「次回は，考えと例の関係について自分の考えを話し合います。」

　板書を活用して本時の内容をまとめるとともに，児童の個々の学びや今後の学習課題についてもノートに記述させる。各段落の要点を押さえることができたか，各段落の関係を表に表すことができたか，主体的に学べたかなどを振り返らせ，今後の学習へとつなげる。

第7時　101

〈練習〉思いやりのデザイン／アップとルーズで伝える／[じょうほう]考えと例

8/8時間　準備物：なし

● **具体化と抽象化は難しい**
　大人にとっては容易ですが，児童の多くは具体化や抽象化の操作が苦手です。「まとめた言い方」「例えば」「このように」などの言葉を示して，後に続く言葉を考えさせたり，ベン図で表したりすることで，具体化と抽象化の関係をとらえさせ，考えに応じた適切な例を挙げられるようにしましょう。

● **学びを振り返るに当たって**
　児童個人の学びを振り返らせることはもちろん必要ですが，単元で学んできたことについても分かったことや考えたことを一つ以上は書かせて，学びに向かう力をはかるようにしましょう。

◎学習を終えて
・発表したり聞いたりして考えたこと

❶ 前時の振り返りと本日の学習課題を確認する

考えと例の関係について，これまでに学んだことを使って，話してみましょう。

上手に話せるかな…？

　まず，「思いやりのデザイン」では，相手の立場に立ってデザインすること，「アップとルーズで伝える」では，それぞれの伝え方の特徴を踏まえて伝えることについて学んできたことを振り返る。次に，これらの学んだことを生かして，実際に例を挙げて考えを発表しようと問いかけ，学習に対する見通しをもたせる。

❷ 教科書 p.59を読み，具体例を書く

好きな遊びとその具体例を書きましょう。

仲よく遊べる遊びがいいな。

ボールを使う遊びがいいな。

　教科書 p.59「考えと例」を読んで，課題に取り組む。これまでに学んだことをもとにして，考えと例の関係に気を付けて例文を書く。「考え」の部分は，なるべく抽象的な（まとめた）言い方になるようにあらかじめ指示する。教科書の記述を具体例にすると分かりやすい。はじめの考えが書けずにいる児童には，机間指導で例として挙げるものを聞き，教師が抽象化するとよい。

| 本時の目標 | ・考えと例との関係を理解することができる。
・自分なりの感想や考えをもって交流できる。
・興味をもって考えを発表したり聞こうとしたりする。 | 本時の評価 | ・考えと例との関係を理解している。
・自分なりの感想や考えをもって交流している。
・興味をもって考えを発表したり聞こうとしたりしている。 |

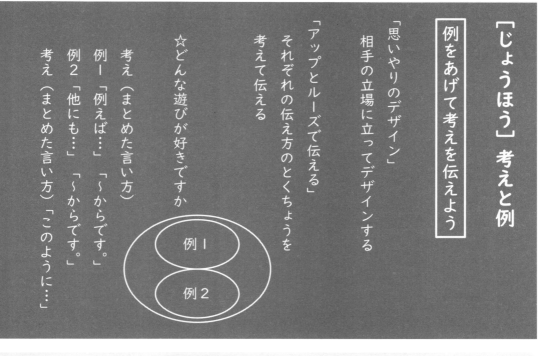

❸発表し，感想を伝え合う

発表したり，発表を聞いたりして考えたことや感じたことを教えてください。

考えと例がぴったり合うと，話し手の伝えたいことがはっきりと伝わります。

ぴったり合う例を挙げるのが難しかったです。

　考えと例の関係に気を付けて分かりやすく話せたかどうかを振り返らせたり，友達の発表でよかったところを発表させたりすることで，児童の理解を深めさせる。できたところだけでなく，できなかったところにも着目させて，今後の課題を明らかにさせるとよい。

❹単元の振り返りを行う

これまでに学んだことを振り返りましょう。

考えをはっきりもってから，それにぴったり合う例を考えるといいということが分かりました。

対比させると，それぞれの違いがはっきりと分かります。

　考えと例の関係や，対比を使った説明の仕方，図や写真を文章と対応させて読むことなどについて，学習を通して分かったことや，これからさらに学んでいきたいことなどをノートに書かせる。児童の記述や発表から，意欲をもって主体的に学べたか，見通しをもって学習の仕方を調整しながら学べたかなどを評価し，学びに向かう力を高めたい。

カンジーはかせの都道府県の旅 | 　2時間

▌ 単元目標・評価

- 4年生までに配当されている漢字やローマ字を読んだり書いたりすることができる。（知識及び技能(1)エ）
- 言葉がもつよさに気付くとともに，幅広く読書をし，国語を大切にして，思いや考えを伝え合おうとする。（学びに向かう力，人間性等）

知識・技能	4年生までに配当されている漢字やローマ字を読んだり書いたりしている。((1)エ)
主体的に学習に取り組む態度	作品の中から，自分のお気に入りの作品を選び，その理由を伝え合おうとしている。

▌ 単元のポイント

この単元で知っておきたいこと

　今回の小学校学習指導要領から4年生で習う漢字が大きく変わった。「栃」や「潟」など，以前は小学校で習わなかった難しい漢字も新たに配当され，社会科の学習に合わせて，すべての都道府県名を表す漢字を4年生で習うようになったのだ。社会科とつながりながら都道府県の漢字を覚えていきたいが，各都道府県の特色については，知っている子とそうでない子の知識量に大きな差があると考えられる。そこで，この教材に書かれている内容から，各都道府県の知識を押さえ，漢字を正確に習得させることが望ましいと考える。

教材の特徴

　教科書には，都道府県の漢字表記だけでなく，ローマ字表記についても触れられている。しかし，地名の表し方については，ローマ字表記だけでなく，「Tokyo」のような子どもたちにとってなじみのある英語表記もある。そこで，子どもたちにはなじみのある地名の英語表記の紹介とともに，コンピュータに文字を入力する時に使えることを重点に置き，教科書巻末にある「ローマ字」の表を活用させながら，都道府県のローマ字での表し方について確認させる必要がある。

3 学習指導計画（全2時間）

次	時	目標	学習活動
一	1	• 都道府県ビンゴをする中で，4年生に配当されている漢字やローマ字を間違いがないか確認しながら読んだり書いたりできる。	○都道府県ビンゴから都道府県の漢字とローマ字を確認し，自分が覚えたい字を選ぶ。 • 今回の活動の見通しをもつ。 • 都道府県ビンゴを行う。 • 漢字の正確さとともにローマ字の書き方を確認する。
二	2	• 都道府県すごろくをする中で，4年生に配当されている漢字を都道府県の特色とともに，五七五の文体で書くことができ，気に入った作品の理由について伝え合おうとする。	○サイコロで交代しながら教科書にある文章を読み，特色を考えながら都道府県五七五を作り，班で交流しながら，自分のお気に入りの五七五を選ぶ。 • 今回の活動の見通しをもつ。 • 班で交代してサイコロをふり，特色を考えながら都道府県五七五を作る。 • 漢字の正確さと都道府県の特色を確認しながら活動を振り返り，自分が気に入った五七五を理由とともに選ぶ。

どの子も楽しみながら漢字を練習する方法

　子どもたちは毎年たくさんの新しい漢字を習います。漢字の練習を毎日の宿題にしている学校もたくさんあるでしょう。漢字は，テストで点数がはっきり出てしまう学習です。

　「カンジーはかせ」の学習は，新出漢字の学習ではなく既出漢字の学習です。もう漢字を覚えた子も，覚えていない子も，この「カンジーはかせ」の学習で，楽しく漢字を練習するために，教師は何を意識したらよいのでしょうか。私が大事だと思ったことをまとめました。

①活動が楽しい。

②活動のめあてがはっきりしている。

③それぞれの活動につながりがあり，活動する必然性がある。

④スモールステップで小さな達成感を得られる。

⑤友達と交流する中で発見がある。

　今回，私が特に大事だと考えたのは，④の「スモールステップで小さな達成感を得られる」です。達成感を得るためには，何よりもまず目標に向かって活動することが必要です。「活動が成功した時」「分からないことが分かった時」「誰かに認められた時」などは，活動のゴールの場面で，子どもたちは達成感を得ることができるのです。今回の学習は，習ったことのある漢字の学習だからこそ，どの子も楽しく活動し，達成感をもって学習していく姿を見たいと思います。

カンジーはかせの都道府県の旅1

準備物：なし

●自分の課題に応じて漢字を集める

既習学習なので，もう十分に書ける子とそうでない子がいます。書けない子は教科書を見ながら漢字を正確に書くことが目標です。書ける子は地図だけを見て，漢字を書き，後から正しく書けたかどうか確認します。活動する前に，めあてと見通しをしっかりもたせ，自分の課題に合わせて活動させることで，どの子も力が付くのです。

●「サン，ハイ！」の合図で復唱させましょう

授業を進める中で，教師の説明が必要な場面も時には出てきます。そんな時には，説明の後にキーワードを示し，「サン，ハイ！」と合図をかけて復唱させましょう。そうすることで，子どもたちは，教師の説明をただ聞くだけではなく，声に出して言う活動も交えながら，言葉を覚えていきます。

覚えたい言葉をふく習しよう
①東京都　東京都
②Toukyouto　Toukyouto
③
④
⑤

❶都道府県の漢字をビンゴに書く

教科書に書かれた都道府県の漢字ですべてのマスをうめましょう。

どこに何を書こうかな。

❷時間がある人は先にローマ字も書く

漢字で全部うめた人は，分かるところからローマ字も漢字の下に書きましょう。

東京の「きょ」はどう書くのかな。

まずは，今日の学習の見通しをもたせる。
①ビンゴのやり方を確認する。
②漢字やローマ字を正確に覚えるためにビンゴをするというめあてを確認する。

都道府県の漢字を書くのに自信がない人は教科書を見ながらでよい。自信がある人は，教科書の漢字は見ずに，挿絵の地図をもとに漢字を書き，後から正確に書けたかどうか確認をしていく。

ビンゴの枠を全部漢字で埋めることができた人から，全員が終わるまでのスキマ時間に，ローマ字も書かせていく。教科書p.136の「ローマ字の表」を参考にさせてもよい。

また，「Toukyou」と「Tokyo」といったローマ字と英語表記との違いについても示し，都道府県名をコンピュータで入力する際の文字として，今回はローマ字表記を書くことを示しておくとよい。

| 本時の目標 | ・都道府県ビンゴをする中で、4年生に配当されている漢字やローマ字を間違いがないか確認しながら読んだり書いたりできる。 | 本時の評価 | ・都道府県ビンゴをする中で、4年生に配当されている漢字やローマ字を間違いがないか確認しながら読んだり書いたりしている。 |

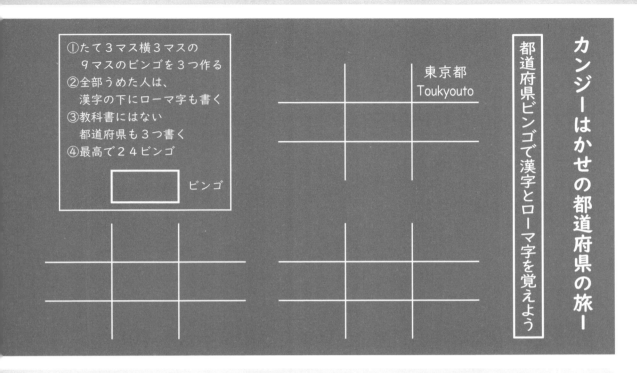

❸漢字とローマ字を確認する

次の県のキーワードは、「だるま」「ねぎ」と「こんにゃく」の生産です。

群馬県!

正解! 漢字とローマ字はこう書きます。

先生! 群馬県の「群」は「郡」じゃないよ!

❹間違えや覚えたい言葉を復習する

よく分かったね。群馬県は「群れた馬」と書いて群馬県だよ。

そうなんだ。この字はもう1回書いて覚えておこう。

　ただ順番に都道府県名だけを伝えていくのではなく、教師からの3ヒントクイズで考えさせていく。どの子にも分かるようにヒントの一つは教科書の例文から出していくとよい。
　教師が示した漢字とローマ字を見ながら、子どもたちは自分の書いた字を確認していく。ローマ字が書けていない場合には写していく。時には、教師が漢字をわざと間違え、指摘させていく。

　ビンゴを合わせる前に、もう一度めあてを振り返り、都道府県の漢字は一生使う漢字だと押さえておく。そうすることで、子どもたちは、自分が書いた文字が正しい形かどうかを確認するようになる。
　また、自分が「覚えたい字」という形で、すべての漢字を正しく書くことができた子も、最低五つは自分で言葉を選び、練習させていく。

カンジーはかせの都道府県の旅1

2/2時間

準備物：黒板掲示用資料，サイコロ（班などのグループに一つずつ）

● 班の人と協力して活動する

　今回，班でチームを組んで学習することには，以下の五つの意図があります。
①活動のルールを確認しながら進められる。
②五七五の作成が苦手な子の手助けとなる。
③作品を作った後に友達から反応をもらえる。
④自分の班の作品として，振り返ることができる。
⑤協力しながら楽しく活動できる。

　その中でも，特に「作品を作った後に友達から反応をもらえる」では，反応の例として，「面白い」「かしこい」「へえー」「すごい」の4観点を示しました。「面白い」と「かしこい」では評価が異なります。友達が作った作品が，自分にとってどの観点に当てはまるのか作品を聞く方にもこだわらせることで，作ることに対して認められる達成感や楽しみが増すでしょう。

```
ふり返り
（班の人の都道府県五七五を確認しよう）
Ⓐ 漢字がまちがっていないかどうか
Ⓑ 五七五に都道府県らしさが出ていたか
Ⓒ 一番おもしろい作品はどれか

お気に入りの五七五を班で一つしょうかいしよう
```

❶ 班で交代してサイコロをふる

「次は，ぼくの番だ！ サイコロをふるね！」

「5が出たら，ゴールの三重県だからがんばって！」

「ちょっと待って。早くゴールすることが今回の活動のめあてじゃないですよ。」

はじめる前に活動の流れを示す。
①班で一つのすごろくを進めていくこと。
②交代でサイコロをふり，着いた場所で五七五を作ること。
③「カンジーはかせの都道府県の旅」の学習なので，「都道府県の漢字」と「特色」のある五七五を作ること。
④友達の作った五七五に反応すること。

❷ 着いた場所の都道府県五七五を作る

「できた！『山梨県　ぶどうのワインを　飲みました』」

「子どもだから，ワインを飲んだらダメだよ！」

「じゃあ…『山梨県　ぶどうが　ワインに　なりました』」

サイコロをふって，着いた場所で都道府県五七五を作る（俳句ではないので，季語はなくてよい）。「都道府県名」と「特色」が入るようにする。
　友達が作ったら，その作品に応じて反応できるよう「面白い」「かしこい」「へえー」「すごい」の4観点を示しておく。
　どうしても思いつかない場合やよりよい作品にするために，班の中でアドバイスも入れながら，実際に旅をしたかのような作品を作っていく。

本時の目標	・都道府県すごろくをする中で、4年生に配当されている漢字を都道府県の特色とともに、五七五の文体で書くことができ、気に入った作品の理由について伝え合おうとする。	本時の評価	・都道府県すごろくをする中で、4年生に配当されている漢字を都道府県の特色とともに五七五の文体で書くことができ、気に入った作品の理由について伝え合おうとしている。

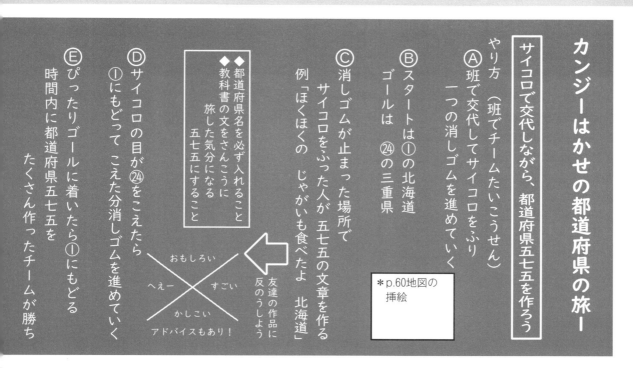

❸漢字と作品を振り返る

友達のノートを見て、漢字が当っているかどうか都道府県らしさが出ているかどうか確認しましょう。

「わたし見て　赤べこ首ふる　福島県」がいいなあ。

　「カンジーはかせの都道府県の旅」の学習なので、漢字が正しく書けているかどうか、その都道府県らしさが出ているかどうか、班の友達の作品を確認していく。
　また、友達の作品の中で、どの作品が一番面白かったか、よさも見付けていく。
　よさの基準として、書かれていることから様子が思い浮かべられるものがよいと示しておく。

❹お気に入りの五七五を紹介する

班でお気に入りの作品を一つ選んで紹介しましょう！

ぼくの班は、「静岡県　茶畑見ながら　ひと休み」を紹介します。理由は…

　最後に、それぞれの班から、一番気に入った作品を理由とともに紹介させていく。
　教科書の例文に書かれていないその都道府県の特色が入っている場合には注目させ、教師が説明を入れるか、制作した子どもか紹介した班に紹介させるのもよい。
　発表の後に、4観点をもとに反応させ、学級全体でよさを見付けていく。

お礼の気持ちを伝えよう

6時間

Ⅰ 単元目標・評価

- 言葉には，考えたことや思ったことを表す働きがあることに気付くことができる。（知識及び技能(1)ア）
- 丁寧な言葉を使うとともに，敬体と常体の違いに注意しながら書くことができる。（知識及び技能(1)キ）
- 相手や目的を意識して，書くことを選び，伝えたいことを明確にすることができる（思考力，判断力，表現力等B(1)ア）
- 書く内容の中心を明確にし，内容のまとまりで段落を作ったり，段落相互の関係に注意したりして，文章の構成を考えることができる。（思考力，判断力，表現力等B(1)イ）
- 言葉がもつよさに気付くとともに，幅広く読書をし，国語を大切にして，思いや考えを伝え合おうとする。（学びに向かう力，人間性等）

知識・技能	言葉には，考えたことや思ったことを表す働きがあることに気付いている。((1)ア) 丁寧な言葉を使うとともに，敬体と常体の違いに注意しながら書いている。((1)キ)
思考・判断・表現	「書くこと」において，相手や目的を意識して，書くことを選び，伝えたいことを明確にしている。(B(1)ア) 「書くこと」において，書く内容の中心を明確にし，内容のまとまりで段落を作ったり，段落相互の関係に注意したりして，文章の構成を考えている。(B(1)イ)
主体的に学習に取り組む態度	書く内容の中心を明確にし，構成を考えることに進んで取り組み，これまでの経験を生かして手紙を書こうとしている。

② 単元のポイント

この単元で知っておきたいこと

　多くの子どもたちは，家族や友達などの親しい相手へ手紙を送った経験がある。本単元では，学校や地域などでお世話になった方へお礼の手紙を書く活動が設定されている。つまり，子どもたちの身近な関わりの枠から一歩外に出た関わりを学習することができる単元である。この学習を通して，お礼を伝えたい気持ちは同じでも相手に応じた手紙の書き方や言葉遣いが必要だと子どもたちに気付かせることができる。

3 学習指導計画（全6時間）

次	時	目標	学習活動
一	1	• お世話になった方へのお礼の方法について，相手や目的を意識して選ぶことができる。 • 手紙を通して，誰に何を伝えたいかを明確にすることができる。	○お世話になっている人を思い出す。 ○お礼の伝え方を考える。 ○それぞれの伝え方のよさを考える。 ○学習課題を確認する。 • 手紙の特徴や目的を意識しながら，誰に何のお礼をするか考える。
二	2	• 手紙の書き方について，今までとの違いに気付き，文章の構成や丁寧な言葉の使い方について考えることができる。	○誰に，何のお礼をするか確認する。 ○どんな書き方がよいか考える。 ○今までの書き方との違いを見付ける。 • 教科書の例文と今までの書き方を比べて考える。 ○チェックポイントをまとめる。
	3	• 手紙の型に沿って，お世話になった方にお礼の気持ちが伝わるように，文章の内容を書くことができる。	○前時を振り返る。 ○手紙の型に沿って書く内容を決める。 • ペアを作り，アウトプットしながら内容を考える。 ○手紙の型に沿って書く練習をする。 • 書き加え，書き直しを繰り返しながら完成に近付ける。 ○チェックポイントに沿って見直す。
	4	• 手紙の型に沿って，お世話になった方にお礼の気持ちが伝わるように，下書きすることができる。	○前時を振り返る。 ○書いた内容を全体で交流する。 ○手紙の型に沿って下書きをする。 • 文字の大きさやバランスを調整する。 ○チェックポイントに沿って見直す。
	5	• 手紙の型に沿って，お世話になった方にお礼の気持ちが伝わるように，清書をすることができる。	○手紙の内容を確認する。 ○自分の伝えたいことを確認し直す。 • ノートを見返しながら，誰に何のお礼をするか再確認する。 ○思いを込めて清書する。 ○チェックポイントに沿って見直す。
三	6	• 手紙を送るために必要な準備について理解し，封筒に宛名を書くことができる。	○手紙の送るために必要なものを考える。 ○見本を見て，封筒の書き方を確認する。 ○封筒にあて名を書く。 ○学習を振り返る。 • 教科書 p.65「ふりかえろう」をもとに学んだことを振り返る。

単元について　111

お礼の気持ちを伝えよう

準備物：なし

●導入ではお礼の方法を幅広く考えよう

　本単元では、お世話になった方へお礼の手紙を書く言語活動が設定されています。しかし、実生活では、直接伝えたり、贈り物をしたりと様々なお礼の方法があります。

　そこで第1時は、お世話になった人へのお礼にはどんな方法があるのか、それぞれのよさは何かについて考えます。これらを検討するよさは二つあります。一つ目は、手紙とその他の方法を比べながら話し合うことで、手紙の特徴を子どもたちが発見できることです。二つ目は、それぞれのよさを検討することで、相手や目的によって方法が変わることを子どもたちが発見できることです。

　その検討をしたうえで、「手紙でお礼を伝えるなら誰に伝える？」と考えると、手紙の特徴や目的を意識しながら相手を決めることができます。

> 学習課題
> お世話になった方に、手紙でお礼の気持ちを伝えよう
> ①だれに伝えるか
> ②どんなことを伝えるか

❶お世話になっている人を思い出す

学校生活でお世話になっている人にはどんな人がいますか？

調理員さんは、ぼくたちの給食をいつも作ってくれているよ。

浄水場の見学では、浄水場のことをていねいに教えてもらったね。

　お世話になった人を思い出す際には、ぜひエピソードも語らせたい。エピソードを語るとその時の気持ちを具体的に思い出すことができる。周りの子たちも聞きながら、「自分にもあったかな」と自分のエピソードを思い出すきっかけにもなる。表面上の「お世話になった」ではなく、心から「お世話になった」と感じてほしい場面だ。

❷お礼の伝え方を考える

お礼の伝え方にはどんなものがありますか？

直接会って伝えたり、手紙を書いたりする方法があるよね。

　お礼は日常生活の中で経験している子も多くいる。これまで何気なくしているお礼を振り返ることで、「お礼には様々な方法があること」に気付かせたい。

本時の目標	・お世話になった方へのお礼の方法について、相手や目的を意識して選ぶことができる。 ・手紙を通して、誰に何を伝えたいかを明確にすることができる。	本時の評価	・お世話になった方へのお礼の方法について、相手や目的を意識して選んでいる。 ・手紙を通して、誰に何を伝えたいかを明確にしている。

お礼の気持ちを伝えよう

お世話になっている人を思い出そう

学校生活では…
・学校（先生、調理員さん、校務員さん）
・地域（交通パトロールのみなさん）

学校以外では…
・社会見学でお世話になった人

◎お礼の気持ちを伝える方法
○直接会ってお礼を言う
・思いを声や表情で伝えられる
・手軽にできる
・準備がいらない

○お礼の手紙を書く
・直接会えない人にも伝えられる
・ていねいな感じ
・形にのこる

❸ それぞれの伝え方のよさを考える

それぞれの伝え方のいいところは何ですか？

直接会うお礼は目を合わせると思いが伝わりやすいと思うな。

手紙もいいと思うな。形に残ると、相手もうれしいと思う。

　学習課題を伝える前に、それぞれの伝え方のよさを考える発問を入れたい。ここでは、話し合いを通して、「それぞれの方法によさがあること」「相手や目的、状況などによって方法が変わること」に気付かせたい。

❹ 学習課題を確認する

どれにもよさがありそうですね。今回は、お世話になった人に手紙で伝える学習をします。誰に、何のお礼をするか決めましょう。

浄水場でお世話になった方にしよう。教えてもらったお礼をしたいな。

　この場面は、❶〜❸での話し合いを受け、手紙の特徴や目的を意識しながら誰に何のお礼をしたいかをじっくりと各自で考えさせたい。クラスや学校の状況により、お礼の相手を同じにすることもあるかと思う。その場合も、子どもたちの思いを大切にしながら決めていきたい。

2/6時間 お礼の気持ちを伝えよう

準備物：黒板掲示用資料

● 書き方を教えるのではなく気付かせる

　本単元では、手紙の書き方が形式的な面もあることから、先生が一方的に教えてしまいがちです。しかし、「今までの手紙と比べて、何が違うかな？」と発問することで、違いに目を向け、子どもたちが自然と書き方を発見することができます。

● 書き方のポイントを子どもたちとまとめよう

　書き方について、子どもたちが発見したことをもとに板書で整理した後は、これから書く時に気を付けたいポイントとしてまとめていきます。

　ポイントをまとめることで、今日の学びの振り返りとなるだけでなく、これから書く際のヒントになります。また、見直しの際のチェックポイントにも活用できます。

```
◎チェックポイント
□伝えたいことが　書かれているか
□文章のつくりは　正しいか
□言葉づかいは　ていねいか
□漢字は　正しいか
□字は　ていねいか

◎使えそうな言葉
～季節となりました。
～していただいた〇年〇組の〇〇〇〇です。
この間は～してくださり、ありがとうございました。
これからもお体に気をつけて、～ください。
```

❶ 誰に何のお礼をするか伝え合う

誰に何のお礼をするかとなりの人に伝えましょう。

誰にお礼をするの？

浄水場でお世話になった方に、教えてもらったお礼をするよ。

　導入では、前時を想起させるため、となりと確認し合う。その際、「聞き手は質問を三つしよう」と付け加えることで、より具体的に想起させる。難しい場合は、質問を指定してもよい。伝え合いの中で、付け加えなどがあればノートに書き出すようにする。

❷ どんな書き方がよいか考える

手紙の書き方は、家族や友達への手紙と同じでいいですか？

友達じゃないから、なれなれしく書くのはおかしいね。

お礼の気持ちを伝えられる丁寧な手紙を書きたいな。

　「手紙の書き方は、家族や友達への手紙と同じでいいかな？」と問うことで書き方に目を向けさせたい。その際、「何が問題なのかな？」「お世話になった方はどんな気持ちになるかな？」などの補助発問をして、言葉遣いによって相手が受ける印象に違いが出ることにも注目したい。

| 本時の目標 | ・手紙の書き方について，今までとの違いに気付き，文章の構成や丁寧な言葉の使い方について考えることができる。 | 本時の評価 | ・手紙の書き方について，今までとの違いに気付き，文章の構成や丁寧な言葉の使い方について考えている。 |

お礼の気持ちを伝えよう

手紙の内容を考えよう

◎手紙の書き方

初めのあいさつ	本文	むすびのあいさつ	後づけ
○季節に関する言葉 ○相手の様子をたずねる言葉 ○自分のしょうかい	○クラスの様子 ↓伝えたいこと	○別れのあいさつ ○体のことを気にしている ↓相手を気づかう言葉	○日づけ ○自分の名前 ○相手の名前

❸今までの書き方との違いを見付ける

今までの手紙と比べて，何が違いますか？

季節のことをはじめに書いているよ。
はじめて見る書き方だよ。

体のことを気にしている。もらった人はうれしいだろうな。

　手紙の書き方は，教えるのではなく子どもたちが発見できるようにしたい。そこで教科書の例文を読み，「今までの手紙と比べて，何が違うかな？」と問う。子どもたちが気付いたことは板書で整理していく。まとめる際は，文章構成に合わせて意見を整理するとよい。

❹チェックポイントをまとめる

では，大事だと思うところをチェックポイントとしてまとめましょう。みんなが手紙を書く時に使えそうな言葉はありますか？

言葉遣いが丁寧になっているかは，入れておいた方がいいな。

「～季節となりました。」という書き方は使えそうだな。

　ここでは，今日の学習の振り返りとして手紙を書くためのチェックポイントを子どもたちとまとめる。また，手紙を書く際に使えそうな言葉遣いについても整理しておく。
　整理したものは，掲示物にしたり，プリントにまとめたりして，子どもたちが手紙を書く際のツールとなるように活用したい。

お礼の気持ちを伝えよう

3/6時間

準備物：黒板掲示用資料，ワークシート（p.236：ノートでもよい）

● 書く前に，話すことからはじめよう

子どもたちは，丁寧な手紙を書くとなると慎重になり，手が進まないことが予想されます。何を書くか友達と話す活動を入れることで，アウトプットしながら内容を整理していくことができます。

● 試行錯誤できる場を用意しよう

いよいよ書きはじめる段階となっても，はじめからよい文章が書けるとは限りません。試し書きしたり，書き換えたりしながら，自分の納得いく文章を見付けていきます。そのため，ワークシートを作成する場合は，文章を書きこむスペースを広く取ったり，試し書きコーナーを作ったりして子どもたちが試行錯誤できる場を用意する工夫が必要です。ワークシートでなくても，「このページは練習ページだよ。何度も書いてみよう」とすれば，安心して書くことができます。

```
◎チェックポイント
□伝えたいことが　書かれているか
□文章のつくりは　正しいか
□言葉づかいは　ていねいか
□漢字は　正しいか
□字は　ていねいか
```

❶ 前時を振り返り，めあてを確認する

今日は，手紙を書く練習をします。まず，書き方とチェックポイントを確認しましょう。

本時は，文章の内容を試行錯誤しながら決めていく時間となる。めあても「練習」という言葉を使って失敗してもよい雰囲気をつくっていきたい。
文章構成は表にして整理しておくとよい。

❷ 手紙の型に沿って書く内容を決める

はじめのあいさつはどんな言葉がいいでしょうか？　今から3人と話してみましょう。

今は風が気持ちいいから，「気持ちのいい風がふく季節となりました。」はどうかな？

いいね。ぼくは，浄水場の人に書くから「浄水場のみなさんお元気ですか？」にしようかな。

書く前に，どんな言葉が適当か友達と交流しながら検討する時間を取りたい。全体で交流することもできるが，「今から○人と話してみよう」と1対1で話す場を取り，全員がアウトプットできる場をつくりたい。考えながら話すことで，次の活動に書きたい内容が見えてくる。

本時の目標	・手紙の型に沿って，お世話になった方にお礼の気持ちが伝わるように，文章の内容を書くことができる。	
本時の評価	・手紙の型に沿って，お世話になった方にお礼の気持ちが伝わるように，文章の内容を書いている。	

お礼の気持ちを伝えよう

手紙を書く練習をしよう

◎手紙の書き方

	初めの あいさつ	本文	むすびの あいさつ	後づけ
	・季節に関する言葉 ・相手の様子をたずねる言葉 ・自分のしょうかい	・伝えたいこと	・別れのあいさつ ・相手を気づかう言葉	・日づけ ・自分の名前 ・相手の名前
	〜季節となりました。 〜なってきました。 〜お元気ですか。 〜していただいた○年○組の○○○です。	この間は〜してくださり，ありがとうございました。	これからもお体に気をつけて，〜ください。 さようなら。	○月○日 ○○○ ○○○様

❸手紙の型に沿って書く練習をする

手紙を書く練習をしましょう。書きながら，書きたいことを見付けましょう。

お礼はどう書こうかな。この間はお世話になり…これでいいかな。もう少し言葉を付けたしてみよう。

❹チェックポイントに沿って見直す

書けたらチェックポイントを見ながら見直しをしてみましょう。

よし，次は言葉遣いを見直そう。間違いはないかな？

　書く内容がおおよそ決まったらノートやワークシートに書き込む。ここでは，完成した文章を書くのでなく，書きながら完成に近付けることがねらいである。そのため，言葉を書き加えたり，文章を試し書きしたりと，子どもたちが試行錯誤できるようなノートの書き方やワークシートの工夫が必要である。

　書けたらチェックポイントに沿って見直しをする。ただ見るだけにならないように，一度目は「漢字の正しさ」，二度目は「伝えたいこと」などのように見直しのポイントを決めてさせるとよい。

お礼の気持ちを伝えよう

4/6時間　準備物：黒板掲示用資料，下書きの用紙

●交流や見直しはポイントをしぼって

ペア交流や見直しといった学習活動をしていると，活発な学びに見えます。しかし，適切な指導をしていないと「聞いているだけ」「見ているだけ」の内容がともなわない活動になります。

ここでは，子どもたちと考えたチェックポイントをうまく活用します。

「チェックポイントから一つ選んで聞こう」と声かけし，ポイントを絞らせることで交流の質を高めましょう。

●下書きの用紙を清書と同じサイズで

清書では，内容や言葉遣いとともに，改行や文字のサイズなどにも気を配らなければなりません。下書きは，できるだけ同じサイズの用紙を準備し，レイアウトのイメージをもたせましょう。

```
◎チェックポイント
□伝えたいことが　書かれているか
□文章のつくりは　正しいか
□言葉づかいは　ていねいか
□漢字は　正しいか
□字は　ていねいか
```

❶前時に書いたことを思い出す

「昨日書いたノートを見ながら，手紙の内容を音読しましょう。」

「～季節となりました…」

導入では，前時の内容を想起させるために，ノートを見ながら手紙の内容を音読する。

書き直したい場合は，音読の途中でも自由に書き直してよいと伝える。

❷書いた内容を全体で交流する

「次は，ノートを見ながら3人の人と話します。聞く人は，何に気を付けて聞くといいですか？」

「伝えたいことが書かれているか気を付けるといいと思うな。」

「チェックポイントが使えそうだね。」

次は，ペアを代えながら書いた内容を交流する。質の高い交流にするため，聞き手は何に気を付けて聞くとよいか問う。その際，チェックポイントを活用するとよいことに気付かせたい。

ポイントを活用する際は，一つにしぼって聞かせたい。聞いてもらう前に，聞いてほしいポイントを伝えるとよい。

本時の目標	・手紙の型に沿って、お世話になった方にお礼の気持ちが伝わるように、下書きすることができる。	本時の評価	・手紙の型に沿って、お世話になった方にお礼の気持ちが伝わるように、下書きしている。

お礼の気持ちを伝えよう

手紙の下書きをしよう

◎手紙の書き方

	初めのあいさつ	本文	むすびのあいさつ	後づけ
	・季節に関する言葉 ・相手の様子をたずねる言葉 ・自分のしょうかい	・伝えたいこと	・別れのあいさつ ・相手を気づかう言葉	・日づけ ・自分の名前 ・相手の名前
	〜季節となりました。 〜なってきました。 〜お元気ですか。 〜していただいた〇年〇組の〇〇〇〇です。	この間は〜してくださり、ありがとうございました。	これからもお体に気をつけて、〜ください。 さようなら。	〇月〇日 〇〇〇〇 〇〇〇〇様

❸手紙の型に沿って下書きをする

同じ用紙に下書きするよ。文字のバランスなどにも気を付けて書きましょう。

字の大きさはこのくらいかな。ここは1行空けないとな。

　内容が確認できたら、下書きに入る。下書きは、清書と同じ大きさの用紙を用意する。そうすると、文字の大きさやバランスも調整できる。

❹チェックポイントに沿って見直す

書けたらチェックポイントを見ながら見直しをしてみましょう。

よし、次は言葉遣いを見直そう。間違いはないかな？

　下書きができたらチェックポイントに沿って見直しをする。ただ見るだけにならないように、一度目は「漢字の正しさ」、二度目は「伝えたいこと」などのように見直しのポイントを決めてさせるとよい。

5/6時間 お礼の気持ちを伝えよう

準備物：黒板掲示用資料，清書用紙

●清書の前に，心の準備を

本時の活動は，下書きをもとに清書に書き写す活動が中心となります。そのため，「完成させたい」気持ちが強くなり，早く終わらせることが優先されてしまいます。

そこで，第1時のノートを見返しながら，誰に何を伝えるために手紙を書くのかについて再度確認する時間を取ることで，手紙を書く目的をはっきりさせます。

書く内容の準備とともに，お礼の思いを込めた手紙が書けるように心の準備もしっかり意識させましょう。

```
◎チェックポイント
□伝えたいことが　書かれているか
□文章のつくりは　正しいか
□言葉づかいは　ていねいか
□漢字は　正しいか
□字は　ていねいか
```

❶手紙の内容を確認する

「今日はいよいよ手紙を書きます。下書きを見ながら，手紙の内容を音読してみましょう。」

「心地よい風が吹く季節となりました…」

前時に書いた下書きを見ながら，手紙の内容を確認する。目で読むだけでなく，音読すると間違いにも気付きやすい。

また，ペアになって手紙の内容を伝え合うのもよい。内容が伝わるかどうか，言葉遣いに間違いがないか，お互いに確認し合うことができる。

❷自分の伝えたいことを確認し直す

「みんなは，手紙で誰に何を伝えたかったのかな？　もう一度，ノートを見ながら最後の確認をしましょう。」

「私は，浄水場の方に，やさしく教えてくださったことへのお礼を伝えたい。」

清書に入る前に，手紙の目的を再度確認する時間を取りたい。ここまで準備を進めていくと，「早く完成させたい」という気持ちが強くなり，完成させることが目的になってしまうことがある。相手への思いを確かめることで，清書での集中力を高めることができる。

本時の目標	・手紙の型に沿って，お世話になった方にお礼の気持ちが伝わるように，清書をすることができる。	本時の評価	・手紙の型に沿って，お世話になった方にお礼の気持ちが伝わるように，清書している。

お礼の気持ちを伝えよう

お礼の気持ちをこめて清書しよう

◎手紙の書き方

初めのあいさつ	本文	むすびのあいさつ	後づけ
・季節に関する言葉 ・相手の様子をたずねる言葉 ・自分のしょうかい	・伝えたいこと	・別れのあいさつ ・相手を気づかう言葉	・日づけ ・自分の名前 ・相手の名前
〜季節となりました。 〜なってきました。 〜お元気ですか。 〜していただいた〇年〇組の〇〇〇です。	この間は〜してくださり，ありがとうございました。	これからもお体に気をつけて，〜ください。 さようなら。	〇月〇日 〇〇〇 〇〇〇様

❸思いを込めて清書する

みんなの気持ちが伝わるように思いを込めて清書をしましょう。

よし，思いを込めて丁寧に書くぞ。

清書を書く時間は，できるだけ静かな雰囲気で書かせたい。書いた後の見直しなど，途中で指示を出さなくてもよいように事前に説明をする。

❹チェックポイントに沿って見直す

書けたらチェックポイントを見ながら見直しをしてみましょう。

言葉遣いはどうかな。正しく使えているかな。

清書ができたらチェックポイントに沿って見直しをする。下書きと同様，ただ見るだけにならないように，見直しのポイントを決めてさせるとよい。

第5時　121

6/6時間 お礼の気持ちを伝えよう

準備物：黒板掲示用資料，封筒

●相手が受け取った時を想像しよう

　相手が手紙を受け取った時，はじめて見るのは宛先です。その時にどんなことを思ってほしいか想像してみましょう。反対に，嫌な気持ちになる書き方とはどんなものでしょうか。一つ一つ子どもたちと想像すれば，何に気を付けて宛先を書かなければならないかが見えてくると思います。

●振り返りは個の学びを大切に

　単元の終わりには振り返りの時間を取ります。教科書を参考にしたり，「次にやってみたいこと」などの項目をあげたりと子どもたちがこれまでの学びを様々な視点から振り返られるようにしましょう。振り返ったことを全体で共有する時間も大切ですが，一番大切なのは個で振り返る時間を確保することです。もし共有する時間がなければ，学級通信などを活用するのもよいでしょう。

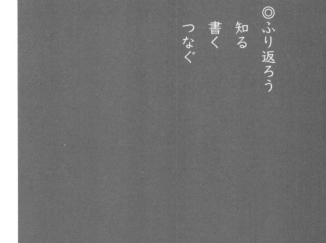

◎ふり返ろう
　知る
　書く
　つなぐ

❶手紙を送るために必要なものを考える

　今日は手紙を送る準備をします。何が必要でしょうか。

　封筒に入れて送るといいのかな？

　住所や宛名が必要だと思うよ。

　導入では，「手紙を送る時に必要なものは何か」と問い，送るために必要な準備を確認する。確認する際，手紙がどのような流れで送り手に届くのかをイメージさせると，準備することが見えてくる。

❷見本を見て封筒の書き方を確認する

　p.65の封筒を見て何が必要か確かめましょう。

　相手の郵便番号や住所を書くんだね。

　自分の名前や住所も書くみたいだね。字の大きさが少し小さいな。

　教科書p.65を見ながら，送る時に必要な準備を確認していく。また，表と裏の書き方を比べることで，字の大きさの違いなどに注目させたい。さらに，「相手が宛名を見た時に何と思ってほしいか」「嫌な気持ちになる書き方は？」などと問い，宛名から受ける印象についても相手の気持ちを想像させたい。

| 本時の目標 | ・手紙を送るために必要な準備について理解し、封筒に宛名を書くことができる。 | 本時の評価 | ・手紙を送るために必要な準備について理解し、封筒に宛名を書いている。 |

お礼の気持ちを伝えよう

住所とあて名を書いて、手紙を送ろう

*p.65封筒のイラスト

◎ふうとうの書き方
〈おもて〉送る相手
　○郵便番号　○住所　○名前
〈うら〉出した人
　○郵便番号　○住所　○名前

◆気づいたこと
・出した人より送る相手の方が、大きい
・住所より名前の方が、大きい
・相手の名前には、様をつける

❸封筒に宛名を書く

封筒に宛名をかきましょう。

住所を間違わないように、集中して書くぞ。

❷で確認したことをもとに、封筒に宛名を書いていく。罫線が必要な子どもについては、鉛筆でうすく線を引くなどの手立てもある。下書きや練習を申し出る子どもにも、柔軟に対応したい。

❹学習を振り返る

手紙を書く学習の振り返りをしましょう。学んだことや新しくやってみたいことなどを書いてみましょう。

手紙を書く時には、丁寧な言葉遣いをするように気を付けたよ。

お礼の気持ちが伝わるように、本文の中で「この間は〜してくださり、ありがとうございました」と書いたよ。

教科書 p.65「ふりかえろう」をもとに、この学習で学んだことを振り返る。

教科書に書かれてあることだけでなく、学習を通して考えたことをしっかり書く時間を取りたい。ここでは、交流はせずに個で振り返る時間を大切にしたい。共有したい場合は、学級通信などを活用するのもよい。

漢字の広場②

2時間

Ⅰ 単元目標・評価

- 3年生までに配当されている漢字を書き，文や文章の中で使うことができる。（知識及び技能(1)エ）
- 間違いを正したり，相手や目的を意識した表現になっているかを確かめたりして，文や文章を整えることができる。（思考力，判断力，表現力等 B(1)エ）
- 言葉がもつよさに気付くとともに，幅広く読書をし，国語を大切にして，思いや考えを伝え合おうとする。（学びに向かう力，人間性等）

知識・技能	3年生までに配当されている漢字を書き，文や文章の中で使っている。（(1)エ）
思考・判断・表現	「書くこと」において，間違いを正したり，相手や目的を意識した表現になっているかを確かめたりして，文や文章を整えている。（B(1)エ）
主体的に学習に取り組む態度	進んで3年生までに配当されている漢字を書き，学習課題に沿って文を書こうとしている。

② 単元のポイント

言語活動

　まずは，ゴールとして「誰の夏の楽しみでしょうクイズ」をすることを伝える。このクイズは，クラス全員が一人一人，夏の楽しみを短冊などの紙に書き，箱に入れ（名前は書かない），誰の楽しみなのかを当てるというものである。第1時は，不十分なモデルの提示を通して，主語と述語のつながり，漢字を正しく書くポイントを押さえたうえで，教科書の絵をもとに想像したことを文にたくさん表す。練習を通して，書き慣れてきたら，教科書の漢字を用いて自分の楽しみを文に表す。第2時は，自分の楽しみを，主語と述語，句読点，漢字が正しいかを推敲したうえで箱に入れる。みんなで推敲をしつつも，クイズや会話を楽しめるようにしたい。

この単元で知っておきたいこと

　教科書 p.66の漢字以外でも，教科書の巻末ページ pp.146-151に，3年生までに習った漢字がすべて載っているので合わせて活用させたい。

3 学習指導計画（全2時間）

次	時	目標	学習活動
一	1	• 3年生までに習った漢字を用いて，「夏の楽しみ」の文を主語と述語のつながりや句読点に気を付けて書くことができる。	○「誰の夏の楽しみでしょうクイズ」をすることを知り，教科書p.66の絵をもとに，3年生までの漢字を用いて文を書く練習をする。 • 不十分なモデル文を見て，正しく書くためのポイントを押さえる。 • 教科書の絵を見て，その人になったつもりで夏の楽しみを文に書く。 • 教科書の漢字を使って，自分の夏の楽しみを文に書く。
二	2	• 主語と述語のつながりや句読点などの間違いを正したり，適切な表現になっているかを確かめたりして，文を整えることができる。	○自分の夏の楽しみをポイントに従って推敲し，「誰の夏の楽しみでしょうクイズ」をする。 • ポイントに従って自分で推敲をする。 • 全体で推敲しつつ，クイズをする。 • その人に言ってあげたいことを言う。

単元について　125

漢字の広場②

準備物：黒板掲示用資料，不十分なモデル文

●言語活動のゴールイメージをもたせよう

本単元は，「誰の夏の楽しみでしょうクイズ」をすることを目的とし，子どもたちには次のことを伝え，どんなクイズにするのかを確認します。

①自分の「夏の楽しみ」を短冊に一人一人が書く（名前は書かない），②箱に入れた短冊を引いて誰が書いたものかを当てる，③当たったら「書いた短冊に対してのコメント」を言う。

自分が書いた短冊文を全員の目に触れさせることで「文を推敲せざるを得ない」ようにします。

●モデルの提示でポイントをとらえさせよう

主述のねじれや句読点を打つ場所が曖昧ということはよく起こります。不十分なモデル文では，このような問題を含んだものを提示することで自分が書く際に気を付けさせることにつながります。

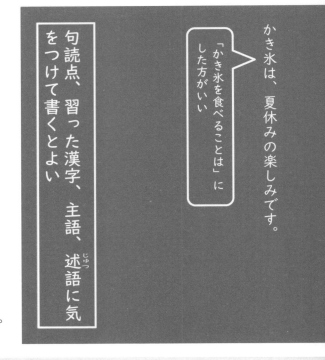

❶クイズをすることを伝える

夏が近付いてきましたね。私は，友達と海で泳ぐことが楽しみです。みなさんにもきっと楽しみがありますよね。今回は，それをクイズにしたいと思います。やり方は…

面白そうだね。やってみよう。

言語活動のゴールを伝える。その後，次のように伝える。
- 夏の楽しみを短冊に書く（名前は書かない）。
- これまで習った漢字は必ず使う。
- 箱に入れて，引いた人の「楽しみ」を当てる。
- その人に一言（ポジティブなこと）を言ってあげる。

❷不十分なモデルを提示する

 これは，先生が作った文です。どうですか。

あれ？なんか，点の位置が違うね。

 最後の部分〈述語〉が変だよ。

提示した後，子どもが不十分な点を指摘してくるのを待つ。

子どもが指摘してきたことをポイントとして押さえ，板書する。

主語や述語という言葉が出てこない場合は，教師が補う。

| 本時の目標 | ・3年生までに習った漢字を用いて，「夏の楽しみ」の文を主語と述語のつながりや句読点に気を付けて書くことができる。 | 本時の評価 | ・3年生までに習った漢字を用いて，「夏の楽しみ」の文を主語と述語のつながりや句読点に気を付けて書いている。 |

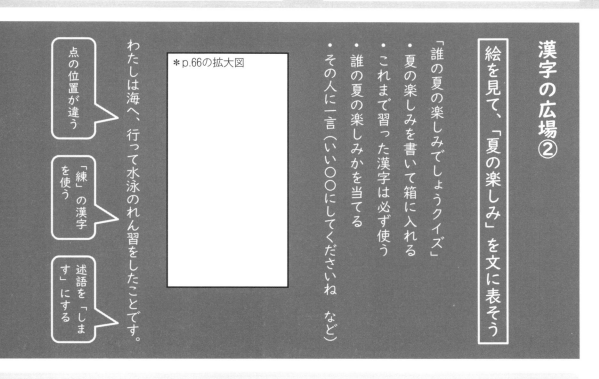

❸描かれている人になって文を書く

はじめに，教科書の絵の人になったつもりで，文を書いてみましょう。さっき確認したことを意識して書きましょう。

「ぼくは，夏休みに自由研究でカブトムシの観察をします。」よし，書けたぞ。

　教科書の絵の人になったつもりで書く。教師は教室を回りながら，ポイントが意識されているかどうかを確認する。
　短文でよい。一つ終わったら他の漢字を用いて書く。いくつか書かせるとよい。
　適宜，ペア対話などの少人数の対話活動を入れ，正しく書けているかどうかを推敲する場面を設定するとよい。

❹自分の夏の楽しみについて文を書く

だいぶ慣れてきたようですね。では，今度はいよいよ，クイズに出すための自分の夏の楽しみを書きましょう。

いろいろあるな。何にしようかな。そうだ。「私は，家族と一緒に飛行機で広島へ行きます。」にしよう。

　最後に，自分の夏の楽しみを書かせる。お互いに見られないように，テストをする時のように机を離すとよい。
　先ほど押さえた文のポイントがすべてクリアされているか，自分で推敲させる。
　次の時間は，クイズに出た短冊は全員の推敲の対象になることを伝え，最終確認する。教師も間違いがないようによくチェックする。

2 漢字の広場②

2/2時間　　準備物：黒板掲示用資料

●全員で音読をして推敲する

前時で作成した「夏の楽しみ」の短冊を箱に入れます。一つ引いたら，全員でまず音読します。その後，「この文は正しく書けていますか」と問いかけ，前時で確認したポイントをもとに全員に推敲させます。間違えていても，「ここが違ってたね」とサラッと押さえるにとどめ，内容に注意を向けるようにしましょう。

●教師やクラスの仲間とのやりとりを楽しむ

自分や仲間の「夏の楽しみ」を伝え合うことは，自他を開示することになります。そのような中で，「いいなあ。楽しんできてね」「ありがとう」「面白そうだね」などのやりとりをすることで，クラスの雰囲気も柔らかくなるのではないでしょうか。

> 主語と述語のつながり、句読点の場所、正しい漢字に気をつけて書くと、正しい文を書ける

❶クイズのルールを確認する

今日はいよいよクイズをします。クイズのルールを確認します。
①短冊を引く。
②音読をする。
③正しい文かをチェックする。
④その人に一言。
こんな流れでいきますね。

面白そうだね。早くやってみたいな。

ルールを確認する。②と③を外してしまうと国語の学習から離れてしまうので，確実に入れる。本時のねらいはあくまでも推敲である。

ルールはアレンジしてもよい。例えば，短冊を子どもたちが順番に引く，音読や推敲をグループごとに順番にさせる，当てた人には惜しみない拍手をする，答える人は挙手ではなく，名簿順にする，机の配置を変え，全員の顔が見えるようにするなど，少しルールを変えるだけでも楽しい。

❷箱から短冊を引き，音読と推敲をする

「ぼくは，家族でバーベキューをします。お肉を鉄板でやきたいです。」みんなで音読しましょう。

正しい文章だね。点の位置も漢字もきちんと使われている。

誰だろう。ひろみちくんは，よくキャンプに行ってるから…

子どもたちは，文を見ると自然に「誰が書いたのかを当てたい」と推測しようとする。しかし，まずは，音読と推敲をさせてからクイズを考えさせる。

本時の目標	・主語と述語のつながりや句読点などの間違いを正したり，適切な表現になっているかを確かめたりして，文を整えることができる。	本時の評価	・主語と述語のつながりや句読点などの間違いを正したり，適切な表現になっているかを確かめたりして，文を整えている。

漢字の広場②

「誰の夏の楽しみでしょうクイズ」をしよう

「誰の夏の楽しみでしょうクイズ」
① 短冊を引く
② 音読をする
③ 正しい文かをチェックする
　句読点　漢字　主語　述語
④ その人に一言（いい○○してくださいね　など）

- ぼくは、家族でバーベキューをします。お肉を鉄板でやきたいです。
- わたしは、東京へ行って、有名人と会います。
- 夏祭りで、しゃ的を命中させたいです。

---

❸誰が書いたのかを当てる

これは，誰が書いたのかな。

分かった。この前話してたから，まさしくんだと思います。

正解です。よく分かったね。

　誰が書いたのかを当てる。発言した人がクイズを当てたら，大きな拍手をする。

❹短冊を書いた人に一言言う

やけどをしないように気を付けてください。

ありがとう。気を付けます。

バーベキュー，先生もやりたいな。楽しそうです。では，次の短冊を引いてくれる人…

　普段，あまり会話をしない子からメッセージをもらうのは子どもたちにとって新鮮であり，嬉しいことである。即興的なコミュニケーション力が磨かれるとともに，クラスの仲間づくり，雰囲気づくりにもつながる。
　楽しく，柔らかい雰囲気で終われるように配慮したい。

3　場面の様子をくらべて読み，感想を書こう

一つの花

7時間

1 単元目標・評価

- 様子や行動，気持ちや性格を表す語句の量を増やし，語彙を豊かにすることができる。(知識及び技能(1)オ)
- 登場人物の気持ちの変化や性格，情景について，場面の移り変わりと結び付けて具体的に想像することができる。(思考力，判断力，表現力等 C(1)エ)
- 文章を読んで理解したことに基づいて，感想や考えをもつことができる。(思考力，判断力，表現力等 C(1)オ)
- 言葉がもつよさに気付くとともに，幅広く読書をし，国語を大切にして，思いや考えを伝え合おうとする。(学びに向かう力，人間性等)

知識・技能	様子や行動，気持ちや性格を表す語句の量を増やし，語彙を豊かにしている。((1)オ)
思考・判断・表現	「読むこと」において，登場人物の気持ちの変化や性格，情景について，場面の移り変わりと結び付けて具体的に想像している。(C(1)エ) 「読むこと」において，文章を読んで理解したことに基づいて，感想や考えをもっている。(C(1)オ)
主体的に学習に取り組む態度	進んで登場人物の気持ちの変化や性格，情景について，場面の移り変わりと結び付けて具体的に想像し，学習課題に沿って，物語の感想を書こうとしている。

2 単元のポイント

教材の特徴

　本単元は，戦争が激しかった時代に一つの家族とその家族の愛を象徴した物語である。戦争が激しかった時代とその10年後の場面が描かれており，生活の様子を比べて読み，生活の変化への気付きを生かして学習課題を設定することができる。変化をとらえるためには，「視点」が必要となってくる。ゆみ子の成長や一輪のコスモスの変化だけではなく，「食べ物」「音」「匂い」などの変化にも目を向けることで，場面を具体的に想像することができる。また，ゆみ子の父・母の行動や気持ちを叙述をもとに，それぞれの立場でとらえていくことで，平和の大切さ，あたたかさ，ありがたみだけではなく，父が一つの花に込めた願いや思い，母の強くやさしい生き様へと読みを深めていきたい。

130　一つの花

3 学習指導計画（全7時間）

次	時	目標	学習活動
一	1	• 進んで物語を読み，学習課題を設定することができる。	○学習の見通しをもつ • 教師の範読を聞き，感想をもつ。 • 「一つの花」という題名について想像し合うことで，「一つの花」が大事なキーワードであることを共有する。 • 時を表す言葉を根拠に場面分けを行い，変化に目を向ける。
二	2	• 叙述をもとに，登場人物の性格や物語の設定を読み取ることができる。	○物語の設定を確かめ，内容をとらえる。 • 登場人物とその背景にある戦時中の生活について叙述から読み取る。 • 登場人物の変化だけでなく，「音」「匂い」「食べ物」などにも着目する。
	3	• 本文の叙述から想像し，父・母・ゆみ子，それぞれの思いを読み取ることができる。	○登場人物の気持ちの変化や性格，場面の変化について読み取る。 • はじめの場面と10年後の場面で，父・母・ゆみ子の立場から読んで考えたことについて小グループで交流する。 • 「一つだけ」という言葉に着目して読む。
	4	• 本文の叙述をもとに，登場人物の10年後の様子について読み取ることができる。	
	5	• 作品全体の言葉をつなげて読み，題名のもつ意味を考えようとする。	
	6	• 心に残った部分についての感想を書くことができる。	○詳しく読んで考えが変わったところを中心に感想をまとめる。 • 題名や物語の変容など，視点をもって感想をまとめる。
三	7	• 互いの感想を読み合い，考え方や感じ方の違いについて見付け，伝え合うことができる。	○互いの感想を読み合い，互いの考え方や感じ方の違いを見付けて伝え合い，学習を振り返る。 • 感想交流は小グループで行う。 • 共通点や相違点を見付けながら読む。

「感想」を書くことへの苦手意識を軽減しよう

　「物語を読んで感想を書く」ことへの苦手意識が高い子は少なくありません。まずは，個々の「感想を書くことへの苦手意識」を分析します。文字を書くこと自体が億劫な子，自分の思っていることを言葉にすることが難しい子，誰かに読まれることへの抵抗感をもつ子など，苦手意識の背景は様々です。教師は，その苦手意識の背景を観察・分析し，その子に合った感想の書き方を提示していくことも必要です。その支援が，他の子の力をより発揮させることもあります。ひな形や挿絵，これまでの授業の記録（板書やノートなど）を使ってできる工夫をします。

単元について　131

一つの花

1／7時間　準備物：黒板掲示用資料

●なぜ，題名について考えさせるの？

　はじめに題名について考えさせることで，題名が，その作品にとって大事な意味をもつことを意識することができます。「白いぼうし」でも「一つの花」でも，作品を読み深めるために重要となってくる言葉です。

●感想を書くことが難しい子には

　「『一つの花』は，○○，○○（○○は登場人物）が出てくる話です」や「挿絵から分かったことは～」などと文型を示したり，文ではなく挿絵に着目させたりする支援を行うことで，書くことができるようになります。そうすることで，「何も書けなかった」から，「今日は，二文も書けた」という達成感や自信が生まれます。また，作品を読んで思ったことを箇条書きで番号を付けて書いていくことも，書くことへの意欲につながります。

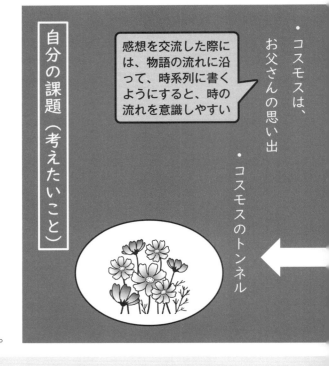

自分の課題（考えたいこと）

感想を交流した際には，物語の流れに沿って，時系列に書くようにすると，時の流れを意識しやすい

・コスモスは，お父さんの思い出
・コスモスのトンネル

❶題名について考え，めあてを確認する

「一つの花」という題名から，どんなことがイメージできますか？

一つしかない花という意味かもしれないよ。

一つだから，大切にするということだと思う。

　読む時には，「一つの花」という題名がもつ意味を考えることが大切であることを意識させたい。その際，既習の「白いぼうし」を取り上げ，重要な役目であったことを思い出させるとよい。
　また，戦争を背景にした物語には，3年「ちいちゃんのかげおくり」があったことを伝えることで，戦争のイメージを思い出させることができる。

❷教師の範読を聞き，感想を書く

先生が読みますので，場面を想像しながら聞いていてくださいね。

「一つだけ」が口ぐせなんだね。

戦争って悲しいことばかりだな。

　教師が「物語を読んで，どんなことを考えたか，心に残っているところなどを聞きますよ」と，次の活動を予告したうえで範読を聞かせるとよい。また，範読の際には，子どもたちの表情を見ながら読んだり，意味の理解が難しいと思う単語については，「～ということだね」と意味を添えることも，場面を想像するための支援となる。

本時の目標	・進んで物語を読み,学習課題を設定することができる。	本時の評価	・進んで物語を読み,学習課題を設定している。

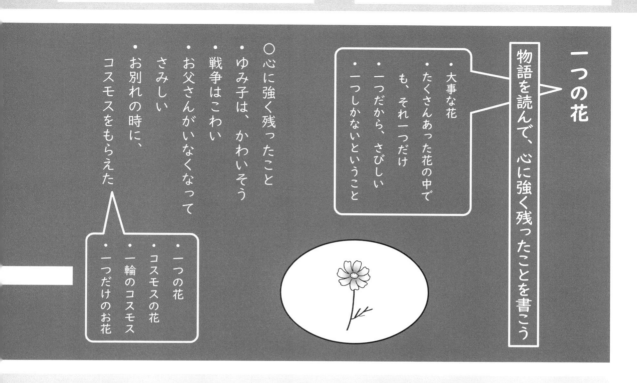

❸ 感想を交流する

ゆみ子は、いつもおなかをすかせていて、かわいそうだなと思った。

お父さんが、戦争から帰ってこなくて、さみしいだろうな。

　3年「ちいちゃんのかげおくり」では,戦争が人々にもたらした悲しみについて考えているため,ここでも戦争への思いが多く出ることが予想される。戦争への思いだけではなく,登場人物の気持ちにも着目した意見を取り上げるようにしたい。また,板書する時には,感想と関係のある文について尋ねたりしながら時系列で書くことができるとよい。

❹ 単元全体の課題を考える

みんなで、読み深めるために、考えていきたいことを書きましょう。

一つの花が、たくさんのコスモスになったのは、どうしてだろう。

一つの花、一つだけのお花、いろいろな書き方がされているのは、何か意味があるのかな。

　感想を交流した後,自分なりの読み深めのための課題を書き記しておく。本時以降の話し合いにおいて,自分の課題と関係のある事柄が出た場合は,ノートにメモしていくことを伝えておく。課題を意識して,話し合いを行うことで主体性が高まるだけではなく,仲間の考えにも耳を傾けることができるようになる。

2／7時間　一つの花
準備物：なし

●板書で「問い」をもたせる

　子どもが「問い」をもち続けながら，授業が進んでいくことは主体的な学びにつながります。本時は物語の設定と大まかな変化をとらえる時間です。子どもに「問い」をもたせるためには，「スキのある板書」が効果的な場合があります。読むことの授業は叙述をもとに進んでいくので，意見の羅列になってしまいがちです。両親がゆみ子に抱いている思いを自然と想像してしまうような図式化された板書，「はじめは，こんな生活だったね。だけど，10年後はどうなっていたかな？」と比較して考えてしまうような板書など，子どもの問いを加えていけるような「意味のある余白」がある板書を考えましょう。さらに，授業の最後には，振り返りとともに，「今日の問い」「今日のはてな」など，自分なりの「問い」をノートに書いておくようにすると次時の学習にもつながります。

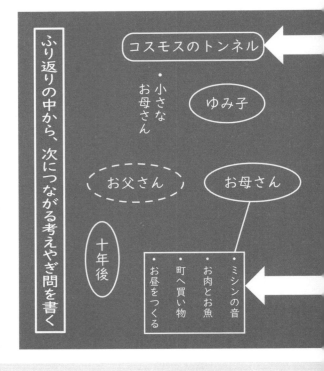

❶ペアで音読する

「登場人物はどんな人でしょうか？どんな生活をしているでしょうか？　考えながら読みましょう。」

「一文ずつ交代で読もうよ。誰が出てきた？」
「ゆみ子とお父さんとお母さん。おやつがないなんて…」

　音読前に，具体的な読みの指示を伝えることで，子どもたちの音読の質は変わってくる。ここでは，登場人物とその生活の様子に着目して読むという「目的」を明確にすることで，考えながら読むきっかけとしたい。ただし，読みながら考えることが難しい子もいるため，ペア読み後に，「誰が出てきたかな？」「今の生活と比べて違うところはあったかな？」などの対話の観点を示しておくとよい。

❷登場人物，生活の様子について話し合う

「『ゆみ子は，○○な子』の○○の中に，あなただったら，どんな言葉を入れますか？」

「かわいそうな子。だって，いつもおなかをすかせているよ。」

「わがままな子。もっともっといつもほしがっているから。」

　「ゆみ子は，どんな子？」と問うよりも，「『ゆみ子は，○○な子』の○○にはどんな言葉を入れる？」と問うことで，考えやすくなる。また，ゆみ子の人物像から，両親の人物像につなげることができる。同じ「かわいそうな子」でも，そう考えた理由や根拠を尋ね合うことで，読みの違いに気付くことができ，視点を変えて考えるきっかけとなりうる。

本時の目標	・叙述をもとに，登場人物の性格や物語の設定を読み取ることができる。	本時の評価	・叙述をもとに，登場人物の性格や物語の設定を読み取っている。

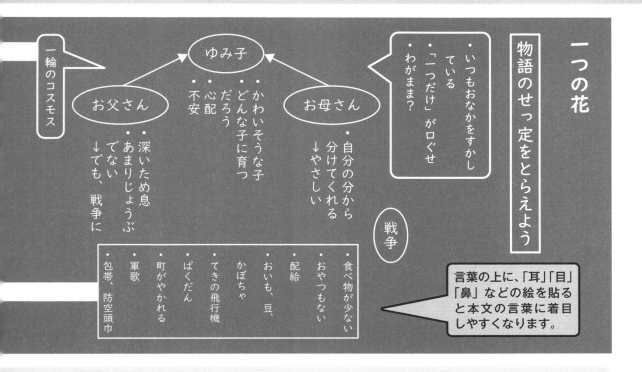

❸物語の大まかな変化をとらえる

 10年後のゆみ子たちの生活。10年前と変わりましたか？変わっていませんか？

 変わったよ！ だって，お米もなかったのに，10年後はお肉やお魚を買いに行っているよ。

 変わっているね。コスモスの花がいっぱいで，いいにおいがするよ。

「戦争中の生活はどんな様子ですか？」という問いでは，意見を述べにくいと感じる子は少なくない。そこで，「変わっているか，変わっていないか？」という，まずは「はい」「いいえ」で答えられる問いから入ることで，そう考えた理由を本文から探すようになる。この問いだと，意見が色々なところから出てくるので，教師はそれを構造化して板書することが大切である。

❹本時の振り返りをまとめる

 ゆみ子たち家族は，大変な生活をしていたんだろうね。お母さんもお父さんも，ゆみ子をとてもかわいがっていたね。

 10年後のゆみ子の家には，コスモスがたくさん。これは，お父さんのくれたコスモスなのかな？

「コスモス」は，他の生活を表す言葉とは別に板書することで，その重要性に気付かせることができる。言葉だけで場面を想像することや，話し合った内容を思い出すことが難しい子もいるだろう。コスモスの花や飛行機や爆弾などの絵を提示したり，配給，軍歌などの補足説明をしたりして，本時の話し合いを振り返りやすくするとよい。

一つの花

3/7時間　準備物：なし

● **家族のつながりを見せる**

本作品に登場する人物は，父，母，ゆみ子の3人です。激しい戦争の中，3人の小さな家族は，不安や苦しさに耐えながら生きています。特に，父や母のゆみ子への思いを想像することは，大変重要です。それは，10年後のゆみ子の変容につながるからです。両親は，我が子への愛を直接的な言葉で表現しているわけではありません。しかし，2人の行動描写や会話文からは，我が子への確かな愛を読み取ることができます。駅までの道のりでおにぎりを食べるものの満足できなかった我が子や「一つだけのお花」を「大事」にするという「喜び」を与えることで，我が子への深い愛を伝えた父と，それを見つめる母の思いが，10年後の2人の家族につながっていることに，話し合い活動や板書による可視化などで気付かせたいです。

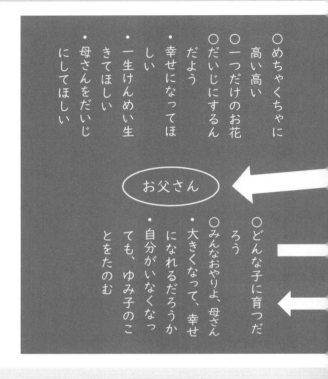

❶ **本時のめあてを確認し，音読する**

3人の家族は，戦争の激しかったころ，どのように暮らしていたのでしょう。

大変だったのだろうね。でも，ゆみ子は小さいから，分からないかもしれないよ。

3人が，どんな思いで暮らしていたのか，考えたいね。

「家族は，どのように暮らしていたのだろう」と考えながら音読することを伝える。ペアで音読する場合には，一方が音読し，もう一方がコメントをつぶやきながら聞くようにすると，互いに考えながら読むことができる。
A「〜……，どんな子に育つだろう」（音読）
B「お父さんは，心配だろうね」（つぶやき）

❷ **物語の大まかな変化をとらえる**

ゆみ子とともに暮らす，お父さんとお母さんの思いについて，考えてみましょう。

私は，お母さんについて考えたい。ゆみ子のこと，大切だったのだろうな。

ぼくは，お父さんについて考えるよ。戦争には，行きたくなかっただろうな。

ゆみ子については，前時にどんな子であるか考えているので，ここでは振り返る程度にし，父と母について詳しく読んでいきたいという思いをもたせたい。父と母，どちらについて考えたいかと選択させると，深く考えたいという気持ちが高まる。「思い」という言葉では，読み取ることが難しい場合には，「お父さんは，この時どんな顔をしていたと思う」という問いも効果的である。

| 本時の目標 | ・本文の叙述から想像し，父・母・ゆみ子，それぞれの思いを読み取ることができる。 | 本時の評価 | ・本文の叙述から想像し，父・母・ゆみ子，それぞれの思いを読み取っている。 |

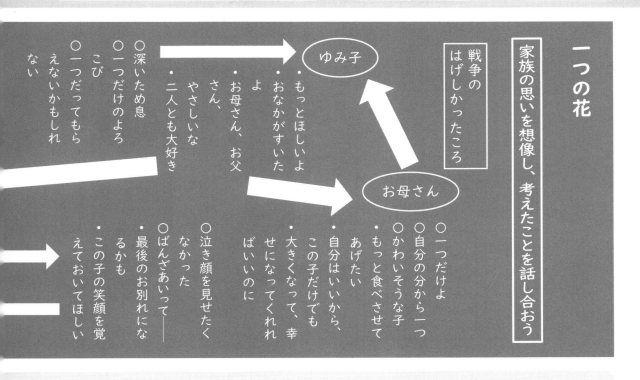

❸父，母の思いについて交流する

小さなゆみ子を置いて戦争に行く時，お父さんは，辛かっただろうな。最後のお別れを言わなかったのは，どうしてだろう。

一つの花を見つめていた時の気持ち，みんなはどう思う？

何か言ってしまうと，泣いてしまう気がしたのではないかな。

❹グループでの話し合いを共有する

グループを回って，話し合ったことを聞き合いましょう。

ぼくたちのグループは，最後のところのお父さんの思いについて考えました。

 ○ なるほど…

　各々が読み取ったことをもとに，グループで話し合いを行う。教師はグループを回り，「今，どんなことを話していますか？」「グループの人で，同じだなと思った考えはありましたか？」「この部分について，みんなの考えを聞きたいということを言ってみるといいね」などと，考えの出し合いではなく話し合いになるように，支援することが大切である。

　他のグループで話し合ったことについて，聞き合うようにしたい。「一人はグループに残り，他のグループのメンバーに話し合いを紹介する」「ホワイトボードに伝えたいことを書いて全体で共有する」「大事だと思うことを短冊に書いて黒板に貼る」など，色々な方法が考えられるが，共有した後は自分の考えを再構築する時間を設定したい。

一つの花

4/7時間　準備物：なし

●人物の思いを考えるためのツール

物語を読むことの授業は、「この時の登場人物は、どんな気持ちかな」や「どんなことを考えているかな」と問いがちです。しかし、実生活においても気持ちを想像することが苦手な子や語彙が豊富ではない子にとっては、苦しい時間となります。そのため、問い方を工夫します。「うれしいと悲しい、どちらだと思う？」「人物の心の中を色で表すと？」「人物の幸せ度はどれくらい？」と選択肢を与えたり図で考えさせたり工夫するとよいです。

●考えのずれに気付くことができるように

子どもの発言には、同じような内容に思えても実は違う点があります。その考えのずれこそが、全体で話し合うための課題となっていきます。教材研究の時に、「考えが分かれそうだな」と思うところを探しておくとよいでしょう。

コスモスのトンネル

- ○ミシンの音
- ○何かお話をしているかのように
- ・ゆみ子ありがとう
- ・大きくなってくれたね
- ・もう、一つだけって言わなくていいね
- ・お父さん、いい子に育っていますよ

（お母さん）

❶本時のめあてを確認して音読する

10年後の家族の様子を想像しながら音読しましょう。

何だか、幸せそうだね。○。

ゆみ子は、お父さんのことを覚えてないのかな。○。

読む時には、「一つの花」という題名がもつ意味を考えることが大切であることを意識させたい。その際、既習の「白いぼうし」を取り上げ、重要な役目であったことを思い出させるとよい。

また、戦争を背景にした物語には、3年「ちいちゃんのかげおくり」があったことを伝えることで、戦争のイメージを思い出すことができる。

❷10年後の家族について考える

10年の年月が過ぎ、家族は、どのように暮らしていますか。

コスモスの花でいっぱいだよ。

トンネルになるくらい、たくさんの花ということだね。

10年後の年月が過ぎた家族が、暮らしている環境について図や絵で描いて共有したい。「とんとんぶきの小さな家」がコスモスの花でどのように包まれているのか、ゆみ子は何歳くらいになっているのか、家からどこを通って出てきているのかなどを話し合うことで、ゆみ子や母の思いにも自然と目を向けることができる。

本時の目標	・本文の叙述をもとに、登場人物の10年後の様子について読み取ることができる。	本時の評価	・本文の叙述をもとに、登場人物の10年後の様子について読み取っている。

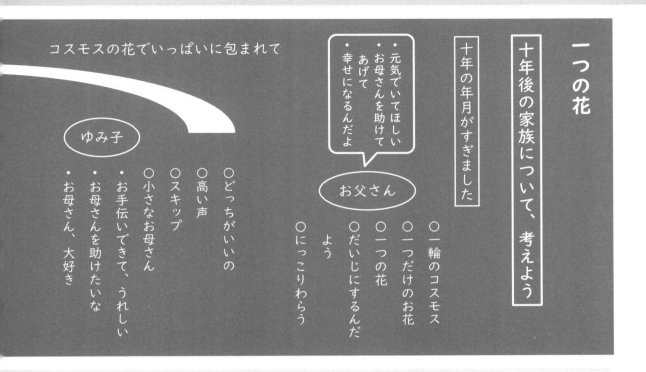

一つの花

十年後の家族について、考えよう

十年の年月がすぎました

お父さん
・元気でいてほしい
・お母さんを助けてあげて
・幸せになるんだよ

○一輪のコスモス
○一つだけのお花
○一つの花
○だいじにするんだよ
○にっこりわらう

ゆみ子
○どっちがいいの
○高い声
○スキップ
○小さなお母さん
○お手伝いできて、うれしい
○お母さんを助けたいな
・お母さん、大好き

コスモスの花でいっぱいに包まれて

❸ゆみ子と母の思いを話し合う

ゆみ子は、いつもちょうだいと言っていたけれど、10年経って、どっちがいいのと聞く側になっているね。

スキップをしているということは、うれしいのだと思うよ。

「お父さんにもらった一つの花が、たくさんのコスモスになった」という発言が予想される。そこで、「お父さんが、一つの花に込めた思いは何だろう」と問い、父の深い愛を言葉にすることで、その愛がコスモスの花となってゆみ子と母を包んでいると読み深めることが可能となる。一人一人コスモスの形の用紙に書かせて貼らせるのも一つの手である。

❹単元全体の課題を考える

戦争の激しかった頃の思いを振り返りながら、10年後の家族がどんなことを考えているかまとめましょう。

ぼくは、お父さんの思いを書こう。もう会えないのは悲しいけど、ゆみ子の姿を見て喜んでいるのではないかな。

10年の間、2人で暮らしてきて、お母さんは大変だっただろうな。

父や母の思いを考える活動を通して、2人のゆみ子への深い愛を読み取ることができる。また、2人はゆみ子だけではなく、互いのことも深く思いやっていたことにも気付かせたい。父の目に、我が子の笑顔を焼き付けておきたいと考えた母の思い、父の思いを受け継ぎ10年間必死に生きてきた母の思いなどを書いている子がいれば、紹介する。

第4時

5/7時間 一つの花

準備物：短冊

● 題名について話し合う

　題名について話し合うことは、作者の思いを受け取ることであったり、題名をその作品の象徴としてとらえることだったりします。形として表すことのできない思いや意味を形のあるものにして表現したものを象徴と言います。「一つの花」「一輪のコスモス」はどのようなイメージでしょうか。優しい、美しい、かわいい、愛らしい、強い、などの色々な言葉をイメージするでしょう。しかし、そこに「わすれさられたようにさいていた」という文中の表現をつなげながら考えると、「一つの花」はゆみ子ら家族を意味しているのかもしれません。または、「大事にするんだよう」とつなげて考えると、父の我が子への思い（強く、優しく、たくましく生きてほしい）を意味しているのかもしれません。題名と文中の表現とを結び付けて考えたことを交流することも、作品を読む面白さです。

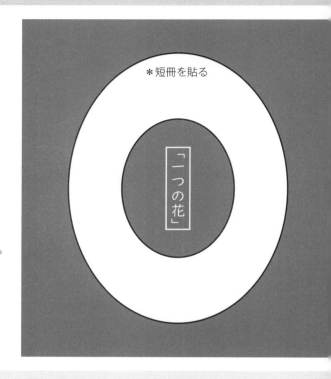

❶「一つだけ」という言葉について考える

「一つだけ」という言葉は、「一つだけのお花」以外に、どこで出てきますか？

お父さんもお母さんも言っているよ。

はじめに出てきます。ゆみ子がはじめて覚えた言葉だね！

　本時のめあては、「一つの花」のもつ意味について考えることであるが、「一つだけ」という言葉について話し合うことで、考えも広がったり深まったりする。ゆみ子、父、母、それぞれの会話文に出てきているので、言葉を丸で囲むなどして、いかに多く使われているのかが視覚的に分かるようにしたい。

❷ それぞれの「一つだけ」の違いを考える

ゆみ子の「一つだけ」、お母さんの「一つだけ」、お父さんの「一つだけ」は同じでしょうか。

違うような気がするな。

お父さんの「一つだけ」は、本当に大事だという意味が込められていると思う。

　ゆみ子の「一つだけ」は、父や母をやり切れない思いにさせたり、悲しませたりするものだった。しかし、父の最後の「一つだけ」は、ゆみ子の将来への希望や家族への愛を表しているとも読める。「一つだけ」だから悲しいが、「一つだけ」だからこそ大切にしたい、「一つだけ」でも喜びを得られるという発言から、「一つの花」の意味を考える活動へとつなげていきたい。

| 本時の目標 | ・作品全体の言葉をつなげて読み，題名のもつ意味を考えようとする。 | 本時の評価 | ・作品全体の言葉をつなげて読み，題名のもつ意味を考えようとしている。 |

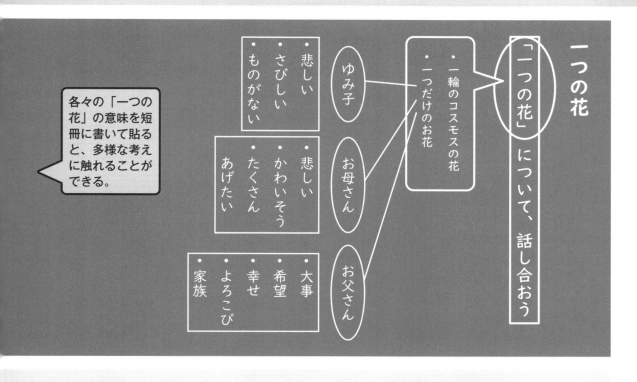

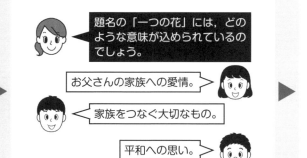

❸「一つの花」の意味を話し合う

各々が，「一つの花」の意味について考えた後，小グループで交流する時間を設ける。題名の意味を考えることは，主題を考えることにもつながる。父の，今あげられる「すべて」がその「一つ」だったということ，そして，その「一つ」は年月が経ってもなくなることはなく，思いとして残っていくのだという考え方もできる。多様な読みを認め合うようにしたい。

❹これまでの話し合いを振り返る

話し合い後の振り返りは，考えを再構築するために重要な活動である。振り返りのポイントを示すことで，分かりやすくまとめることができる。
・最も心に残っている友達の発言は…。
・話し合いをして新しく気付いたことは…。
・はじめは〜と考えていたが，今は〜。
考えの深まりを自分自身で実感できるようにしたい。

一つの花 (6/7時間)

準備物：黒板掲示用資料

●感想をまとめ，伝えるためのツール

　読書後の覚書とは違い，読み手がいる時の感想のまとめ方は，書き方のコツを提示すると楽しく書くことができます。読書感想文のように，文章だけでまとめるのではなく，下記のような工夫もできます。子どもの実態に応じて，提示の仕方や数を工夫してください。

- この作品を色で表すとしたら？
- 1番好きな人物は？
- お父さんが戦争に行ってからの10年間について想像してみると…
- 10年後，(おそらく)2人で暮らしているだろう，ゆみ子とお母さんに手紙を書くとしたら？
- 戦争中と10年後で変わったものを対比的に図で表そう
- はじめと10年後の家族の幸せメーター
- 初発の感想と今の感想で違うところはある？

❶これまでの話し合いを振り返る

「一つの花」について，みんなで読むことで，色々なことが分かってきましたね。

はじめに考えたいと思っていたことが，話し合えたな。

「一つの花」という言葉は，やはり大事だったんだね。

　感想をまとめる前に，これまでの授業を振り返ることで，みんなで読み深めた価値について伝えたい。各自のノートには自分の考えしか書かれていない場合があるので，毎時間の板書の写真を貼っておいたり，教室に掲示しておいたりすると，振り返り活動が分かりやすくなる。板書写真をノートに貼っておけば，写真に自分なりのコメントを書き込むことも可能である。

❷感想に書くとよいことを話し合う

感想には，どんなことを書くとよいのでしょう。

「一つの花」が何を表しているのかを書くとよいと思うよ。

この物語で変わったことや，その理由について書くと，考えたことが詳しく分かるね。

　「感想を書く」と聞いた途端に，意欲が減退してしまう子がいるだろう。書く視点を話し合うことで，「何を書けばよいのか」が明確になり，書くことへの抵抗感が少なくなる。また，長い文章で書き表そうとすると，自分の言いたいことが明確に伝わらない場合もある。「色で表すと」「登場人物の表情は」「幸せメーター」などの，絵や図で表すことも提示していきたい。

本時の目標	・心に残った部分についての感想を書くことができる。	本時の評価	・心に残った部分についての感想を書いている。

一つの花

「一つの花」の感想をまとめよう

○こんなことを書いてみよう
・この作品を色で表すとしたら？
・初めと今の感想で、変わったことはある？
・お父さんが戦争に行ってからの十年間を想像すると
・ゆみ子とお母さんに手紙を書くなら…

まとめ方の例

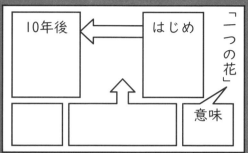

❸感想をまとめる

　自分なりに考えたことを、感想にまとめましょう。

私は、はじめと10年後の変化について、図にしてみよう。

家族の関係を表したいのだけれど、どうしたらよいかな？

　まとめる際には、自分の思いだけではなく、「どこからそう考えたのか」が分かるように書かせたい。書いている途中には、分かりやすく工夫して書いている子や、授業での話し合いを生かして書いている子などを称賛し、全体に紹介していくことで、互いによいところを認め合いながら活動を進めることができるようにする。

❹感想を読み返す

　自分が書いたものを読み返して、友達に言いたいことが伝わるか確かめましょう。

ここの言葉は、少し分かりにくいかもしれないな。

大事なところは、色をつけるといいかも。

　教師は机間巡視を行い、書くことへの苦手意識がある子も楽しく書くことができるように支援したい。場合によっては、その子に合ったワークシートを用意しておいてもよい。また、書いている最中に、友達のノートを見に行くことができる時間を設け、対話することで書き方を学ぶこともできる。

一つの花

7/7時間　準備物：ホワイトボード（班の数分）

●書いたものを交流することのよさ

　読み手がいるからこそ，書きに目的意識や相手意識が生まれ，書いたものを読んでもらうからこそ満足感・達成感を得ることができます。互いの感想を読み合い，そのよさを学び合うことは，互いを認め合うことにつながり，学級の雰囲気が温かくなっていきます。授業時間内で，互いが全員の感想を読むことができればよいですが，難しい場合もあります。そんな時は，交流の方法や時間を学級の実態に応じて工夫していくとよいでしょう。互いのよさを口頭で伝えること以外にも，メモに書いて渡したり，時間があればグループで考え方の共通点や相違点などを話し合っても面白いです。「もっと仲間の考えが知りたいな」「同じ物語を読んでも，違う感想になるのだな」という思いをもつことができるようにしましょう。

＊各グループのホワイトボード

❶本時のめあてを確認する

みなさん，工夫して，感想をまとめることができていましたよ。

みんながどんなことを書いているのか楽しみだな。

ぼくと似ていることを書いている人がいるかもしれないな。

　活動の見通しをもてるように，本時の流れを提示することからはじめる。また，互いの感想を読む時に，意識するとよいことについて尋ねることで，グループでの話し合いが活性化される。

❷感想を読み合う

互いの感想を読み合い，考えたことをグループでまとめましょう。

私と同じで，「一つの花」の意味について書いているな。

ここの部分，どうしてそう思ったのか，もっと聞きたいな。

　感想を読み合う活動に慣れていない場合は，読んで考えたことをメモしておけるワークシートを用意するとよい。

- 同じだなと思ったこと。
- 違うなと思ったこと。
- いいなと思った言葉。
- 聞きたいこと。

　このような項目を示すと考えながら読むことができる。

| 本時の目標 | ・互いの感想を読み合い，考え方や感じ方の違いについて見付け，伝え合うことができる。 | 本時の評価 | ・互いの感想を読み合い，考え方や感じ方の違いについて見付け，伝え合っている。 |

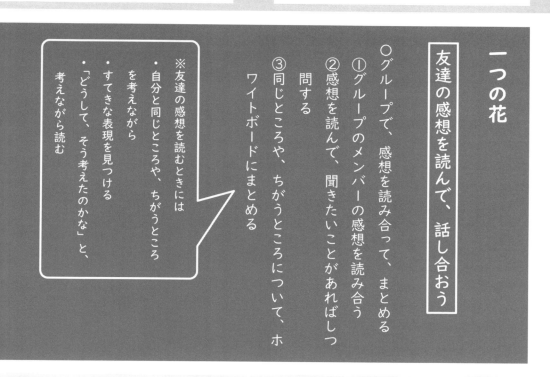

一つの花
友達の感想を読んで、話し合おう

○グループで、感想を読み合って、まとめる
① グループのメンバーの感想を読み合う
② 感想を読んで、聞きたいことがあればしつ問する
③ 同じところや、ちがうところについて、ホワイトボードにまとめる

※友達の感想を読むときには
・自分と同じところや、ちがうところを考えながら
・すてきな表現を見つける
・「どうして、そう考えたのかな」と、考えながら読む

❸グループで話し合い，まとめる

みんな、「一つの花」の意味について書いていたね。意味は、○○さんと○○くんとでは違っていたよ。

私は、ゆみ子の気持ちを書いたけれど、お父さんやお母さんの思いについて書いている人もいたよ。

ホワイトボードにまとめる前に，質問タイムを設けるとよい。まとめ方については，様々な型を例として挙げることでまとめやすくなる。
・共通点と相違点を書く。
・共通点について詳しく書く。
あくまで，きれいにまとめることが目的ではなく，まとめる活動を設定することで，話し合う必然性をもたせることが目的である。

❹単元全体の振り返りを行う

はじめに書いた「課題」も含めて、「一つの花」の授業を振り返りましょう。

課題だった、「一つの花」がどうして大事なのかが、分かってよかったな。

みんなの感想を読んで、自分では考えなかったことを知ることができてよかった。

教師は，感想を交流することで，同じ作品を読んでも感じたり考えたりすることが違うことに気付くだけではなく，その違いを認め合うことが大切であることを伝えていけるとよい。

第7時 145

つなぎ言葉のはたらきを知ろう

2時間

１ 単元目標・評価

- 接続する語句の役割について理解することができる。（知識及び技能(1)カ）
- 言葉がもつよさに気付くとともに，幅広く読書をし，国語を大切にして，思いや考えを伝え合おうとする。（学びに向かう力，人間性等）

知識・技能	接続する語句の役割について理解している。（(1)カ）
主体的に学習に取り組む態度	接続する語句の役割を積極的に理解し，これまでの学習や経験を生かして，接続する語句を使い分けようとしている。

２ 単元のポイント

教材の特徴

　学校では，子どもたちに文章を書かせる場面が多くある。しかし，「何を書いていいか分からない」「書くことがない」などとなかなか文章を書けない子も多い。本当は，いろいろなことを思ったり考えたりしているが，それを文章で表現できない子が多いのだ。つなぎ言葉は，そのような子どもたちにとても有効である。つなぎ言葉を自由に使うことで，自分の内面を表出することができる。

　つなぎ言葉は，文と文のいろいろな関係を表す。つなぎ言葉があることで，後ろの文が前の文を補足したり，まとめたり，理由を述べたりすることができる。つなぎ言葉は読み手の文章理解を助ける働きとともに，書き手・話し手の論理的な文章表現を支えている。つなぎ言葉を入れて文の続きを書くことで，内容の方向性が決まる。

　例えば，「私は，今のクラスが好きです」の続きに，「なぜなら，」と続くか，「でも，」と続くかによって表出される内面は違う。つまり，つなぎ言葉を選ぶことができれば，自分の内面を自由に表出することができるのだ。

　また，子どもたちが自由につなぎ言葉を使えるように，つなぎ言葉を短冊に書き，教室に掲示することがオススメだ。文章を書いている途中，手が止まった時に，教室に掲示されている「つなぎ言葉」を見ることで，続きの文章を書くことができる。多くの文章を書くことは，多くのことを考えることになる。つなぎ言葉を掲示することは，豊かな思考が生まれる教室環境をつくることができる。

146　つなぎ言葉のはたらきを知ろう

3 学習指導計画（全2時間）

次	時	目標	学習活動
一	1	• 文と文の意味のつながりを考えながら，接続語を使うことができる。	○「つなぎ言葉インタビューゲーム」をする。 • 「つなぎ言葉」について説明を聞き，単元のめあてを確認する。 ○グループに分かれて，教科書のすべてのページからつなぎ言葉を見付ける。 ○見付けたつなぎ言葉を仲間分けする。 ○グループで教科書 p.83の①の問題を解く。
	2	• 接続語の違いを理解することができる。 • 接続語の違いを意識し，積極的に使い分けようとする。	○前時に見付けたつなぎ言葉を確認する。 ○「つなぎ言葉物語作りゲーム」をする。 ○「徒競走の時，必死で走った。（　　），二着だった。」の（　　）に，「だから」と「しかし」を入れた時の違いを考える。 ○つなぎ言葉を二つ以上使って文章を書く。

「つなぎ言葉インタビューゲーム」と「つなぎ言葉物語作りゲーム」

　「つなぎ言葉」を自由に使うことで，話の論理を表したり，自分の気持ちを表出したりすることができます。つなぎ言葉の役割を感覚的に分かるためには，「つなぎ言葉インタビューゲーム」が効果的です。

　まず，子どもに，「私は家族が大好きです。」などと適当な一文を発表させます。続いて，教師が次のつなぎ言葉だけ伝え，子どもがそのつなぎ言葉に合わせて続きの文章をつなげます。子ども：「私は家族が大好きです。」　教師：「例えば，」　子ども：「例えば，お母さんがいつも優しいです。」　教師：「また，」　子ども：「また，お父さんも困ったらいつも助けてくれます。」教師：「でも，」　子ども：「でも，妹はわがままな気がします。」……と続けていきます。

　さらに，つなぎ言葉で物語をみんなで作る「つなぎ言葉物語作りゲーム」に発展させることができます。子ども A「昔々あるところにおじいさんとおばあさんが2人で住んでいました。」子ども B「そのため，」子ども C「そのため，2人とも寂しい想いをしていました。」子ども B「しかし，」子ども D「しかし，2人のもとに1匹のかわいいうさぎがたずねてきました。」……と続けていきます。

　つなぎ言葉は，次の文章の方向性を定めます。子どもたちは，つなぎ言葉に合わせて自分の内面や話の続きを話します。子どもたちがつなぎ言葉を日常的に使えるようになることで，日頃から話を豊かに表現することができるようになります。遊びながらつなぎ言葉を使うことで，つなぎ言葉の役割を実感し，確かな習得ができます。

1/2時間 つなぎ言葉のはたらきを知ろう

準備物：なし

●つなぎ言葉を見付ける

本時では，教科書にある様々な文章から，つなぎ言葉を見付けて，それらを分類することでつなぎ言葉の意味について考える展開となります。

つなぎ言葉は，日頃から様々なところで目にしたり，自分でも無意識に使ったりしているものです。本時では，日頃無自覚に扱っているつなぎ言葉についてもう一度見直し，次からは意図的に使えることが目標になります。

そのために，つなぎ言葉を見付ける活動は，日頃無意識に見ている言葉に注目させることができ，とても重要です。つなぎ言葉を探す過程で，つなぎ言葉の使われ方に着目することができます。

◇つなぎ言葉

だから・それで・そのため…理由・予想
しかし・でも・けれども…反対・予想されない
しかも・また・そして…同じ事がら・付け加え
それとも・あるいは・または…ひかく・選たく
つまり・要するに・例えば…説明
では・ところで・さて…話題の転かん

❶「つなぎ言葉インタビューゲーム」をする

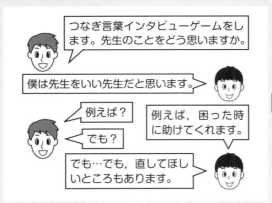

「つなぎ言葉インタビューゲーム」をする。教師が子どもに質問をし，子どもに一文で答えさせる。続いて，教師がつなぎ言葉（接続語）を一つ言い，そのつなぎ言葉に合わせて子どもに答えさせる。

ゲームの後，教師が言った言葉を確認し，それがつなぎ言葉であることを教える。合わせてつなぎ言葉の意味の確認をする。知っているつなぎ言葉を言わせてもよい。

❷教科書・本からつなぎ言葉を見付ける

教科書や本からつなぎ言葉を見付けさせる。見付けたつなぎ言葉は，この後に分類するので付箋に書かせる。見付ける過程で子どもたちは，見付け方のコツに気が付いていく。段落のはじめが多いこと，説明文にはたくさんの種類のつなぎ言葉があることなどに気付く。気付いたことがあった時は，その都度共有することでだんだんとつなぎ言葉のイメージが深まっていく。

| 本時の目標 | ・文と文の意味のつながりを考えながら,接続語を使うことができる。 | 本時の評価 | ・文と文の意味のつながりを考えながら,接続語を使っている。 |

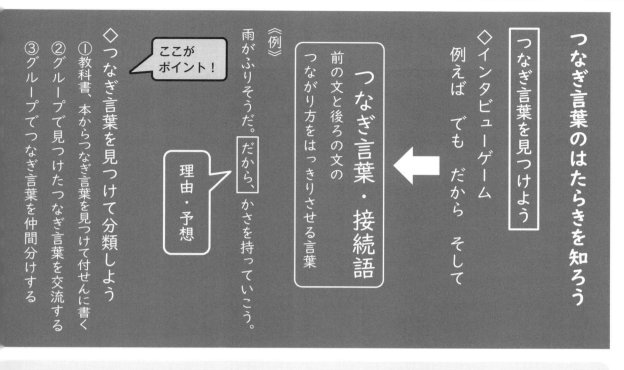

つなぎ言葉のはたらきを知ろう

つなぎ言葉を見つけよう

◇インタビューゲーム
例えば でも だから そして

← つなぎ言葉・接続語
前の文と後ろの文のつながり方をはっきりさせる言葉

《例》
雨がふりそうだ。だから、かさを持っていこう。

理由・予想

ここがポイント!

◇つなぎ言葉を見つけて分類しよう
① 教科書、本からつなぎ言葉を見つけて付せんに書く
② グループで見つけたつなぎ言葉を交流する
③ グループでつなぎ言葉を仲間分けする

---

❸ 見付けたつなぎ言葉を仲間分けする

それではみんなが見付けたつなぎ言葉を仲間分けしてみましょう。

言葉を置き換えても大体同じ意味になれば仲間ですね。

例文のつなぎ言葉を入れ替えてみたら考えやすいね。

見付けたつなぎ言葉を分類する。似ている言葉を仲間にしていくと分けやすい。分類した後,それぞれのつなぎ言葉の集まりの特徴をまとめる。グループで分類していくのが難しい場合は,一斉授業で教師がイニシアティブをとって分類する。そして,つなぎ言葉を分けた理由やそのグループの名前をみんなで考えてもよい。

❹ 教科書の問題を解く

p.83の①を見ましょう。グループで一つ問題を決めて,解きましょう。

私のグループは②にしよう。

グループみんなの続きの文が違って面白いね。

最後にまとめとして教科書p.83の①を解かせる。グループで一つの問題を選んで解くことで,選んだつなぎ言葉によって,みんなの答えが変わる。みんなが書いた答えを交流することで,つなぎ言葉によって意味合いが大きく変わることが実感できる。使う言葉によって話が変わることを遊びながら体験することで,つなぎ言葉に対する理解をさらに深めることができる。

2/2時間 つなぎ言葉のはたらきを知ろう

準備物：つなぎ言葉を書く短冊（画用紙）

●つなぎ言葉を使う

　本時では，つなぎ言葉を使う場面を設定しています。一つは「つなぎ言葉物語作りゲーム」で，もう一つは最後の文章作りです。

　「つなぎ言葉物語作りゲーム」では，友達と楽しんで遊びながらつなぎ言葉を使います。選ぶつなぎ言葉によって，お話があらぬ方へ向かうことを楽しんでもらいたいです。遊びの中で，つなぎ言葉の面白さに気が付きます。

　文章作りでは，自分が伝えたいことをつなぎ言葉を使って表します。つなぎ言葉一つで自分の感情を表現できることのよさを感じ取ることができます。これは，これから出会う物語においてもつなぎ言葉から心情を想像するうえで役立ちます。

　つなぎ言葉を使うために，黒板に多くのつなぎ言葉を掲示しましょう。その中から選んで使うことが子どもの語彙を増やしていきます。

| だから | ・二着がうれしい。 |
| しかし | ・二着がくやしい。 |

◆つなぎ言葉が変わるだけで、伝わることが大きく変わる
・つなぎ言葉を使って短文を書こう
・二つ以上つなぎ言葉を使う
・書けたらグループで書いた文章を交流する

❶つなぎ言葉を確認する

前回の授業で見付けたつなぎ言葉をできるだけたくさん発表してください。

確か，六つのグループがあったな。

　前時に見付けたつなぎ言葉を中心にたくさん発表させる。子どもからあまり出なかった場合は，教師から出してもよい。ここでたくさんのつなぎ言葉を発表させ，黒板に記載することで，この後の活動がより豊かになる。見付けたつなぎ言葉は短冊に一つずつ記載することで，今後，作文指導などの様々な場面で活用することができる。

❷「つなぎ言葉物語作りゲーム」をする

「つなぎ言葉物語作りゲーム」をします。「むかしむかしあるところに」からスタートします。1人一文を言います。2人目以降は，必ずつなぎ言葉から始めます。

むかしむかしあるところにお金持ちのおじいさんとおばあさんがいました。

しかし，2人には大きな悩みがありました。

それで，2人は占いをしてもらいに…

　「つなぎ言葉物語作りゲーム」をする。ルールは，①グループでする，②「むかしむかしあるところに」からスタートする，③1人一文ずつ言って1周か2周で物語を終える，④必ずつなぎ言葉をはじめに付けて続きを言う，の四つ。様々なつなぎ言葉を使うことが目標なので，子どもたちが楽しみながら物語作りができれば，どのような物語になってもよい。

150　つなぎ言葉のはたらきを知ろう

本時の目標	本時の評価
・接続語の違いを理解することができる。 ・接続語の違いを意識し，積極的に使い分けようとする。	・接続語の違いを理解している。 ・接続語の違いを意識し，積極的に使い分けようとしている。

つなぎ言葉のはたらきを知ろう

つなぎ言葉の違いを考えよう

つなぎ言葉

だから　それで　そのため　それでは　すると
しかし　それでも　でも　けれども　ところが
しかも　また　そして　それから　さらに　だが
それとも　あるいは　または　もしくは　例えば
では　ところで

◆つなぎ言葉物語作りゲーム
・4人グループでする
・「むかしむかしあるところに」からスタート
・一人一文。一周か二周で物語を終える
・必ずつなぎ言葉をはじめにつけて続きを言う

◆□に入るつなぎ言葉は？
徒競走の時、必死で走った。
□、二着だった。

❸接続詞の違いについて考える

「徒競走の時，必死で走った。□，2着だった。」□にはどんなつなぎ言葉が入りますか。

「だから」「しかし」が入ります。

「だから」と「しかし」ではどう違いますか。

「だから」はうれしい感じ，「しかし」は悔しい感じがします。

「徒競走の時，必死で走った。□，2着だった。」の□に入るつなぎ言葉を問う。子どもから様々な意見が出るが，順接と逆接の二つに絞り，その二つの違いについて考えさせる。「だから」と「しかし」が入ってもほとんど同じ文章で，たった3文字しか違わないが，話し手の感情が真逆になることを押さえる。つなぎ言葉によって表現されるものが大きく違うことに気付かせたい。

❹つなぎ言葉を使って文章を書く

つなぎ言葉だけで読む人に自分の気持ちを伝えることができるのですね。それでは，最後にそのことを意識して，文章を書きましょう。必ず，つなぎ言葉を二つは使いましょうね。

ぼくは1学期にがんばった運動会について書こうかな。リレーで転んじゃったから，「でも」とかが使えそうだな。

最後にまとめとしてつなぎ言葉を使った文章を書かせる。❸の学習で，つなぎ言葉だけで自分の気持ちを表すことができると学習したので，それを活用して文章を書かせる。「運動会」や「友達」「家族」などの子どもの感情が表れやすいテーマを例示することで，書きやすくなる。日頃はあまり使わないつなぎ言葉を使わせることが，子どもたちの語彙を増やすことにつながる。

第2時　151

短歌・俳句に親しもう（一）

1時間

１ 単元目標・評価

- やさしい文語調の短歌や俳句を音読したり暗唱したりするなどして，言葉の響きやリズムに親しむことができる。（知識及び技能(3)ア）
- 言葉がもつよさに気付くとともに，幅広く読書をし，国語を大切にして，思いや考えを伝え合おうとする。（学びに向かう力，人間性等）

知識・技能	やさしい文語調の短歌や俳句を音読したり暗唱したりするなどして，言葉の響きやリズムに親しんでいる。（(3)ア）
主体的に学習に取り組む態度	進んで言葉の響きやリズムに親しみ，これまでの学習を生かして，音読したり暗唱したりしようとしている。

２ 単元のポイント

この単元で知っておきたいこと

　ＳＮＳが発達している昨今，伝統的な日本文化に触れる機会が少なくなってきている。また，本単元が，子どもたちにとって俳句や短歌に触れるはじめての機会である場合が多い。また，「〜けるかも」「〜なりける」などの歴史的仮名遣いに触れるので，丁寧に解説をする必要がある。「言葉の意味がうまく読み取れない」というところが，伝統的言語文化における学習のハードルとなる。はじめての学習なので，教師が適宜言葉の解説をしたり，それぞれの歌の脇に掲載されている日本語訳を読ませたりして，情景が思い浮かぶように支援をしていく必要がある。

言語活動

　本単元では，音読や視写，交流などの様々な言語活動（読む，書く，話す・聞く）を設定しながら，繰り返し短歌や俳句にかかわっていけるようにする。まずは，音読を通して，短歌は五・七・五・七・七の三十一音であること，俳句は五・七・五の十七音のリズムが整っていることを押さえる。

　視写をしながら，その言葉の調子や響きに触れ，情景を想像する。また，交流を通してその情景を味わったり，当時の歌人の感動を味わったりすることで，伝統的な言語文化に親しむ姿に迫っていけるようにしたい。

152　短歌・俳句に親しもう（一）

3 学習指導計画（全 1 時間）

次	時	目標	学習活動
一	1	・教科書 pp.84-85の短歌・俳句を音読し，その響きやリズムに親しむことができる。	○短歌・俳句を何度も声に出して読み，言葉の調子や響きを楽しむ。 ・分からない言葉の意味を教師から聞いたり，日本語訳を読んだりして大意をつかむ。 ・気に入った短歌や俳句を視写し，情景を想像する。

単元について　153

1 / 1時間　短歌・俳句に親しもう（一）

準備物：なし

●音読で言葉の響きとリズムをつかむ

短歌は五・七・五・七・七の三十一音，俳句は五・七・五の十七音です。音読をすることによって，言葉の響きやリズムをとらえることができます。なお，「石走る〜」と「君がため〜」の二つの短歌は，字余りがありますが，リズムに多少ずれがあっても，短歌として成り立つということが分かればよいでしょう。

●情景をイメージさせて歌人の心を感じる

4年生段階の伝統的な言語文化の学習では，音読，視写をすれば十分だととらえられがちです。しかし，教師が「じゃあ音読させて，視写させてお終いにしよう」という，なおざりな構えで授業をしてしまうと，かえって逆効果です。歌の意味する情景をとらえられることで，「ああ，確かにいいね」という感覚を味わわせたいものです。

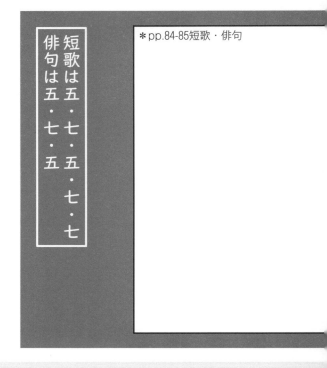

❶教科書 pp.84-85を音読する

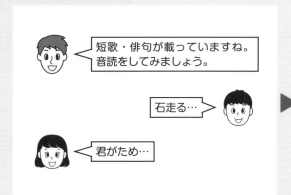

まずは，教科書を音読する。前半三つが短歌，後半三つが俳句であることを押さえる。

短歌は五・七・五・七・七の三十一音，俳句は五・七・五の十七音であることを押さえる。今回の短歌は，「字余り」のものも含まれている。

いずれも季節が分かりやすいものばかりであるが，短歌には必ずしも季語を入れる必要がないことを押さえてもよいだろう。

❷分からない言葉，歌の意味を確認する

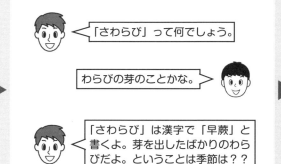

上記のように，「さわらび」という言葉一つで季節のとらえが微妙に変わってくる。芽を出したばかりのわらびなので，季節は春であるが，まだそれほど暖かくない初春であると言える。

岩の上をいきおいよく流れる滝という水の引き締まるような冷たさと，ほんのり春を感じる早蕨の対比構造が見えてくる。具体的な技法まで押さえる必要はないが，春が到来した喜びをわらびの芽で表現している情景をイメージさせたい。

本時の目標	・教科書pp.84-85の短歌・俳句を音読し、その響きやリズムに親しむことができる。	本時の評価	・教科書pp.84-85の短歌・俳句を音読し、その響きやリズムに親しんでいる。

短歌・俳句に親しもう（一）

短歌や俳句に親しもう

短歌　五・七・五・七・七

俳句　五・七・五　季語…季節を表す言葉

❸どんな情景が見えるかイメージする

それぞれ、どんなイメージが頭の中に思い浮かびますか。

「君がため…」は、手先が冷たくて寒い感じがします。

「名月や…」は、きっと雲一つない綺麗な夜空なんじゃないかな。空と池とに二つの月が見えるな。

　それぞれの詩を音読しながら、どんなイメージが頭の中に思い浮かぶかを言葉をもとに自由に交流する。

　はじめの1・2句を全体で交流したら、その後は、グループに分かれて交流してもよいだろう。

　イメージの場合は、視覚的なものから、触覚、聴覚なども含まれる。五感を働かせて、その場にいるように、豊かに想像させたい。

❹お気に入りの歌を視写し、絵を描く

気に入った短歌または俳句を一つ選び、詩画としてまとめましょう。後で掲示して、みんなの作品を見合いましょう。

後ろの掲示板に貼られるんだね。お母さんも見るかもしれないから丁寧に書こう。

　詩画（しいが）とは、歌（詩などの文）と絵を組み合わせた作品のことである。短歌・俳句からお気に入りの作品を一つ選び視写をする。その後、ネームペンでなぞり、自分が見えた情景を絵に描く。文字を書く場所は、真ん中でも端でもよい。絵は文字に重なってもよいし、重ならない場所に描いてもよいが、画用紙を大きく使うとよいだろう。学級の掲示としても活用でき、伝統的言語文化にも楽しく親しむことができる。

［じょうほう］要約するとき

2時間

1 単元目標・評価

- 考えとそれを支える理由や事例，全体と中心など，情報と情報との関係について理解することができる。（知識及び技能(2)ア）
- 目的を意識して，中心となる語や文を見付けて要約することができる。（思考力，判断力，表現力等 C(1)ウ）
- 言葉がもつよさに気付くとともに，幅広く読書をし，国語を大切にして，思いや考えを伝え合おうとする。（学びに向かう力，人間性等）

知識・技能	考えとそれを支える理由や事例，全体と中心など，情報と情報との関係について理解している。（(2)ア）
思考・判断・表現	「読むこと」において，目的を意識して，中心となる語や文を見付けて要約している。（C(1)ウ）
主体的に学習に取り組む態度	幅広く読書をし，思いや考えを伝え合おうとしている。

2 単元のポイント

要約を話す

　「要約文を書く」ことは子どもたちにとってはとても難しい。いきなり文章に書くのではなく「要約したことを話すこと」を何度も繰り返した後，要約文を書くとよい。話すことは，書くことに比べて簡単で，言い直しもできるし，短い時間ですることもできる。また，何度も要約を話すうちに，少しずつ要約の精度を上げることもできるので事前練習になる。

教材の特徴

　要約が子どもにとって難しい理由の一つに，「大切なことが分からない」ということがある。書かれている内容はもちろん，筆者が伝えたいことを正確に理解することが求められる。中学年の子どもにとって他人の大事にしていることを理解することは，大人が思う以上に難しい。しかし，何度も要約などの他者を理解する活動を通して，子どもたちは大人になっていく。

　本時では「思いやりのデザイン」を要約する例に挙げているが，子どもたちの様子に合わせて，できるだけ平易な既習の説明文（例えば，2年生「たんぽぽのちえ」など）を扱うとよい。

156　［じょうほう］要約するとき

3 学習指導計画（全2時間）

次	時	目標	学習活動
一	1	• 「要約」の意味を知り，その方法を理解することができる。	○「昨日の出来事」や「朝礼の校長先生のお話」「好きなアニメ」などをテーマに，30秒間ペアで話をする。 ○短い時間で長い文章や人の話などを誰かに伝えるような時を思い出す。 ○要約について知る。 ○「アップとルーズで伝える」の要約文を読み，要約の仕方について考える。
	2	• 目的を意識して，中心となる語や文を見付けて要約することができる。	○前時の要約の仕方について思い出す。 ○要約を伝える目的，相手を明確にし，「思いやりのデザイン」の大切な言葉に線を引く。 ○大切な言葉を手がかりに，要約したものは友達に話す。 ○「思いやりのデザイン」の要約を書く。

国語の学習と日常をつなげる

　私たちは，毎日，話をしたり，話を聞いたり，文章を書いたり，文章を読んだりしています。国語は，私たちの日常の中にあります。しかし，国語の授業の内容が，日々の生活の中で活用できると感じられない子どもも多くいます。例えば，説明文の文章構成の学習は，日常の中で相手に伝わりやすい話し方をすることにつながるものです。国語の授業をつくる時は，子どもたちの日常につながりやすいように構成することが求められます。

　4年生の説明文の学習は，要約する力を育成することが中心になります。「要約」の学習というと，大事な言葉に線を引いて，主語と述語を意識しながら文章を簡潔にまとめていく活動が中心になるので，子どもたちはとても嫌がります。しかし，日常を振り返ると，毎日の中で要約することは当たり前のようにしています。今日の出来事をお母さんに話す時，昨日見たテレビ番組が面白かったことを友達に話す時，先生に出来事を話す時……。子どもたちは「要約している」という意識は全くありませんが，活動としてはしているのです。そこで，本単元は，子どもの日常の要約する場面の想起からはじめます。これまでに，「話が長くてよく分からない」と言われた経験や，自分が伝えたいことが相手に伝わらなかった経験などを想起し，要約の学習の意欲付けにします。「今日の出来事を要約してお家の人などに伝える」などを宿題に出し，分かりやすさをお家の人に確認してもらうとよいかもしれません。

単元について　157

[じょうほう] 要約するとき

準備物：なし

● 導入で要約を体験する

　本時の導入では、「昨日の出来事」や「好きな本」などのテーマについて、30秒でまとめて話す活動を行います。まとめて話すことが要約です。実際に要約を体験することで、日常でよくしてきたこと、また、要約の難しさを感じさせます。

● 要約のコツを見付ける

　本時では、「アップとルーズで伝える」とその要約文を比べて、要約のコツを見付けます。

　要約をするうえで大切なことは「伝えたいこと」を明確にすることです。今回は、「お父さんに、写真の撮り方について説明する」ことが伝えたいことです。まずはそのことを明らかにしたうえで、要約文の作り方を探ります。「写真の撮り方」を伝えるうえで、本文の中の大事な言葉が使われていることに気が付かせます。

要約の仕方

- 伝えたいことに合わせてまとめる
  → 「アップ」「ルーズ」のできることできないこと
- 問いの答えや全体のまとめの文章を使って要約する
- 段落から大切な言葉をぬき出す
- 自分の意見と要約を分ける

相手　伝えたいこと

お父さんに　写真のとりかたを　伝える

《気付いたこと》

伝えたいことに合わせて　アップとルーズを使い分けて写真をとるとよい

❶ テーマを決めて30秒で話をする

「昨日の出来事」を、30秒間で分かりやすくまとめて隣の人に話しましょう。

昨日の休み時間に、ドッジボールをして…

では、ペアを替えて、もう一度同じ話をしましょう。

さっきは、あそこが伝わらなかったから少し話し方を変えよう。

　まず、要約を感覚的に体験するために、「昨日の出来事を伝える」などのテーマを決めて、まとめて話をさせる。あくまでも、まとめて話す経験なので、事前の準備なども必要はない。あまり話ができないようなら、メモを書かせるとよい。30秒間などと時間制限を設けると、要約の字数の制限につながる。何回か話をさせると、子どもたちはまとめ方を工夫しはじめる。

❷ 要約して人に伝えた経験を思い出す

まとめて話すことを体験してもらいました。これまでに、お話をまとめて人に伝えたことはありますか。

お母さんに学校であったことを伝える時もまとめているな。

お話をする時に、苦労したことはありますか。

お母さんに、自分の考えと出来事が一緒になっているとよく言われる。

　次に、要約した経験を想起させる。人の話や出来事、本など、日頃の生活の中の多くの場面で要約をしている。その時に苦労したことや伝わらなかったことなども合わせて発表させる。「話が長いと言われた」「意見と事実が分けられていないと言われた」「意味が分からないと言われた」などの伝わらなかった経験は、要約をする時に気を付けることにつながる。

本時の目標	・「要約」の意味を知り、その方法を理解することができる。	本時の評価	・「要約」の意味を知り、その方法を理解している。

［じょうほう］要約するとき

要約の仕方を考えよう

◇ お話をまとめて人に伝えた時
- お母さんに　学校のこと
- 先生に　　　困ったこと
- 友だちに　　昨日のテレビのこと

相手　伝えたいこと

→ **要約**

話や本、文章を短くまとめること

◇ 気を付けること
・要約する目的やまとめる分量
・元の文章のしゅるいに合わせてまとめる
・要約した部分と、自分の感想や意見を区別

◇「アップとルーズで伝える」の要約文から要約の仕方を考えよう

💬 ここがポイント！

❸ 要約について知る

話や本、文章の内容を短くまとめることを要約と言います。要約する時に、注意することはどんなことだと思いますか。

何を伝えたいかはっきりすること。

要約する時に、なぜこれらに注意しなければいけないと思いますか。

「話や本、文章の内容を短くまとめることを要約と言う」と、要約について説明する。続いて、要約する時に気を付けることを考えさせる。意見が出ない場合は、教科書を確認する。その後に、「要約する時に、なぜこれらに注意しなければいけないと思いますか」とその理由を考えさせる。

❹ 要約の仕方について考える

「アップとルーズで伝える」の要約文は誰に何を伝える文章ですか。

お父さんに写真を撮る時に、アップとルーズを使い分けることを伝える文章。

要約の仕方で気付いたことはありますか。

具体例は使わずに、問いの答えや、まとめの部分を使っているね。

最後に、「アップとルーズで伝える」の要約文を読み、要約の方法について考えさせる。まずは、何を伝えるための要約かを確認する。次に、「アップとルーズで伝える」の本文と、要約文を比べながら要約の仕方を考える。要約文に使われている言葉・文を本文から探すことで、要約の仕方に気付きやすくなる。

[じょうほう] 要約するとき

2/2時間
準備物：黒板掲示用資料

●要約を話す

　本時では，何度も要約したものを話してから，最後に要約文を書きます。はじめは，制限時間10秒の要約文です。すると，一番大切なこと，つまり筆者が伝えたいことしか言えません。その後，制限時間を30秒に増やすことで，筆者が伝えたいことに少しずつ言葉をたしていきます。言葉をけずるよりも，筆者が伝えたいことに言葉をたしていく方が考えやすいものです。

●メモを取る

　本時では，「思いやりのデザイン」の大切な言葉をつなぎ合わせながら要約をします。本文中の言葉をそのまま使うこともあれば，言葉を言い換えることもあります。何度も要約します。その時に，使った言葉や言い換えた言葉をノートにメモさせることでだんだんとよりよい要約になります。

◆要約しよう

⑤インフォグラフィックスを作るときは、相手の目的に合わせて、どう見えると分かりやすいかを考えることが大切
インフォグラフィックスは、見る人の立場に立って作る、思いやりのデザイン

伝えたいことを、絵や図、文字を組み合わせてデザインしたものをインフォグラフィックスという。インフォグラフィックスを作るときは、相手の目的や見え方を考えて作ることが大切である。だからインフォグラフィックスは思いやりのデザインだ。

伝えたいことを、絵や図、文字を組み合わせて見える形にしたものをインフォグラフィックスという。案内図は、見る人の目的によって分かりやすさが変わる。目的によってインフォグラフィックスを作るときは、相手の目的や見え方を考えて作ることが大切である。

❶要約の仕方について思い出す

前回の授業で見付けた要約の仕方を覚えていますか。

伝えたいことに合わせてまとめることです。

今日は，前に学習した「思いやりのデザイン」の要約をします。伝える相手は，「学校の掲示物を考えている校長先生」とします。

　前時の要約の仕方を思い出させる。特に，伝える相手を明確にすることと，その人に伝えたいことに合わせてまとめることを押さえる。本時では伝える相手を校長先生としたが，学級の実情に合わせて。子どもたちがやりたくなるような場の設定が望ましい。

❷「思いやりのデザイン」の大切な言葉に線を引く

「思いやりのデザイン」で筆者の木村さんが伝えたいことは何ですか？

「相手の目的に合わせて，見え方を考えてデザインすることが大切」です。

では，そのことを伝えるための大切な言葉に線を引きましょう。いくつでもいいですよ。

インフォグラフィックスの説明は大切。

　まずは，「思いやりのデザイン」で筆者が伝えたいことを確認する。「思いやりのデザイン」は双括型の文章なので，はじめと終わりの段落に書かれていることも確認する。

　そして，そのことを伝えるために大切な言葉に線を引かせ，学級で交流する。大切な言葉を黒板に書くことで，後の要約の活動の参考になる。

本時の目標	・目的を意識して、中心となる語や文を見付けて要約することができる。	本時の評価	・目的を意識して、中心となる語や文を見付けて要約している。

[じょうほう] 要約するとき「思いやりのデザイン」を要約しよう

要約の仕方
- 伝えたいことに合わせてまとめる
- 問いの答えや全体のまとめの文章を使って要約する
- 段落から大切な言葉をぬき出す
- 自分の意見と要約を分ける

◆大切な言葉を見つけよう
○学校のけいじ物を考えている校長先生に伝える《大切な言葉》
① インフォグラフィックス
伝えたいことを、絵や図、文字を組み合わせて見える形にしたもの
② 相手の立場から考える
③ 多くの人の役に立つ
しかし、目的地が決まっている人にとってはどうか
④ 見る人にとって一番分かりやすい
街全体の様子を知りたい人には不十分

（ここがポイント！）

---

❸要約したものを友達に話す

線を引いた大切な言葉を使いながら、要約した文章を、10秒以内で話してみましょう。

筆者が伝えたいことしか言えませんでした。

では、時間を30秒にします。さっきよりも少し話す内容が増えますね。

本時では、黒板に書かれた大切な言葉を手がかりに、要約した文を話す活動からはじめる。最初は、制限時間を10秒とする。10秒では、筆者が伝えたいことしか言えない。10秒の要約を何度かした後、制限時間を30秒にする。そうすることで、内容を付けたしていく。ペアを替えて何度も話させることで、子どもたちは要約のコツをつかんでいく。

❹「思いやりのデザイン」の要約を書く

30秒の要約を何回かやりました。やりながら、少しずつ上手になっていきましたね。それでは、最後に、150字以内で要約文を書いてみましょう。

何回か要約文を話してみたから、使いたい大事な言葉がはっきりしてきたな。

要約は何度もすることでうまくなります。

最後に要約の清書をする。何度も要約を口にしているので、書きやすい。30秒で、150字程度になる。話し言葉と書き言葉は違うので、書いた後に友達と交流しながら推敲をするとよりよい文章になる。一度の要約の練習では要約の力は定着しない。このような短い文章を何度も要約する機会が必要である。100字要約などを宿題で出すと子どもたちの力になる。

新聞を作ろう／[コラム]アンケート調査のしかた

12時間

❶ 単元目標・評価

- 比較や分類の仕方，必要な語句などの書き留め方，引用の仕方や出典の示し方を理解して使うことができる。（知識及び技能(2)イ）
- 相手や目的を意識して，経験したことや想像したことなどから書くことを選び，集めた材料を比較したり分類したりして，伝えたいことを明確にすることができる。また，書く内容の中心を明確にし，内容のまとまりで段落を作ったり，段落相互の関係に注意したりして，文章の構成を考えることができる。（思考力，判断力，表現力等 B(1)ア・イ）
- 言葉がもつよさに気付くとともに，幅広く読書をし，国語を大切にして，思いや考えを伝え合おうとする。（学びに向かう力，人間性等）

知識・技能	比較や分類の仕方，必要な語句などの書き留め方，引用の仕方や出典の示し方を理解して使っている。（(2)イ）
思考・判断・表現	「書くこと」において，相手や目的を意識して，経験したことや想像したことなどから書くことを選び，集めた材料を比較したり分類したりして，伝えたいことを明確にすることができる。また，書く内容の中心を明確にし，内容のまとまりで段落を作ったり，段落相互の関係に注意したりして，文章の構成を考えている。（B(1)ア・イ）
主体的に学習に取り組む態度	積極的に友達と協力したり，思いや考えをまとめたりしながら，言葉をよりよく使おうとしている。

❷ 単元のポイント

付けたい力をはっきりと

　調べたことを新聞にまとめるという活動では，本に書いてあることをそのまま写したり，文章ではなく箇条書きで空白を埋めたりしてしまうということが起こりがちである。文章に書くということは，大人でもなかなか手間のかかる大変な作業であるので，子どもが「書きたい」と思える気持ちを大切にしながら丁寧に進めたい。そのうえで，どんな新聞を書けるようになるとよいのかといった理想形をしっかりと描いておくことが大切である。

　指導する前に教師自身で一度書いてみるようにすると，単元のゴールがはっきりするとともに，子どもがつまずきそうなところも見えてくるだろう。

3 学習指導計画（全12時間）

次	時	目標	学習活動
一	1	• 学習目標を確認し，単元の見通しをもつことができる。 • 仲間と協力してよりよい新聞を作ろうとする。	○単元の見通しをもつ。
二	2	• 新聞の特徴や書き方の工夫を見付けることができる。	○新聞の特徴や書き方の工夫を見付ける。
	3	• どんな新聞を作るのか話し合い，役割分担することができる。	○何についての新聞を作るのかを決めて，役割分担する。
	4・5・6	• 調べる方法を確かめて，取材をすることができる。	○取材をする。 ○ pp.96-97「アンケート調査のしかた」を読み，取材に生かす。
	7	• 班の仲間で話し合い，割付を考えることができる。	○わりつけについて話し合う。
	8・9	• 相手意識，目的意識をもって記事を書くことができる。	○記事の下書きをする。 ○読み手を惹きつける見出しを工夫する。
	10・11	• 読む人を意識して丁寧に記事を清書し，記事を貼り合わせて新聞に仕上げることができる。	○新聞を仕上げる。
三	12	• 完成した新聞を読み合うことで，本単元の学びを振り返ることができる。	○互いの新聞を読み合い，感想を伝え合い，学びを振り返る。

単元について　163

新聞を作ろう／[コラム] アンケート調査のしかた

1／12時間

準備物：新聞

●見通しをもたせる

本時は単元の見通しをもたせる授業です。「そんな時間を設けなくても早く書きはじめた方がいいのではないか」と思えるかもしれませんが、単元の見通しをもてるという利点があります。

一つ目は、活動の位置付けが分かるということです。先生に言われた作業をこなすのではなく、最終的に仕上げるために今はこの活動が必要だという意味が分かるということです。ゴールまでの道のりが分かっていると子どもは安心して学ぶことができるでしょう。二つ目は、計画を立てる力につながるということです。後に自分の力で書く時には自分で計画を立てることが必要になります。三つ目には、次の活動までに考えておけるよさがあります。例えば、どんな題材にしようか急に言われても思いつかないものです。事前に分かっていればふとした時に思い付くこともあります。

❶新聞作りという単元のゴールを知る

何のために新聞を作るのか、子どもにとって少しでも必然性や期待をもたせたい。次のような期待をもたせるように語りたい。
- 他の人（地域の人，他の学年の子，学級の仲間）に学びを知らせることができる。
- 学んだことを確かなものにすることができる。
- もっとよく知ることができる。

❷グループを確かめる

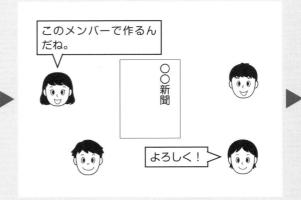

本単元は、グループでの活動が中心となる。
協力して進めることを考えると、3〜5人ぐらいが適切であるだろう。
- 生活班を使ってグループをつくる。
- 希望のテーマを募ったうえで、グループ分けをする。
- 個人で1枚の新聞を作る。

グループはクラスの実態に合わせて決めていきたい。

| 本時の目標 | ・学習目標を確認し，単元の見通しをもつことができる。
・仲間と協力してよりよい新聞を作ろうとする。 | 本時の評価 | ・学習目標を確認し，単元の見通しをもっている。
・仲間と協力してよりよい新聞を作ろうとしている。 |

新聞を作ろう
学習計画を立てよう

学習の流れ

*p.88学習の進め方 1 ～ 7

❸ グループで学習の進め方を確認する

どんな手順で進めていくとよいですか？

教科書で確かめてみよう。

　せっかくのグループ活動なので，学習の進め方も自分たちで確認させたい。最初は，教科書を使わないで自分たちで計画を立てさせる手もあるが，教科書を見ると迷いは少ない。
　完成形のイメージをもたせるために，教科書の新聞の例を見るようにさせると，分かりやすい。

❹ 全体で学習計画を確かめる

まず，次の2回の授業で，どんな新聞にするのか。どんな記事にするのかを決めましょう。

3週間後に完成です。

　子どもたちの見通しと教師側の計画とをすり合わせておく必要もあるので，全体で確認する。
　「3週間後の〇月〇日頃には，完成させて，3年生の廊下前に掲示しますね」と完成までの日数も早めに伝えておくと見通しがもてる。
　時数は後から増やすことはできるので，余裕をもって少なめに伝えておくのもポイント。

第1時　165

2 / 12時間　新聞を作ろう／[コラム] アンケート調査のしかた

準備物：新聞（参考のため子どもたちに持参させる）

●完成形を見せてイメージをもたせる

　書くことの学習に，抵抗感をもっている子が少なからずいます。その理由として，「どのように書くとよいのか分からない」ということが挙げられます。そこで，完成形を見せることがとても効果的です。もちろん，教科書の例も分かりやすいのですが，世の中で発行されている実際の新聞には，実に様々な工夫がなされているものがあります。実際に学校図書館などにある子ども用の新聞を何部か見てみるとよいでしょう。子どもに見せたいなと思える新聞や記事がいろいろと見付かると思います。

　また，過去に子どもが書いた新聞も，よいモデルとなります。新聞に限らず，よい作品やノートは，コピーをして保管しておくということも次年度以降の指導のためにも大切ですね。

- いろんな色
- 記事のかこみ方に工夫がある
- 図や写真が使われている

❶実際の新聞を見て，イメージをもつ

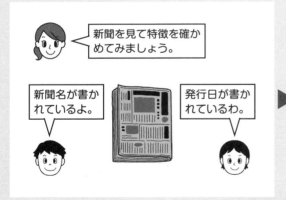

　モデルとなる完成形を見せることで，子どもは，活動の見通しをもつことができる。
　「新聞と普通の作文との違いは何かな？」と伝えておくと，着目する時の視点となります。

❷新聞の特徴や書き方の工夫を見付ける

　普通の作文と比べることで，新聞ならではの特徴にも気付かせたい。

| 本時の目標 | ・新聞の特徴や書き方の工夫を見付けることができる。 | 本時の評価 | ・新聞の特徴や書き方の工夫を見付けている。 |

新聞を作ろう

新聞の特ちょうや書き方の工夫を見つけよう

- 読みたくなる見出しがある
- いろんな記事でできている
- 記事の並べ方を工夫している
- 文字の大きさやデザインにもいろいろな工夫がある

❸新聞の特徴や書き方の工夫を見付ける

普通の作文と違うと言えば、違うね。どう違うのかな…

見出しが大きく書いてあるから、どんな記事があるかすぐに分かるね。

新聞の特徴を挙げさせる際に、本単元でねらう書き方の工夫とつながるものを強調したい。
ここでは、次のことを押さえておくことで、この後の工夫につなげていきたい。
①複数の記事が集まっていること（わりつけ）。
②見出しで、記事の内容が一目で分かること。
③図や写真が効果的に使われていること。

❹全体で学習計画を確かめる

見付けたことを教えてください。

「巨大イカを追え！」などと、読みたくなるような見出しになっています。

新聞の特徴と書き方の工夫を全体で共有します。意見については、具体的にどこのことを指しているのかを見せ合うようにすると分かりやすいです。

第2時 167

新聞を作ろう／[コラム]アンケート調査のしかた

3 / 12時間
準備物：なし

●何を新聞の題材とするのか

何について新聞に書くのか，子どもや学校の実態に合わせて決めておきたいところです。

例えば，次のような題材が考えられそうです。

- 総合的な学習の時間や社会の学習について。
- 運動会や遠足などの学校行事について。
- 係活動などの特別活動について。
- その他，メンバーの関心がある事柄について。

題材に合わせて，単元の実施時期を調整することが必要な場合もあるかもしれません。また，誰に知らせるのかという相手意識も大切です。学級内だけでなく，保護者や地域の方，他学年の子どもたちといった読み手を想定すれば，子どもたちの意欲も一層高まることになりますね。

❶新聞のアイデアを出し合う

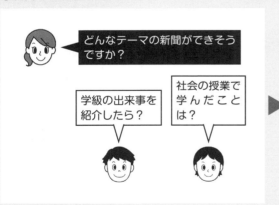

どんなテーマの新聞にするのか，グループで話し合う前に，全体で例となるアイデアを出し合っておくと考えるヒントになる。

❷どんな新聞にするのか話し合う

グループごとに新聞の大きなテーマを決めていく。先に出し合ったテーマごとにグループを作っていくという方法もある。

| 本時の目標 | ・どんな新聞を作るのか話し合い，役割分担することができる。 | 本時の評価 | ・どんな新聞を作るのか話し合い，役割分担をしている。 |

新聞を作ろう

どんな新聞を作るのか話し合い、役わりを分たんする

〈記事にして知らせたいこと〉

○クラスのしょうかい
・クラスの出来事
・メンバーの家での過ごし方
・総合で学んでいること
・係活動について

❸テーマ・記事について話し合う

学級で飼っているカメの記事が書けそうじゃない？

みんなでがんばっている係活動の記事も書いたらいいと思うな。

大きなテーマに基づいて，どんな記事が書けそうか考えていく。グループの人数分の記事数にすれば，分担しやすくなる。

❹誰がどの記事を書くか役割を決める

私は，お楽しみ会の記事を書くね。

ぼくは，ドッジボール大会のことを書くよ。

誰がどの記事を担当して書くのかを決めていく。担当を決めたとしてもグループの仲間で助け合いながら進めていくことを押さえたい。

新聞を作ろう／［コラム］アンケート調査のしかた

4・5・6　12時間
準備物：なし

●教科書を使わない学習

　取材の計画を立てたうえで，実際に取材する時間です。みんなで校外学習に行くのか，学校の中で完結させるのか，図書室で調べる時間を取るのか，テーマに挙げる内容によって，取り組み方が大きく変わります。教科書に頼るわけにはいかないので，子どもが何について，どう調べて，どんなことを記事にするのか，を具体的に想定しておくことが大切です。

★課題に向き合うことが難しい子には……

　学級には，課題に向き合おうとしていない子もいます。否定的に見える態度も，何をしたらよいのか分からないという気持ちの表れかもしれません。全体の場で調べたいことを交流してヒントとしたり，個別に相談にのったりするなどして課題への関心をもたせたいところです。

❶「アンケート調査のしかた」を読む

教科書 p.96の「アンケート調査のしかた」を読んで説明し合ってみましょう。

用意された答えから選ぶ方法もあるのですね。

　教科書 p.96「アンケート調査のしかた」を読んで理解します。
　どのグループでもアンケート調査を取り入れることに決めれば，全員が体験でき，次に新聞作りを行う時にもアンケート調査の技能が生かされるかもしれません。

❷調べる方法を確かめる

取材をするには，どんな方法がありますか？

例えば，人にインタビューするという方法があります。

　取材するには，どんな方法があるのかを全体で確かめておく。

本時の目標	本時の評価
・調べる方法を確かめて,取材をすることができる。	・調べる方法を確かめて,取材している。

新聞を作ろう

調べる方法をたしかめて取材をしよう

〈調べる方法〉
- 思い出してメモする
- インタビューをする
- 本やインターネットで調べる
- アンケート調査をする
- 実際に見て調べる

❸ 取材をする

私は思い出したことをメモしていくよ。

ぼくは,図書室で調べてみるね。

　各々が自分の記事を書くために取材をする。
　1人だけ校外に出るなどは難しいため,どんな方法で取材をするのかを想定し,段取りを決めておきたい。

❹ 取材内容をグループで確かめる

こんなメモができたよ。

お楽しみ会では,ほかにもこんな出し物もあったから入れたらいいかもしれないよ。

　取材した内容はグループで確かめるようにしたい。メンバーの間で質問し合ったり,教え合ったりすることでよりよい内容になることが期待できる。

第4・5・6時 171

新聞を作ろう／[コラム]アンケート調査のしかた

7/12時間
準備物：黒板掲示用資料

●「わりつけ」への意識を

　私たちも子どもも新聞を読む時、「わりつけ」については意識していないかもしれません。でも、考えてみると、どの記事がメインであり、どの記事の分量がどれぐらいかということは、大きな紙に様々な情報が載っている新聞にとって、重要な要素であることが分かります。

　この新聞作りで「わりつけ」への意識をもたせることにより、今後、自分が新聞を読む時にもどのように新聞が構成されているかに着目する目を育てることにもなります。

　書くことの指導と言えば、文章を綴ることに目がいきがちですが、「わりつけ」のような要素も子どもたちの言語生活を豊かにしていくうえで大切なことですね。

- どの記事をどの大きさで、どこに入れるのかを決める
- 「見出し」の入れ方を決める
- 写真や図の位置を決める
- 新聞名を決める

❶「わりつけ」について知る

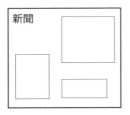

記事の大きさと入れる場所を決めることを「わりつけ」と言います。

　「わりつけ」という言葉については、これまでになじみのないことが考えられる。そこで、「わりつけ」とは何か、どんな工夫があるのかを教えていく必要があるだろう。
「この記事が、一番目立つところにあるね」
「この大きな写真で何の記事かが分かるようになっているんだね」
などと、最初は教師の方で価値付けを行っていくとスムーズである。

❷「わりつけ」の工夫を見付ける

みなさんの新聞の「わりつけ」には、どんな工夫がありますか？
大きな記事が上の方にあるね。
写真も大きく載っているよ。

　実際の新聞で特集の記事などを見ると、実に多様な「わりつけ」の仕方があることが分かる。
　ここは、理屈ではなく、多様な「わりつけ」の在り方を実際の新聞で見ていくことが、子どもたちの工夫につながっていく。
　事前に教師の側で、見せたい新聞の一面を確かめておいて、子どもたちに見せるようにしたい。

| 本時の目標 | ・班の仲間で話し合い，割付を考えることができる。 | 本時の評価 | ・班の仲間で話し合い，割付を考えている。 |

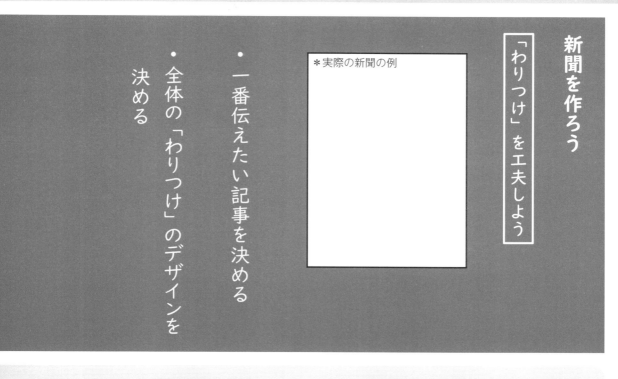

❸ グループで話し合う項目を確かめる

　まず，1番大きく取り上げたい記事を決めましょう。

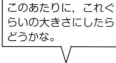　このあたりに，これぐらいの大きさにしたらどうかな。

　「見出し」の入れ方も工夫しよう。

この後のグループ活動で，何を決めていくのかを確かめておく。
- 一番伝えたい記事を決める。
- 全体の「わりつけ」のデザインを決める。
- どの記事をどの大きさで，どこに入れるのかを決める。
- 「見出し」の入れ方を決める。
- 写真や図の位置を決める。
- 新聞名を決める。

❹ 「わりつけ」について話し合う

　この記事がやっぱりメインだね。

　この記事の「見出し」は，ここに大きく書こう。

本時の活動の中心となるので，しっかりと時間を確保しておきたい。
「わりつけ」用の下書きの無地の紙を渡してメモさせたり，本番の新聞の台紙を渡して，鉛筆で薄くメモさせたりして，考えたことが残るようにする。

新聞を作ろう／[コラム]アンケート調査のしかた

8・9　12時間

準備物：新聞の台紙（模造紙や四ツ切画用紙），記事を書く用紙（無地か罫線の入った紙）

● 「自分の言葉」で伝えよう

　下書きの最初に指導する事柄をはっきりさせておくのがポイントです。ありがちなのが，取材で得た情報を箇条書きで書こうとすることや，本やパンフレットなどの資料で得た難しい言葉を，理解しないまま写そうとすることです。誰に，何を伝えたいのかを意識して，少なくとも書き手自身がよく理解していることを自分の言葉で説明しようとすることが大切です。本時の指導2コマ目では，教師が敢えて分かりにくい文章（本やパンフレットの言葉）を読み上げることで，「内容を知らない人が読んでもよく分かる言葉にする」というポイントに気付かせようとしています。

　また，せっかく実際に取材をしたのですから，本やインターネットを調べて分かる情報ではなく，その本人だけが書ける体験談的な内容を記事にすることもオススメです。

- 調べたことをそのまま写さない
- 文末を「です・ます」にするか，「だ・である」にするかを決める

❶本時のめあてを確かめる

今日は，記事を書いていきます。その前に書く時のポイントを確かめますよ。

　下書きをしてから，グループで記事の内容などについて読み合ったうえで清書をしていくという手順を伝える。
　その時，完成形のイメージを改めて示したい。全体の用紙の大きさと，各記事の用紙の大きさを確認するとよい。記事を書く用紙は，無地の紙と罫線の入った紙を両方用意して選択させるようにするのがオススメ。

❷記事を書く時のポイントを確かめる

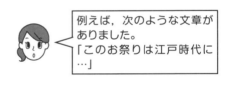

例えば，次のような文章がありました。「このお祭りは江戸時代に…」

なんか言葉が難しくて分かりにくいなあ。

　書く前に次のような事項を確かめるとよい。
①内容を知らない人が読んでも分かる言葉にする。
②自分だけが書ける体験的な内容にする。
③伝えたいことは何かをはっきりさせる。
　教師が敢えて分かりにくい記事を読み上げることで，どんな書き方がよいのか具体的にイメージできるようにするのもよい。

本時の目標	・相手意識，目的意識をもって記事を書くことができる。	本時の評価	・相手意識，目的意識をもって記事を書いている。

新聞を作ろう

記事を書くときに、気をつけることについてたしかめよう

- 内容を知らない人が読んでも分かる言葉にする
- 自分だけが書ける体験的な内容にする
- 伝えたいことは何かをはっきりさせる
- だれに伝えるのかをはっきりさせる

❸どんな記事内容にするのか確かめ合う

私は，クラスのお楽しみ会の記事の担当だったよ。

どんな内容の記事にするか，一度しゃべってみてくれる？

書き始める前に、グループのメンバーで、記事の内容について確かめ合う機会を設けると、仲間同士でアドバイスし合える。
「どんなことを書くの？」と具体的な中身を聞く質問の仕方について教えて、交流させる。グループで知恵を出し合い、どんなことを書くのかを考えていけるとよい。

❹一人一人が記事を書く

グループの一人一人がどんなことを書いていくのかを確かめられたら、一人一人で書き出していく。もちろん、困った時は、仲間に相談できるようにするのがよい。
下書きを書き上げる見通しについては伝えておきたい。なお、本計画では、2時間使って書き上げるようにしている。

第8・9時　175

新聞を作ろう／[コラム] アンケート調査のしかた

10・11／12時間

準備物：新聞の台紙（模造紙や四ツ切画用紙），記事を書いた用紙

●やっぱり仕上げは丁寧に

新聞として掲示したものを人に読んでもらうとなると，見栄えがそのまま新聞の評価につながります。以下に読みやすくきれいに文字を書くためのポイントを示します。

- 鉛筆で書かせる場合は，濃い鉛筆で濃い筆圧を意識させます（書写のように）。
- ペン入れをするのも手です。書き方ペンでは文字が太くなるので，ボールペンを教室に用意しておくと便利です。（100円均一で10本セットで売っています。）
- 線は必ず定規で引かせます。
- 薄くマス目を印刷した紙を用意すると，マスに合わせて文字を書くことができます。

ICTを活用してプリントするのもよいでしょう。

③ 清書する
- 丁ねいな字でゆっくり
- 濃いえんぴつで濃く書く
- 大事な言葉は色でかこむ

④ 清書した紙を台紙にはって完成

❶ 本時のめあてを確かめる

今日は，新聞を仕上げます。仕上げる時のポイントを確かめましょう。

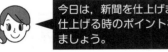

次のような仕上げる時のポイントを事前に示しておくとよいだろう。
- 伝えたいことが伝わる記事になっているか。
- 言葉は分かりやすいものになっているか。
- 間違った言葉の使い方になっていないか。

文章の分かりにくさは，書いた本人では分からないものである。互いに読み合うことで，よりよいものを目指す気持ちが大切である。

❷ 下書きを読み合い，アドバイスをし合う

ここの漢字の使い方が間違っているよ。

この言葉が難しいな。やさしい言葉に変えてみたら？

新聞を仕上げていくうえで，まず，互いの下書きを読み合い，アドバイスし合うようにする。

全部を教師が目を通して一つ一つ修正させるのは，お互いにとって苦しくなりがちなので，グループ内で行うとよい。

| 本時の目標 | ・読む人を意識して丁寧に記事を清書し，記事を貼り合わせて新聞に仕上げることができる。 | 本時の評価 | ・読む人を意識して丁寧に記事を清書し，記事を貼り合わせて新聞に仕上げている。 |

新聞を作ろう

新聞を仕上げよう

〈仕上げの手順〉

① 下書きを読み合う
・伝えたいことが伝わる記事になっているか
・言葉は分かりやすいものになっているか
・間違った言葉の使い方になっていないか

② 台紙に合うように、清書用の紙や写真や図を準備する

❸ 一人一人が記事を清書する

読んでもらえるように丁寧に書こう。

　清書用の紙に一人一人が丁寧に記事を清書する。ここまでみんなで作ってきた新聞の記事なので，人に読んでもらえるようなものになるように書写のつもりで清書させる。
　見出しや強調したい言葉は，色鉛筆で囲むなどの工夫をさせたい。
　静かで落ち着いた雰囲気で取り組むようにさせるとよい。

❹ 記事を貼り合わせて仕上げる

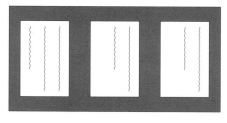

 いよいよ完成！丁寧に貼っていこう。

　清書した紙を台紙に貼れば，新聞の完成。
　早く完成したものは，黒板に貼って読み合えるようにしておくとよい。

12 新聞を作ろう／[コラム] アンケート調査のしかた

12時間

準備物：完成した子どもたちの新聞

●これまでと今後を意識して

完成させた新聞を読み合う単元最後の学習です。ここまでの努力の成果を互いに認め合えるような時間にしたいものです。よいところを見付けようと指示した時に予想されるのは，「色がきれいでよかった」「字がきれいで読みやすい」といった表面的な感想が出てくることです。

もちろん悪いことではないのですが，できればこれまでの学習が反映された感想を交流したいところです。「読む人に伝えたいことが伝わる記事」「写真や図の使い方」「見出しの工夫」「わりつけの工夫」などの観点について気付いた子の感想を強調して価値付けることで，本単元で学んできたことの意義を実感できるようにしていくことが大切です。完成した新聞を見て指導したいこともあるでしょうが，教師も子どもたちの努力へのねぎらいの言葉を忘れずにしましょう。

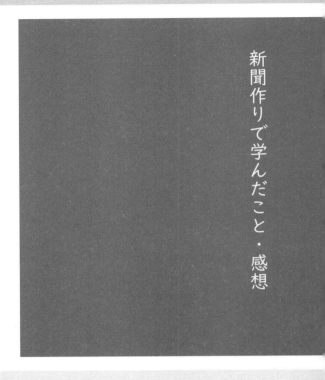

新聞作りで学んだこと・感想

❶読み合い，学び合うことを知る

お互いの新聞を読み合います。「内容について」と「書き方について」よいところをメモしましょう。

完成させた新聞を互いに読み合う時間。
　内容面と書き方の面で，よいと思ったところを伝え合うことを告げておく。
　これまでに「取材」「下書き」「写真や図」「見出し」「わりつけ」「仕上げ」などのこれまでに学習してきたことを想起させておくと，読む際の観点にもなるだろう。

❷互いの新聞を読み合う

「内容について」です。私たちの新聞にはないこの記事が面白いな。

写真があって分かりやすいな。「書き方について」です。

工夫したところを見付けてもらえてうれしいわ！

読み合う方法には下記のようなものがある。
①グループで，新聞を順にまわしていく方法。
②黒板に掲示して，立って読み合う方法。
③机に置いておき，立ち歩いて読み合う方法。
　今回は，グループで活動してきたので，①の方法で仲間同士で他グループの新聞のよさについて感想を交流しながら読んでいくのがオススメである。

| 本時の目標 | ・完成した新聞を読み合うことで，本単元の学びを振り返ることができる。 | 本時の評価 | ・完成した新聞を読み合うことで，本単元の学びを振り返っている。 |

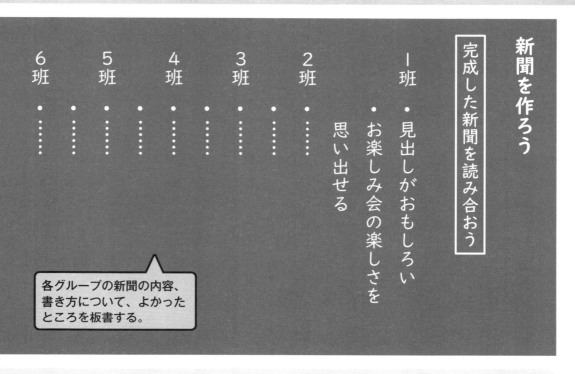

❸他グループの新聞の感想を交流する

1班の新聞のよいところを教えてください。

この記事の見出しが読みたくなるように工夫してあります。

互いの感想を交流する場面。
「記事の書き方」「写真や図の使い方」「見出しの付け方」「わりつけの工夫」などの本単元の指導で重視してきたものについては，強調して価値付けることで，本時の学びの成果を実感させたい。
教師が気付いた点を話すことは，学習内容を確かめるとともに，子どもたちの努力へのねぎらいとなる。

❹記事を貼り合わせて仕上げる

では，この新聞作りの学習を通して学んだことを書きましょう。

やっぱり読み手のことを考えて記事を書くのが…

最後に，本単元で学んだことや感想を書かせることで，学びを自覚させたい。
板書されたみんなの感想を参考にさせることで，書きやすくなるだろう。
書くことは，苦手意識をもっている子も多く，大変な作業でもあっただろう。「読む人のことを考えてくれたから，読んでいて楽しい新聞になりました」などと子どもたちの努力の成果を認める言葉をかけるようにしたい。

カンジーはかせの都道府県の旅2

2時間

1 単元目標・評価

- 4年生までに配当されている漢字やローマ字を読んだり書いたりすることができる。（知識及び技能(1)エ）
- 言葉がもつよさに気付くとともに，幅広く読書をし，国語を大切にして，思いや考えを伝え合おうとする。（学びに向かう力，人間性等）

知識・技能	4年生までに配当されている漢字やローマ字を読んだり書いたりしている。（(1)エ）
主体的に学習に取り組む態度	作品の中から，紀行文クイズを出し合い，都道府県の特色を伝え合おうとしている。

2 単元のポイント

この単元で知っておきたいこと

　「カンジーはかせの都道府県の旅1」に続く4年生に配当された都道府県名の漢字を活用する学習である。2回目の今回は西日本編で，前回よりも既習学習の位置付けが強く，この頃には，社会科での学習の発展から，前回よりもそれぞれの都道府県の特色について子どもたちの理解は深まっていると考えられる。しかし，国語科の学習として，知っている子とそうでない子の知識量に差があることを配慮しながら学習させる必要がある。そこで，文章を作成させる際の配慮とともに，交流させることで子どもたちの都道府県の特色への理解を深めることを図りながら学習させていきたい。

教材の特徴

　教科書には，都道府県の漢字が使われている言葉を探す学習活動も触れられている。国語辞典や漢字辞典を使って，同じ漢字が使われている言葉を見付けるといった語彙を広げさせる活動も有効であるが，ただ語彙を広げさせるだけではなく，それぞれの都道府県の特色と関連させながら学習させる必要がある。また，本教材は，「カンジーはかせの都道府県1」とほとんど同じ形式で教科書に載せられているので，前回の発展学習として活動することができる教材である。

3 学習指導計画（全2時間）

次	時	目標	学習活動
一	1	・都道府県すごろくをする中で，4年生に配当されている漢字を，都道府県の特色とともに五七五の文体で書くことができる。 ・気に入った作品の理由を伝え合おうとする。	○サイコロで交代しながら教科書にある文章を読み，特色を考えながら都道府県五七五を作り，2人組で交流しながら，自分のお気に入りの五七五を選ぶ。 ・今回の活動の見通しをもつ。 ・2人組交代でサイコロをふり，特色を考えながら都道府県五七五を作る。 ・漢字の正確さと都道府県の特色を確認しながら活動を振り返り，自分が気に入った五七五を理由とともに選ぶ。
二	2	・都道府県五七五とその都道府県の漢字を使った簡単な紀行文を作ることができる。 ・紀行文クイズを出し合いながら都道府県らしさを伝え合おうとする。	○前時で作った都道府県五七五の中から，作品を選び，その都道府県の漢字を使いながら，紀行文を書き，紀行文クイズを出し合う中で，都道府県の特色を知ることができる。 ・今回の活動の見通しをもつ。 ・前時で作った都道府県五七五から作品を選ぶ。 ・国語辞典や漢字辞典を使って，都道府県の漢字の違う使い方を広げる。 ・広げた言葉の中から二つ選び，都道府県五七五に合う簡単な紀行文を書く。 ・漢字の正確さと使い方を確認しながら活動を振り返り，よさを見付けていく。

同じ学習活動から活動をどう展開させていくか

　「カンジーはかせの都道府県の旅2」は，前回東日本編だった「都道府県の旅1」の西日本編で，ほとんど同じような形式で，各都道府県の例文が載せられています。そこで，前回の学習に，変化や発展を入れて学習させることが望ましいと考えます。その利点を，四つ挙げます。

①子どもたちは学習方法を覚えているので，活動に見通しがもてる。

②前回の学習活動がステップとなり，一人一人の活動量を増やすことができる。

③前回の学習活動がステップとなり，さらなる学習展開につなげることができる。

④前回の学習活動と，今回の学習活動を比べることができる。

　今回の学習では，上に挙げた②③の点を特に意識して学習を考えました。②の点から，都道府県五七五を作る活動を，班活動から2人組での活動に発展させ，さらに③の点から，作った都道府県五七五の中から作品を選び，作品につながる簡単な紀行文を作る活動を加えました。

単元について　181

カンジーはかせの都道府県の旅２

準備物：黒板掲示用資料，サイコロ（２人組で一つずつ）

●２人組で交代して活動する

　前回，班活動で作らせていた都道府県五七五の活動を，今回は２人組での作成に発展させました。個人での活動ではなく，２人組での活動にしたのは，ルール確認や苦手な子の手助けだけでなく，活動の必然性に意図があります。学習を個人での活動にしてしまうと，子どもたちの取り組む姿勢にどうしても差が出てしまいます。友達と関わりながら活動することで，自分の考えだけでなく，友達の考えと比べながら学習することができます。

　２人組での活動は，前回の班活動よりも一人一人の活動量がぐっと上がります。制限時間内に，２人でいくつ作れるか，クラスで一番「面白くて，かしこい」作品を２人で練り上げることができるかなど，教師が２人組の活動の中に新たな価値を入れながら活動させていくと，子どもたちの取り組む姿勢はさらにのびるでしょう。

> 次回は、お気に入りの作品を使って都道府県五七五クイズを作ります
>
> ふり返り
> （二人組で都道府県五七五を確認しよう）
> Ⓐ漢字がまちがっていないかどうか
> Ⓑ五七五に都道府県らしさが出ていたか
> Ⓒ一番おもしろい作品はどれか

❶ ２人組で交代してサイコロをふる

「次は，ぼくの番だ！　サイコロをふるね！」

「５が出たら，ゴールの沖縄県だからがんばって！」

「ちょっと待って。早くゴールすることが今回の活動のめあてじゃないよ。」

はじめる前に活動の流れを示す。
①２人組で一つのすごろくを進めていくこと。
②交代でサイコロをふり，着いた場所で五七五を作ること。
③「カンジーはかせの都道府県の旅」の学習なので，「都道府県の漢字」と「特色」のある五七五を作ること。
④友達が作った五七五に反応すること。

❷ 着いた場所の都道府県五七五を作る

「できた！『和歌山県　すっぱいうめぼし　よだれでる』」

「『よだれでる』より『つばがでる』はどうかな？」

「じゃあ…『つばたまる　すっぱいうめぼし　和歌山県』」

　サイコロをふって，着いた場所で都道府県五七五を作る（俳句ではないので，季語はなくてよい）。「都道府県名」と「特色」が入るようにする。

　友達が作ったら，その作品に応じて反応できるよう「面白い」「かしこい」「へえー」「すごい」の４観点を示しておく。

　どうしても思い付かない場合やよりよい作品にするために，班の中でアドバイスも入れながら，実際に旅をしたかのような作品を作っていく。

本時の目標	・都道府県すごろくをする中で、4年生に配当されている漢字を、都道府県の特色とともに五七五の文体で書くことができる。 ・気に入った作品の理由を伝え合おうとする。	本時の評価	・都道府県すごろくをする中で、4年生に配当されている漢字を、都道府県の特色とともに五七五の文体で書いている。 ・気に入った作品の理由を伝え合おうとしている。

カンジーはかせの都道府県の旅2

サイコロで交代しながら、都道府県五七五を作ろう

やり方（二人組でチーム対こう戦）

Ⓐ 交代してサイコロをふり それぞれの消しゴムを進めていく

＊p.98地図の挿絵

Ⓑ スタートは㉕の滋賀県 ゴールは㊼の沖縄県

Ⓒ 消しゴムが止まった場所で サイコロをふった人が 五七五の文章を作る

例 「滋賀県の 琵琶湖は広いよ 泳ぎたい」

◆ 教科書の文をさんこうに 旅した気分になる五七五にすること
◆ 都道府県名を必ず入れること

友達の作品に反応しよう
おもしろい／すごい／へえー／かしこい／アドバイスもあり！

Ⓓ サイコロの目が㊼をこえたら ㉕にもどって こえた分の消しゴムを進めていく

Ⓔ ぴったりゴールに着いたら㉕にもどる 時間内に都道府県五七五をたくさん作った二人組が勝ち

---

❸ 漢字と作品を振り返る

友達のノートを見て、漢字が合っているかどうか都道府県らしさが出ているかどうか確認しましょう。

「姫路城 どんとそびえる 兵庫県」がいいなあ。

「カンジーはかせの都道府県の旅」の学習なので、漢字が正しく書けているかどうか、その都道府県らしさが出ているかどうか、班の友達の作品を確認していく。

また、友達の作品の中で、どの作品が一番面白かったか、よさも見付けていく。

よさの基準として、書かれていることから様子が思い浮かべられるものがよいと示しておく。

❹ お気に入りの五七五を紹介する

2人組でお気に入りの作品を一つ選んで紹介しましょう！

ぼくたちは、
「くるくると まるまれたこやき 大阪府」
を紹介します。理由は…

最後に、それぞれの2人組から一番気に入った作品を理由とともに紹介させていく。

教科書の例文に書かれていないその都道府県の特色が入っている場合には、注目させ、教師が説明を入れるか、制作した子どもか紹介した子どもに紹介させるのもよい。

発表の後に、4観点をもとに反応させ、学級全体でよさを見付けていく。

カンジーはかせの都道府県の旅 2

2/2時間
準備物：黒板掲示用資料

● 作文の書き出しを指定して書かせる

　子どもたちが書く簡単な紀行文は、「わたしは今，」の書き出しではじまるようにしました。書くことが得意な子には、書き出しの指定は必要ないでしょう。しかし、書くことが苦手な子にとって、作文の書き出しを指定することは、以下の二つの点からとても効果があります。

① 書く内容を焦点化させることができる。
② 書き出しの一文から、続きを意識しながら書き続けていくことができる。

　今回の活動では、紀行文と自分が選んだ都道府県五七五の内容と関連させる必要があるため、「わたしは今，」という書き出しにしました。どうしても書けない子には、その子が選んだ都道府県五七五に何が書かれているかを確認し、助言をしてあげましょう。

漢字とともに都道府県らしさを覚えよう

クイズをした後に、ふり返り
（二人組で紀行文クイズを確認しよう）
Ⓐ 漢字と使い方がまちがっていないかどうか
Ⓑ 紀行文に都道府県らしさが出ていたか
Ⓒ どのチームの作品が一番おもしろかったか

❶ 見本とともに活動の見通しを知る

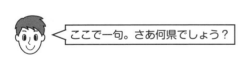

　教師の見本から紀行文クイズを出題し、2人組で紀行文クイズを作ることを示す。
　はじめる前に活動の流れを示す。
① 前回の学習で作った五七五から一つ選ぶ。
② 都道府県名から言葉を広げる。
③ 5文以内の紀行文を作る。
④ 他の2人組に紀行文クイズを出す。
⑤ 学習を振り返る。

❷ 言葉を広げて紀行文に合うものを選ぶ

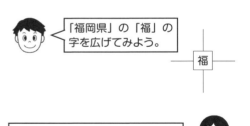

　どの五七五を使うのか選んだら、その都道府県の漢字をノートに書いて広げていく。国語辞典や漢字辞典を使ってたくさんの言葉に触れる機会にした方がよい。
　ただし、「福岡県」の「岡」など、人名地名以外の言葉がなかなかない漢字もある。もちろん、「福」を2回使うなど、同じ漢字から二つ言葉を選んで紀行文にしてもよいことを示しておく。

本時の目標	本時の評価
・都道府県五七五とその都道府県の漢字を使った簡単な紀行文を作ることができる。 ・紀行文クイズを出し合いながら都道府県らしさを伝え合おうとする。	・都道府県五七五とその都道府県の漢字を使った簡単な紀行文を作っている。 ・紀行文クイズを出し合いながら都道府県らしさを伝え合おうとしている。

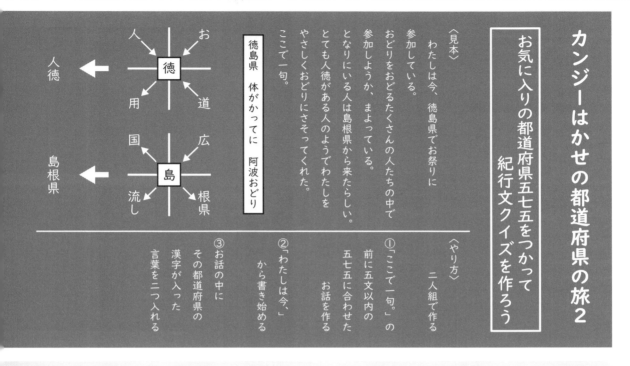

❸紀行文クイズを作る

広げた言葉から紀行文クイズを作ってみよう。

「腹いっぱい　とんこつラーメン　福岡県」

「大福」がいっぱい入っていた。「福ぶくろ」を買った後に、ラーメンを食べた話にしよう。

　「わたしは今，」の書き出しから，2人組で五文以内の紀行文を作らせていく。
　最初の一文ができたら持ってこさせ，丸を付けて認めることで，自信がついてスムーズに活動できるようになる。文章が長くなってしまった場合には，完成後に推敲するよう促す。
　早くできたグループは，二つ目の紀行文クイズを作らせ，作成の時間を調整していく。

❹クイズ大会をして活動を振り返る

友達の作品から，漢字とともに都道府県らしさも確認してね。

教科書には書いてなかったけど，広島県って，そう言えばそんな特徴もあったなあ。

　紀行文を聞かせて出題し，五七五を読んだ後，ノートを見せる形で交流させる。
　漢字の正確さだけでなく，漢字の使い方や都道府県らしさも確認させていく。
　交流後に，活動を振り返ってよさを見付けさせると，クイズの面白さだけでなく，紀行文のよさ，都道府県五七五のよさ，なども出てくるので，活動ごとにまとめていく。

夏の楽しみ

2時間

▮ 単元目標・評価

- 言葉には性質や役割による語句のまとまりがあることを理解し，語彙を豊かにすることができる。（知識及び技能(1)オ）
- 書こうとしたことが明確になっているかなど，文章に対する感想や意見を伝え合い，自分の文章のよいところを見付けることができる。（思考力，判断力，表現力等 B(1)オ）
- 言葉がもつよさに気付くとともに，幅広く読書をし，国語を大切にして，思いや考えを伝え合おうとする。（学びに向かう力，人間性等）

知識・技能	言葉には性質や役割による語句のまとまりがあることを理解し，語彙を豊かにしている。（(1)オ）
思考・判断・表現	「書くこと」において，書こうとしたことが明確になっているかなど，文章に対する感想や意見を伝え合い，自分の文章のよいところを見付けている。（B(1)オ）
主体的に学習に取り組む態度	言葉がもつよさに気付くとともに，国語を大切にして，思いや考えを伝え合おうとしている。

② 単元のポイント

行事と言葉

　人は，言葉で物事を認識し，言葉で理解し，言葉で考え，言葉で整理し，言葉で表現する。子どもたちは，多くの言葉を日常生活の中で獲得するが，抽象的な言語や伝統的に使われている言葉は，学校の授業で獲得することが多い。本単元では夏の伝統的な行事を通して，子どもたちの語彙を豊かにすることが目標だ。子どもたちが日頃から無意識に使っている言葉を再確認するとともに，伝統的な言葉を獲得する単元にすることが大切である。

俳句を作る

　俳句は，三句十七音の限られた少ない字数の中で，自然の美しさや人の心情を表現する日本独自の定型詩である。「季語」と呼ばれる季節を表す言葉を含まなければならないというルールがあるが，本単元では，季節の言葉を使って俳句を創作する言語活動を設定する。俳句を創作し，友達と交流する活動を通して，夏の言葉を豊かに獲得させていく。

186　夏の楽しみ

3 学習指導計画（全2時間）

次	時	目標	学習活動
一	1	• 夏の行事に興味をもち，それに関わる言葉を集めることができる。	○夏の俳句を紹介し，様々な夏の季語を確認する。 ○夏の行事について，知っていることを交流する。 ○班に分かれて，イメージマップを活用して，それぞれの月の行事に関連する言葉を書き出し，ワールドカフェ方式を使ってさらに言葉を書きたしていく。 ○全体で書きたしていった言葉を交流し，次時の学習内容を確認する。
	2	• 夏の風景や自分の思いを表した俳句を創作し，友達と伝え合うことができる。	○前時に見付けた言葉を思い出し，俳句作りで使いたい言葉を決める。 ○俳句の決まりを確認し，俳句の作り方を知る。 ○俳句を作る。 ○作った俳句を全体で交流する。

様々な場面で使える俳句の創作

　俳句は，十七音というとても少ない字数で，人の感動や自然の美しさを表現するものです。十七音という字数の少なさが，表現することを難しくさせますが，作文などに比べて手軽に創作することができるので，子どもは親しみやすさを感じます。俳句は，自分の思いの表現や国語の読み取りなどの様々な場面で活用することができます。

　例えば，運動会などの行事の後の振り返りに使えます。俳句は写真と言われることがあります。感動の瞬間を切り取って表現することが多いからです。運動会の中で，リレーでバトンを上手に渡せた時や，ダンスが終わって退場門をくぐった時など，自分が感動した瞬間や心に残った瞬間を，俳句で表現することができます。行事のたびに自分の俳句を創作することで，自分の思い出の句集ができます。また，心に残る瞬間の写真や絵に俳句を書き加えると，より詳しくその時の思いが表現されます。

　また，俳句は，物語の読み取りに活用できます。物語は，人物の心の揺れ動きが表現されています。その人物の心や物語の中で描かれている景色を，俳句で表現するのです。例えば，「ごんぎつね」のごんの気持ちを俳句で表現するというものです。それぞれの場面の授業の振り返りの時に，その場面の人物の気持ちを俳句で表すことで，人物の心情の移り変わりを表現することができます。

　学校生活の様々な場面で俳句を作ることで，子どもたちの言葉に対する感性が豊かになり，その時々の子どもたちの学びの記録を残すことができます。

夏の楽しみ

1/2時間

準備物：黒板掲示用資料，模造紙

● ワールドカフェ方式

　本時では，イメージマップを使って言葉を書き出した後，さらにワールドカフェ方式で言葉を広げていきます。ワールドカフェ方式とは，浮かび上がってくる想いや問いを自由に出し合うことができる話し合いの手法です。

【ワールドカフェ方式のやり方】
① 4人1組で席に着く。
② 一定時間で1人を除き，席を移動する。
③ 模造紙に意見やアイデアを書く。
④ 最後に参加者全体で情報共有をする。

　夏の行事に関係する言葉を出し合うことが目標なので，話し合いではありません。しかし，友達と夏の思い出を交流する中で自分の思い出が喚起され，より多様な言葉を書き出すことができます。

俳句作りに使いたい言葉を見つけよう

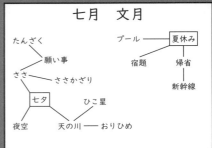

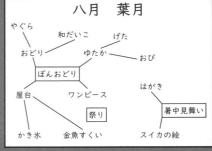

❶ 夏の俳句を紹介する

四つの俳句を紹介します。いつの季節をよんだ俳句でしょうか。

全部夏っぽいなぁ。

そうです，夏の俳句です。夏を思い起こさせる言葉があります。どの言葉ですか。

夏草と蝉と花火はすぐに分かります。あとは衣更かなぁ。

　単元のゴールをイメージするために，俳句を使って導入をする。板書例では，有名な俳句を紹介したが，俳句のコンテストなどに出品されている子どもが作った夏の俳句を用いてもよい。四つの俳句をよみながら，夏の季語に着目させる。それぞれの俳句の様子を子どもたちに聞くと，それぞれの季語がもつイメージを膨らませることができる。

❷ 夏の行事について交流する

夏とは，6月から8月までです。水無月，文月，葉月とも言います。夏には，たくさんの行事がありますね。どんな行事を知っていますか。

盆踊りが8月にあります。みんなで円になって盆踊りをします。

6月には，ほたるを見に行きました。お父さんが「ほたるがり」って言っていました。

　次に，夏の行事を思い出させる。知っている夏の行事と，それがどのようなものなのかを発表させる。その時に一緒に行った人や感想，オススメのところなどのエピソードを，合わせて発表させるとよりイメージが広がりやすい。ここでイメージを広げることで，次時の俳句作りの参考にすることができる。

本時の目標	本時の評価
・夏の行事に興味をもち，それに関わる言葉を集めることができる。	・夏の行事に興味をもち，それに関わる言葉を集めている。

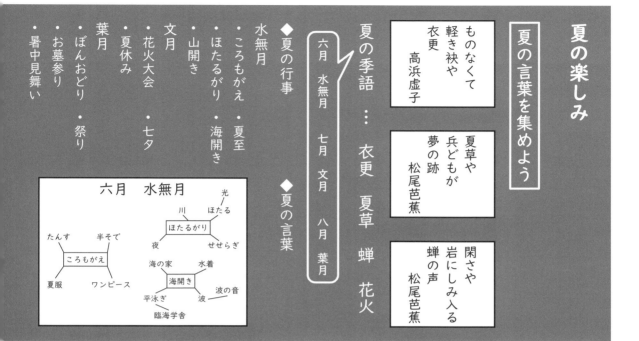

夏の楽しみ
夏の言葉を集めよう

ものなくて軽き袂や衣更
　　　　高浜虚子

夏草や兵どもが夢の跡
　　　　松尾芭蕉

閑さや岩にしみ入る蝉の声
　　　　松尾芭蕉

夏の季語…衣更　夏草　蝉　花火

六月　水無月
七月　文月
八月　葉月

◆夏の行事
・水無月
・ころもがえ　・夏至
・ほたるがり　・海開き
・山開き
・文月
・花火大会　・七夕
・夏休み
・葉月
・ぼんおどり　・祭り
・お墓参り
・暑中見舞い

◆夏の言葉

六月　水無月
ほたるがり — 光／川／ほたる／夜／せせらぎ
ころもがえ — たんす／半そで／夏服／ワンピース
海開き — 海の家／水着／波の音／波／平泳ぎ／臨海学舎

---

❸ グループごとに言葉を書き出す

では，班に分かれて，それぞれの行事の言葉を，イメージマップを使って広げていきましょう。イメージマップは模造紙に書きます。今回は，ワールドカフェ方式でさらに広げていきます。

4人のグループに分かれて，「1班は6月の海開き」「2班は8月の盆踊り」などと班ごとにテーマを決め，イメージマップを使って行事から思い浮かんだり，関連したりする言葉を書く。数分で時間を区切り，ワールドカフェ方式で1人だけグループに残り，それ以外はグループを替えながらさらに書き広げる。ただ書くのではなく，エピソードを加えながら書かせる。

❹ 見付けた言葉を交流する

たくさんの言葉を見付けましたね。次の授業では，見付けた言葉をヒントに夏の俳句を作りたいと思います。この中から，俳句で使いたいと思う言葉を三つ選びましょう。

私は，「ゆかた」と「天の川」と「かき氷」にしようかな。

最後に，全体で交流する。少し時間を取って，自由に模造紙を見る時間を取ってもよい。
次時に，俳句を作ることを紹介し，そこで使いたい言葉を三つほど選ばせておくと，次時がスムーズになる。

夏の楽しみ

2/2時間

準備物：黒板掲示用資料

●俳句の作り方

本時では，俳句を創作します。夏の行事に関連するキーワードを入れて，五七五の十七音にまとめるのですが，いきなり五七五の言葉を考えることは難しいです。

そこで，まずは，キーワードについて心に残る風景や場面，お話を二〜三文書くことからはじめます。文章で書くことによって，キーワードに関連する多くの言葉が出てきます。そして，書いた文章の中から，いくつかの言葉を選んで，五七五の俳句を作ります。その時に，「うれしい」とか「楽しい」などの感情を直接表す言葉は使わないようにします。その代わりに，うれしさや楽しさが伝わるような単語を考えます。最後に，俳句の言葉の順番を入れ替えたり，少し違う言葉に変えたりしながら俳句を完成させます。

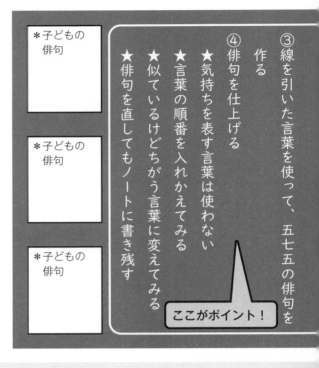

❶俳句作りで使いたい言葉を決める

本時のめあて「夏の言葉を使って俳句を作ろう」を確認する。そして，前時に見付けた夏の言葉から，俳句作りのキーワードになる言葉を見付けさせる。俳句作りには，その言葉にまつわるエピソードがある方がよい。そこで，数人にその言葉を選んだ理由を聞くことで，子どもたちにエピソードを意識させる。

❷俳句のきまりと作り方を確認する

一つの俳句を提示し，俳句のきまりについて考えさせる。ここで，十七文字と十七音の違いと夏の言葉（季語）を入れることを確認する。

その後，俳句の作り方を説明する。夏の言葉に関連する文章を書いた後，その文から俳句に使う言葉を選ばせる。特に板書の★の4点は，よりよい俳句を作るうえでのポイントになる。具体例を示しながら説明したい。

本時の目標	・夏の風景や自分の思いを表した俳句を創作し、友達と伝え合うことができる。	本時の評価	・夏の風景や自分の思いを表した俳句を創作し、友達と伝え合っている。

夏の楽しみ
夏の言葉を使って俳句を作ろう

◆俳句作りで使いたい言葉を決めよう

＊前時の模造紙

＊前時の模造紙

＊前時の模造紙

◆俳句
- 五七五
- 十七音（十七文字ではない）
- 季語（季節を表す言葉）
- しゅん間の景色や人の思いを表す

ものなくて
軽き袷や
衣更
　　高浜虚子

◆俳句作り
① 「使いたい言葉」を使って、その言葉の思い出などを二〜三文で書く
② その文章の中から使いたい言葉に線を引く

---

❸俳句を作る

使いたい言葉について、思い出や好きなところなどを作文に書きましょう。

家族でほたるを見に行った時のことを書こう。弟がはしゃいでいたなあ。

それでは俳句を作りましょう。完成したら、言葉を入れ替えてどんどんよくしていきましょう。

　まずは、二〜三文の作文を書かせる。作文を書くことに時間がかかる場合は、前時の授業の後に宿題で出しておくと、本時ではこの時間が省ける。そしてその作文をもとに俳句を作らせる。俳句作りで大切なことは、できた後に言葉を入れ替えたりして、何度も推敲することである。俳句を直しても、消さずにノートに記録を残しておくと、後で振り返ることができる。

❹作った俳句を全体で交流する

それではグループで交流しましょう。グループの中で、オススメの俳句があったら、みんなに紹介してください。

　最後に全体で交流する。交流の前に、時間があれば、推敲を友達と一緒にしてもよい。友達と交流することで、自分には思い付かない言葉が浮かんでくることもある。「その言葉ぴったり！」などと子どもが言葉にこだわる姿を見ることができる。また、俳句に絵や写真を添えて掲示すると、子どもたちの俳句への興味がさらに深まる。

本は友達

事実にもとづいて書かれた本を読もう／ランドセルは海をこえて

5時間

1 単元目標・評価

- 幅広く読書に親しみ，読書が必要な知識や情報を得るために役立つと気付くことができる。（知識及び技能(3)オ）
- 文章を読んで感じたことや考えたことを共有し，一人一人の感じ方・考え方に違いがあると気付くことができる。（思考力，判断力，表現力等C(1)カ）
- 言葉がもつよさに気付くとともに，幅広く読書をし，国語を大切にして，思いや考えを伝え合おうとする。（学びに向かう力，人間性等）

知識・技能	幅広く読書に親しみ，読書が必要な知識や情報を得るために役立つと気付いている。((3)オ)
思考・判断・表現	「読むこと」において，文章を読んで感じたことや考えたことを共有し，一人一人の感じ方・考え方に違いがあると気付いている。（C(1)カ）
主体的に学習に取り組む態度	進んで幅広く読書に親しみ，学習の見通しをもって，読んだ本をポップ等で紹介しようとしている。

2 単元のポイント

この単元で知っておきたいこと

　本単元では，子どもたちが幅広く本に親しむことをねらいとしている。3年生上巻「初めて知ったことを知らせよう『鳥になったきょうりゅうの話』」では，図鑑や科学読み物を読み，交流する中で科学的な作品の面白さに触れた。そして，ここではノンフィクションの面白さに触れることになる。

　ノンフィクションは，実際に起きた出来事や人々の様子を事実にもとづいて描くことで読者に新しい世界を見せてくれる。本単元で扱う「ランドセルは海をこえて」でも，多くの子どもたちが知らなかったアフガニスタンの現実を知ることになるだろう。また，ノンフィクションには，ドキュメンタリーや伝記などの幅広いジャンルが含まれ，自分の興味を引く作品に出合えるチャンスが多くある。ノンフィクション作品を通して，本を読むことは新しいことに出合う面白さがあることを実感し，新たな読書の魅力に気付かせることができるよう進めていくとよい。

192　事実にもとづいて書かれた本を読もう／ランドセルは海をこえて

3 学習指導計画（全5時間）

次	時	目標	学習活動
一	1	• 単元のめあてを確認し，学習の見通しをもつことができる。	○自分の読書生活を振り返る。 ○本の紹介を読んで思ったことを話す。 •『ランドセルは海を越えて』の本の帯とポップを読む。 •読んで思ったことを出し合う。 ○作品を読み，感想を書く。 •作品，ノンフィクション，ポップや本の帯の中から書きたいテーマを選んで感想を書く。 ○学習課題を伝える。
二	2	•「ランドセルは海をこえて」を読み，ノンフィクションの面白さに気付くことができる。	○めあてを確認し，作品を読む。 ○感じたこと考えたことを書き出す。 •六つの観点で書く。 ○感じたことや考えたことを交流する。 •観点①～④は，ペアで交流する。 •観点⑤⑥は，全体で交流する。 ○作品の紹介を三文程度でまとめる。 •教科書の例文を参考にして，まとめる。
	3	•読んだ本の内容を説明したり，考えたことなどを書いたりすることができる。	○本の帯とポップ例の紹介を聞く。 ○感じたことや考えたことを書き出す。 •前時と同じように六つの観点で書く。 ○作品の紹介を三文程度でまとめる。 •何度も繰り返し書いていく中で完成に近付ける。 ○紹介の方法を決める。 •本の帯かポップどちらを作るか決める。
	4	•ポップや帯などを使って読んだ本の内容を説明したり，考えたことなどを書いたりすることができる。	○めあてを確認し，前時を振り返る。 ○下書きする。 •文字の大きさや配置をイメージする。 ○清書する。 •紹介する相手を想像しながら仕上げる。 ○紹介コーナー作りをする。 •教室に紹介コーナーを作る。
三	5	•読んだ本の内容をポップや帯を使って説明したり，考えたことなどを伝え合ったりすることができる。	○場の設定をする。 •教室を図書館に見立てて，鑑賞会の場作りをする。 ○本の帯やポップを鑑賞する。 •付箋を使ってコメントを書く。 ○鑑賞したことを班で交流する。 ○学習を振り返る。

単元について　193

事実にもとづいて書かれた本を読もう／ランドセルは海をこえて

1／5時間

準備物：プロジェクター，『ランドセルは海を越えて』の本の帯とポップ，ノンフィクションの本

●本の帯とポップで「読みたい」を引き出そう

導入では，子どもたちに本の帯とポップを使って本を紹介する場面を設定しました。多くの子どもたちが，本の帯やポップを見て，「読みたいな」「知りたいな」という思いが芽生えると思います。この体験を通して，本の帯やポップが読者の興味関心を引き出す役割があることに気付かせることができます。また，自分が作成する際も読者として体験したことが生きてくると考えています。

●司書教諭と連携をとって

図書館を利用する際には，司書教諭と連携をとって進めるようにしましょう。例えば，事前に打ち合わせをしてノンフィクション作品の選書や，本の紹介をお願いするなどが考えられます。

学校の実状に合わせながら，積極的に連携を進めていきましょう。

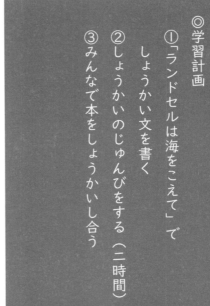

学習課題　ノンフィクションの本をしょうかいし合おう

◎学習計画
① 「ランドセルは海をこえて」でしょうかい文を書く
② しょうかいのじゅんびをする（二時間）
③ みんなで本をしょうかいし合う

❶自分の読書生活を振り返る

　みんなは，どんな種類の本をよく読むのかな？

　ぼくは，歴史まんがをよく読むよ。

　私は，ファンタジーが好きだな。

まず，これまでどんな種類の本をよく読んできたかを振り返る。その際，教科書p.137「本の世界を広げよう」に出てくる本を参考にするとよい。それぞれの読書を振り返った後，ノンフィクションについて説明する。

❷本の紹介を読んで思ったことを話す

　『ランドセルは海を越えて』の紹介を読んでどう思ったかな？

　どんな写真があるのか読んでみたくなった。

　学校が希望ってどういうことか知りたくなった。

ここでは，『ランドセルは海を越えて』のポップと本の帯を提示する。提示する時には，実物とともに，プロジェクターで拡大した写真を提示したい。紹介文を読んだ後に「本の紹介を読んでどう思ったかな？」と問い，子どもたちの「読んでみたい」「知りたい」思いを引き出したい。

本時の目標	・単元のめあてを確認し、学習の見通しをもつことができる。	本時の評価	・単元のめあてを確認し、学習の見通しをもっている。

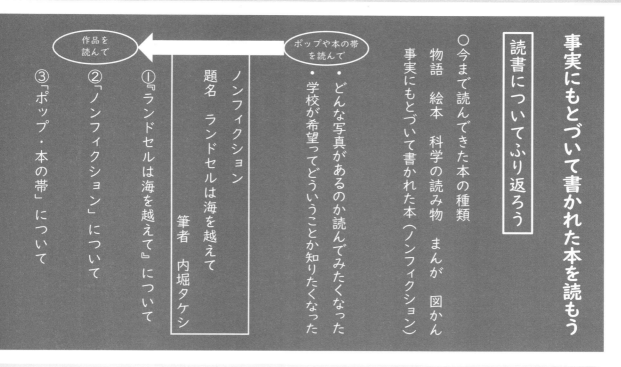

事実にもとづいて書かれた本を読もう

読書についてふり返ろう

○今まで読んできた本の種類
物語　絵本　科学の読み物　まんが　図かん
事実にもとづいて書かれた本（ノンフィクション）

・どんな写真があるのか読んでみたくなった
・学校が希望ってどういうことか知りたくなった

ノンフィクション
題名　ランドセルは海を越えて
筆者　内堀タケシ

①『ランドセルは海を越えて』について
②「ノンフィクション」について
③「ポップ・本の帯」について

ポップや本の帯を読んで　→　作品を読んで

❸ 作品を読み、感想を書く

では、「ランドセルは海をこえて」がどんな話か読んでみましょう。

自分たちがランドセルを背負っていることって当たり前じゃないんだ。

ノンフィクションって知らなかったことを教えてくれるんだな。

感想を書く際、①『ランドセルは海を越えて』について、②「ノンフィクション」について、③「ポップ・本の帯」についての三つのテーマから書きたいことを選んで書かせる。感じたことや気付いたことから次の学習課題へとつなげていきたい。

❹ 学習課題を伝える

みんなも、ノンフィクションの本を読んでクラスのみんなに紹介しよう。図書館のノンフィクション作品を司書の○○先生に紹介してもらうよ。

図書館にあるノンション作品を紹介します…
司書教諭

ぼくは、どんな本を紹介しようかな。

学習課題を伝えた後、教科書 p.104 で紹介されている作品や図書館にあるノンフィクションの作品について紹介する。事前に司書教諭と打ち合わせをして選書や紹介をしてもらうとよい。また、子どもたちが本を読んだり選んだりする期間も確保したい。3時間目の紹介準備までに読書期間を設ける等の方法も考えられる。

事実にもとづいて書かれた本を読もう／ランドセルは海をこえて

2/5時間

準備物：ワークシート（p.237：ピラミッドチャート。ノートでも可能）

●思いや考えを書く時は，観点を示そう

本単元では，紹介したい本のポップや本の帯を書く活動が設定されています。教科書の例文では，「どんな本か」「本を読んで知った事実」「その本から考えさせられたこと」でまとめられています。

例文のような文章を書くために①〜⑥の観点に分けて書かせます。観点ごとに書くことで，感じたことや考えたことがより具体的になります。

●交流のスタイルは，目的に合わせて変えよう

自分の考えがまとまったら，交流します。観点①〜④は，多様な意見を聞くためにペアをつくってたくさんの人と交流します。観点⑤⑥は，気になったことや疑問から考えを深めるために，全体で話し合います。それぞれ，活動の目的に合わせて交流のスタイルを変えることが大切です。

> ◎この作品をしょうかいするとしたら…（三文）
> 〜な絵本です。
> 〜がよく分かります。
> 〜を考えさせられる本です。

❶めあてを確認し，作品を読む

> 今日は，「ランドセルは海をこえて」を読んで感じたことや考えたことをもとに紹介文を書いてみよう。
>
> まず，「ランドセルは海をこえて」を読もう。
>
> どんな紹介文ができるかなあ。

めあてを確認した後，「ランドセルは海をこえて」を読む。本単元は読書に親しむことへつなげていきたい。そこで黙読や微音読など，読書に近い形で一人読みさせたい。一人読みが難しい場合は，前半は音読で交代読みをして，後半は黙読をするといった方法も考えられる。

❷感じたことや考えたことを書き出す

> 読んで感じたことや考えたことを①から⑥に分けて書こう。
>
> 読んで感じたことは…

作品を読んだ後，感じたことや考えたことをピラミッドチャートに書き出す。ここでは質より量を大切にして書かせたい。特に，チャートの土台となる，「①感じたこと・思ったこと」は，思いつくことをどんどん書かせたい。

本時の目標	・「ランドセルは海をこえて」を読み，ノンフィクションの面白さに気付くことができる。	本時の評価	・「ランドセルは海をこえて」を読み，ノンフィクションの面白さに気付いている。

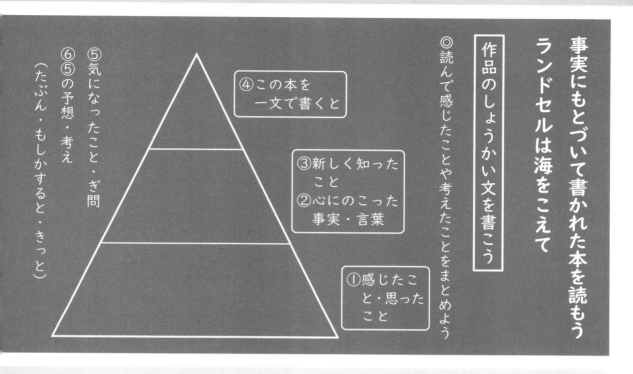

事実にもとづいて書かれた本を読もう
ランドセルは海をこえて
作品のしょうかい文を書こう
◎読んで感じたことや考えたことをまとめよう

④この本を一文で書くと
③新しく知ったこと
②心にのこった事実・言葉
①感じたこと・思ったこと
⑤気になったこと・ぎ問
⑥⑤の予想・考え（たぶん・もしかすると・きっと）

❸感じたことや考えたことを交流する

前半は①～④について，ペアで交流しよう。いろんな考えを聞くために，できるだけ多くの人と交流しよう。

後半は⑤⑥について，全体で交流しよう。考えを深めるために，意見をつなぎながら話してみよう。

ぼくは最後の言葉が気になったんだけど，きっと筆者は…みんなはどう思いますか？

　前半は，①～④について，自由にペアを作りながら交流していく。多様な意見を聞くことが目的なのでできるだけ多くの人と交流するように声をかけたい。後半は，⑤⑥について，全体で話し合う。ここでは，考えを深めることが目的なので，意見をつないで話し合うよう声をかけたい。

❹作品の紹介を三文程度でまとめる

この作品を紹介するとしたら，どんな内容にしますか。三文程度にまとめてみよう。

まずは，どんな本かを書くんだな。④で書いたことを使うと…

　今日の学習をもとに，紹介文を三文にまとめる。教科書の例文の書き方を参考にしてよいことを伝える。例文をもとにすると，一文目＝④，二文目＝③，三文目＝①⑤で書いたことを活用するとよい。
　書くことに抵抗がある子どもがいる場合は，例文を視写してもよい。

第2時　197

事実にもとづいて書かれた本を読もう／ランドセルは海をこえて

3/5時間

準備物：紹介用の本の帯やポップ，ワークシート（p.238：ピラミッドチャート。ノートでも可能）

● **書きながら考える**

　自分の感じたことや考えたことを整理して書くことは，大人でも難しいことです。そこで，スモールステップで段階を踏み，書きながら考えを整理していくようにしましょう。

　子どもたちが何度も試行錯誤できるように，「練習」「試し書き」という言葉で，失敗への抵抗感を減らすことができます。

● **アウトラインで書き出しをサポート**

　どうしても書き出せない子どもたちも出てくるでしょう。その場合，教科書の例文をもとにアウトラインを示すとよいでしょう。例えば，「〜な絵本です」「〜がよく分かります」「〜を考えさせられる本です」と示してあげると書き出しやすくなります。

二、しょうかい文の練習
〈しょうかい例〉
○どんな本か「〜な絵本です。」「この本は〜。」
○本を読んで知ったこと「〜がよく分かります。」
○その本から考えさせられたこと「〜を考えさせられる本です。」
○心に残った一文・キャッチコピー

三、しょうかいの方法を決める
・本の帯
・ポップ

❶本の帯とポップ例の紹介を聞く

今日から紹介の準備をはじめましょう。まず，本屋さんや図書館にある本の帯やポップを紹介するよ。

キャッチコピーがあったり，本文を引用したりしているね。

　導入では，見本となる本の帯やポップを紹介する。司書教諭と連携できるならば，事前に打ち合わせをして資料を集めてもらうとよい。

　また，教室に本の帯・ポップの見本コーナーを設置するなど，子どもたちが興味や関心がもてる環境づくりを工夫するとよい。

❷感じたことや考えたことを書き出す

紹介したい本について，前の時間と同じように読んで感じたことや考えたことを①から順に書こう。

読んで感じたことは…

　ここでは，紹介したい本を読んで感じたことや考えたことをピラミッドチャートに書き出していく。

　紹介したい本を選ぶ期間を設定した場合は，書き出すためのワークシートを用意し，ここまでを個人で進めておくことも一つの方法である。

| 本時の目標 | ・読んだ本の内容を説明したり，考えたことなどを書いたりすることができる。 | 本時の評価 | ・読んだ本の内容を説明したり，考えたことなどを書いたりしている。 |

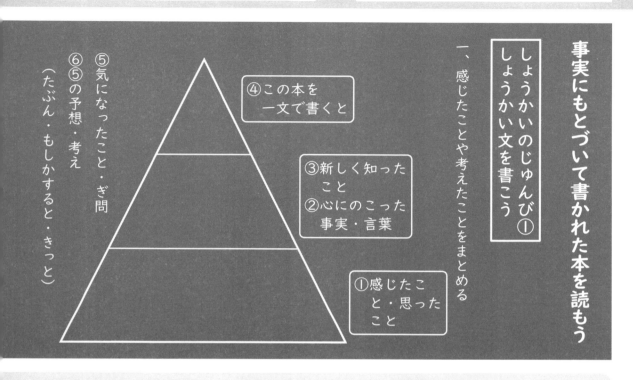

❸作品の紹介を三文程度でまとめる

オススメの本の紹介したいことは何かな？

まず，紹介文を書く練習をしよう。教科書の書き方を参考に試し書きをしてみよう。

何を書こうかなあ。まずは，本の内容を簡単に書いてみよう。

❷で書き出したことをもとに，紹介文を考えていく。子どもたちには「練習しよう」「試し書きしよう」と声をかけ，書いていく中で完成に近付けることを意識させたい。書き出せない子どもには，教科書の書き方を参考にアウトラインを示すとよい。

❹紹介の方法を決める

紹介したいことを本の帯とポップどちらで伝えるか決めよう。

本の帯にしようかな。

紹介の内容がある程度決まった段階で，本の帯とポップのどちらを作るかを決めていく。

どちらにするか悩む子どももいると考えられる。前もって本時で決めることを伝えておいたり，途中で変えることもできると伝えたりするなど，無理なく決められるように配慮したい。

事実にもとづいて書かれた本を読もう／ランドセルは海をこえて

4/5時間
準備物：黒板掲示用資料

●個人差をうまく調整しよう

　作品作りは，作業時間に個人差が大きく出てしまうのでどう調整するかがポイントになります。

　このような場合には，はじめに子どもたちと作る時間の目安を確認しましょう。特に下書きに時間をかけすぎると，1時間の中で仕上げることはできません。下書きはすべてを丁寧に書き込まず，アイデアスケッチをする感覚で書かせましょう。

　また，完成した子どもに「紹介コーナー」作りを任せるのもよいでしょう。コーナーの場所やレイアウトを考えさせたり看板作りや飾り作りなどの作業をさせたりと，クラスの実態に合わせて取り組ませます。これらのことをさせる場合は，材料や道具を前もって準備しておきましょう。

◎学習の流れ
①下書き（〇分）
・文字の大きさをどうするか
・どこに何を書くか
②清書（〇分）
・読み手を想像して書く
・ペアで相談してよい
③見直し
※早くできたら，しょうかいコーナー作り

❶めあてを確認し，前時を振り返る

今日はいよいよ本の帯，ポップを完成させます。
まず，前時のノートを見ながら，紹介したいことを思い出そう。

私は，心に残った言葉や事実を紹介することにしたんだったな。

　導入では，前時でまとめたことを振り返る時間を取りたい。一人でノートを見返しながら振り返ったり，ペアでどんなことを書くか確認し合ったり，クラスの状況に応じて方法を選択したい。紹介文に加え，題名や筆者・作者などの紹介に必要な内容は確認しておく。

❷下書きする

みんなが読みやすい文字の大きさや配置を考えて下書きしよう。

キャッチコピーが目立つように上に大きく書きたいなあ。どのくらいの大きさだといいかな。

　書くことが決まったら下書きする。下書きの目的は，文字の大きさや配置などをイメージするためなので，すべてを丁寧に書く必要はない。簡単にスケッチをする感覚でよい。清書の大きさと同様のものを用意すれば，よりイメージしやすいので失敗も少なくなる。

本時の目標	・ポップや帯などを使って読んだ本の内容を説明したり，考えたことなどを書いたりすることができる。	本時の評価	・ポップや帯などを使って読んだ本の内容を説明したり，考えたことなどを書いたりしている。

事実にもとづいて書かれた本を読もう

しょうかいのじゅんび②
本の帯、ポップを作ろう

◎本の帯、ポップの内容
○題名
○作者・筆者
○しょうかい文

〈例〉
・どんな本か「〜な絵本です。」「この本は〜。」
・本を読んで知ったこと「〜がよく分かります。」
・その本から考えさせられたこと「〜を考えさせられる本です。」
○心に残った一文・キャッチコピー

＊本の帯、ポップの見本となる作品を掲示

❸清書する

本の帯やポップを見て，みんなにどんなことを思ってほしいかな？
読む人を想像しながら仕上げよう。
読んでみたいと思ってほしいな。丁寧に仕上げるぞ。

文字の大きさや配置が決まったら清書する。ここでは，紹介する相手を意識しながら仕上げることが大切である。作品を仕上げている中で，友達と見合ったり，相談し合ったりすることは自由にさせたい。また，変更したいことも出てくる。子どもたちが試行錯誤を続けている姿と考え，柔軟に対応したい。

❹紹介コーナー作り

完成した本の帯やポップを並べて紹介コーナーを作ろう。

いろんな作品があって楽しいな。早く読みたいなあ。

完成した本の帯やポップは，教室に紹介コーナーを作って，みんながいつでも見られるような環境をつくりたい。
また，早くできた子どもには，紹介コーナーのレイアウトを考えさせたり看板を作成させたりしてもよい。

5 事実にもとづいて書かれた本を読もう／ランドセルは海をこえて

5時間
準備物：付箋

●場作りで、「いつもと違う」を演出しよう

鑑賞会や発表会など、学びを交流する場面では「いつもと違う」を演出することで、内容の濃さが変わってきます。

本時では、「この教室を4年○組ノンフィクション図書館に変身させよう」と投げかけます。机の配置を変えたり、黒板にタイトルを書いたりなどの簡単な準備でも、子どもたちのワクワクは高まります。

●交流場面では、付箋がオススメ

交流する時には、付箋がオススメです。付箋の大きさを変えればコメントの量も調整できます。交流が進むにつれて付箋がたくさん増えていきます。それだけでもうれしいものです。また、振り返りのよい材料にもなります。付箋は、各自の国語ノートに貼り替えると保存もできます。

学習のふり返り
○学習を通して学んだこと
○新しくやってみたいこと

❶場の設定をする

今日は、みんなが作った本の帯とポップを紹介し合いましょう。まず、この教室を4年○組ノンフィクション図書館に変身させよう。

何だか楽しそう。

導入では鑑賞の雰囲気をつくり出すため、子どもたちと場作りをする。「今からこの教室を図書館に変身させます」と声をかければ、子どもたちのワクワクも高まる。場の設定は時間をかける必要はない。机を好きな形につけて本と作品をレイアウトしたり、黒板にタイトルを書いたりするだけで十分いつもの雰囲気を変えることができる。

❷本の帯、ポップを鑑賞する

本の帯やポップを鑑賞しながら、付箋に一言コメントを書こう。

○○さんのポップを見て、〜について知りたくなったな。読んでみたいなあ。

鑑賞する際は、それぞれの作品へのコメントを付箋に書いてノートに貼っておく。コメントは、相手への気遣いを忘れないように書かせたい。

また、書く相手が偏らないよう、同じ班の人には必ず書くなどのように数の調整をすることも大切だ。

本時の目標	・読んだ本の内容をポップや帯を使って説明したり，考えたことなどを伝え合ったりすることができる。	本時の評価	・読んだ本の内容をポップや帯を使って説明したり，考えたことなどを伝え合ったりしている。

事実にもとづいて書かれた本を読もう

本のしょうかいをし合おう

4年〇組　ノンフィクション図書館へようこそ

かんしょうされるみなさまへ
☆みんなが、がんばって作った作品です。あつかいにはお気をつけ下さい。
☆かんしょうしたらふせんに一言コメントをお書きください。
・いいなと思ったところ
・知りたくなったこと
・しつ問したいこと

❸鑑賞したことを班で交流する

付箋を渡しながら，鑑賞した感想を伝えよう。

〇〇さんのキャッチコピーを見てその本を読みたくなったよ。

続きが知りたくなるように工夫してみたんだ。ぜひ読んでほしいな。

　鑑賞後は，班になってそれぞれの作品についてコメントを伝え合ったり，お互いの本の帯やポップに込めた思いを話したりする。
　付箋に書いたことをそのまま読むのではなく，言葉を付け加えながら，相手に思いが伝わるような話し方を意識させたい。

❹学習を振り返る

学んだことや新しくやってみたいことは何かな？　学習の振り返りをしましょう。

みんなの作品を鑑賞してみて，ノンフィクションは新しいことを知ることができる本だと思いました。

　ここでは，単元を通して学んだことや新しくやってみたいことなどを個人で振り返る時間を取る。振り返りを共有したい場合は，学級通信などを活用したい。
　また，紹介コーナーを活用して紹介された本を自由に読む期間をつくれば，より幅広く読書に親しむことができる。

詩を味わおう

忘れもの／ぼくは川

2時間

1 単元目標・評価

- 詩全体の構成や内容の大体を想像しながら音読することができる。（知識及び技能(1)ク）
- 詩を読んで理解したことに基づいて，感想や考えをもつことができる。（思考力，判断力，表現力等 C(1)オ）
- 言葉がもつよさに気付くとともに，幅広く読書をし，国語を大切にして，思いや考えを伝え合おうとする。（学びに向かう力，人間性等）

知識・技能	詩全体の構成や内容の大体を想像しながら音読している。（(1)ク）
思考・判断・表現	「読むこと」において，詩を読んで理解したことに基づいて，感想や考えをもっている。（C(1)オ）
主体的に学習に取り組む態度	詩を読んで理解したことに基づいて，進んで感想や考えをもち，学習課題に沿って，詩を読んだ感想を述べようとしている。

2 単元のポイント

教材の特徴

　「忘れもの」は，４連からなる詩である。１連では夏の終わりを，２連では新しい季節を，３連では夏休みへの呼びかけ，４連では夏休みが忘れていったものが描かれている。夏休みが擬人化されている表現に着目し，その工夫や効果について考えさせたい。

　「ぼくは川」は，「ぼく」を「川」としていることから，「忘れもの」同様，擬人法が使われている。「背をのばし」「くねって　うねって〜とまらない」からは，川の力強さを感じることができるとともに，七五調であるためリズムよく音読することができる。詩を声に出して読むことの楽しさを存分に味わうことのできる教材である。

　どちらの詩も面白い表現と，それに対する自分の考え，感じたことなどを話し合うことで，表現技法とその効果について気付くことができる。作者のものの見方・考え方を豊かに読み取り，自分の言葉で表現して伝え合う活動を通して，一つの作品を読んでも感じることや考えることの違いに気付くようにしたい。

204　忘れもの／ぼくは川

③ 学習指導計画（全2時間）

次	時	目標	学習活動
一	1	• 表現の工夫に着目して読み，感じたことや考えたことを話し合うことができる。	○「忘れもの」「ぼくは川」を読んで，面白い表現から，感じたことや気付いたことなどを話し合う。 • お気に入りの詩を選び，理由を書く。 • 小グループで，選んだ理由を話し合う。 • 擬人法の効果について話し合う。
	2	• 叙述をもとに，詩の世界を想像して感じたことや考えたことに基づいて音読することができる。	○それぞれの詩の「ぼく」はどんな思いなのかを考える。 •「ぼく」の思いは，どの表現から分かるかを小グループで話し合う。 • 詩を読んで感じたことや考えたことを書いたり，音読したりする。

ホワイトボードで会話だけじゃない話し合いに

　子どもたち全員が，活動に夢中になっている姿ほど素敵なものはありません。その素敵な姿のために，教師は様々な手立てを用意する必要があります。学級の中には，文章を読むだけでは表現されている場面を想像することが難しい子や，仲間の考えを聞いても理解することが難しい子もいます。学級全体での話し合いならば，教師がフォローできますが，小グループでの話し合いに消極的になってしまい蚊帳の外の場合も。小グループでの話し合いでも，自分の考えを自信をもって伝えたり，仲間の考えに耳を傾け続けたりすることができるよう，会話だけの話し合いにならないように工夫してみてはどうでしょうか？

　例えば，話し合いの時に書いては消し，消しては書くことのできるホワイトボードは，便利です。自分の言葉では伝わりづらい時に，絵や図で示したりすることができます。メンバーの視線も，自然と一点に集中します。または，仲間が考えを述べた時に，「分かる分かる」「どういうこと？」「違うと思う」などの反応を示しやすく，述べた側にも伝わりやすいものを使ってはどうでしょう。小グループの話し合いの時には，「分かる分かる」「どういうこと？」「違うと思う」の意味を含んだ3種類のカードを全員がもつようにして，他者の考えを聞いた後にカードを示すというものです。「カードを示す」という活動が一つ入るだけで，聞き方も変わってきます。カードを示しながら，思わず「分かる分かる」「どういうこと？」とつぶやく子も出てきそうです。

　「仲間の考えは，しっかり聞く」「ちゃんと話し合う」という漠然とした指示はやめて，自然と「しっかり聞いていた」「ちゃんと話し合えていた」を生み出す手立てを考えたいものです。

忘れもの／ぼくは川

準備物：黒板掲示用資料，ネームマグネット，紙やホワイトボード

●詩の授業で伝えたいこと

　短い言葉，短い文章で表現されている詩を授業で扱う時，何をどう扱えばよいのか指導に困ってしまう場合があるでしょう。

　「声に出して読むと面白いな」「何度も読みたいな」と思わせる詩もあれば，学年が上がるにつれて「何となく好き」と感じさせる詩も増えてきます。その「何となく好き」を「～だから，好きだと感じたのだな」「～だから，心に残るのだな」と自分の言葉で表現させたいものです。

　そのためには，詩の世界をイメージするだけではなく，そのイメージを生み出している言葉は何か，どのような表現の工夫かと考えることで，詩の世界をより豊かに読み取ることができるのです。

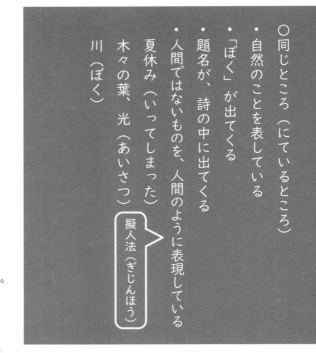

○同じところ（にているところ）
・自然のことを表している
・「ぼく」が出てくる
・題名が，詩の中に出てくる
・人間ではないものを，人間のように表現している
　夏休み（いってしまった）
　木々の葉，光（あいさつ）
　川（ぼく）
　　擬人法（ぎじんほう）

❶2編の詩の範読を聞き，音読する

どちらの詩が，気に入ったか後で聞きますよ。

夏休みが終わってしまって残念だな，という感じがするな。

川が話しながら，進んでいっているのかな。

　「忘れもの」は4連からなる詩であるが，それぞれの連から受ける印象は異なる。擬人法，呼びかけ，体言止めなどの表現の工夫から「夏休み」に親近感を覚え，「ぼく」と同化して音読することができる。「ぼくは川」は，七五調で書かれているため，リズムよく音読することができる。「どちらが気に入った」かをきくと事前に知らせることで，自然と特徴をとらえることできる。

❷気に入った詩を選んで，理由を書く

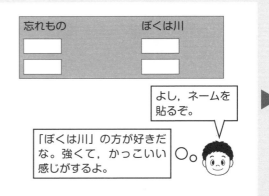

よし，ネームを貼るぞ。

「ぼくは川」の方が好きだな。強くて，かっこいい感じがするよ。

　音読後は，どちらの詩が気に入ったか選び，その理由を書くようにする。はじめに選択させることで，本人は理由を自然と考えるようになり，他者は理由を聞きたくなる。また，理由を紹介する前に，ネームマグネットで立場をはっきりさせることで，同じ詩を選んだ子にも違う詩を選んだ子にも理由を伝え合いたいという気持ちがさらに高まることが期待でき，話し合いが活発化する。

| 本時の目標 | ・表現の工夫に着目して読み，感じたことや考えたことを話し合うことができる。 | 本時の評価 | ・表現の工夫に着目して読み，感じたことや考えたことを話し合っている。 |

忘れもの／ぼくは川

○どちらの詩が気に入ったか

*pp.114-115「忘れもの」全文

*pp.116-117「ぼくは川」全文

子どもが好きな詩の下に，ネームマグネットを貼る

・各班の話し合いをまとめたものを貼る。
・まとめ方の例を示すとよい。
（例）書くとよいこと
　①それぞれの詩を好きな理由
　②話し合いを通して考えたこと
　③ぎ問　　　　　　　　　　など

❸小グループで好きな理由を話し合う

私は，「忘れもの」が好きだよ。だって，終わり方がきれいな感じがするから。

ぼくも，「忘れもの」だな。夏休みに呼びかけている感じがするからね。

ぼくは，「ぼくは川」だよ。最後に２回繰り返しているところが，気に入っているんだ。

　小グループの話し合いには，同じ詩を選んだ者同士の場合と，そうでない場合の２通りのやり方がある。同じ詩を選んだ者同士のグループだと，詩の内容についてじっくりと話し合う時間になるだろう。どちらもいるグループの場合は，２編の詩を比較しながら話し合う時間になるだろう。どちらにせよ，全体の振り返りの時に，深める発問を用意し次時につなげられるようにしたい。

❹全体で振り返りながら，内容をとらえる

各班のまとめを見て，気付いたことはありますか？

どちらも，人間ではないものが，人間のように表現されているよ。

どちらも，「ぼく」という言葉が出てきているね。

　各班のまとめを代表に紹介させ，全体で共有していく。互いの話し合いから，気付いたことを問うことで，表現の工夫や，詩の共通点・相違点に目を向けることができる。はじめに表現の工夫について取り上げ，次に「ぼく」について考えさせたい。次時につなげるために，「この詩を語っている『ぼく』は，どんな人物だろう」「『ぼく』はどんな思いなのだろう」という思いを抱かせたい。

2 忘れもの／ぼくは川
2時間
準備物：黒板掲示用資料，紙やホワイトボード

●**目的意識のある音読で意欲を高める！**

家庭学習で音読練習を取り組ませている学級は多いと思います。「誰かに音読を聞いてもらってチェックしてもらう」という方法が一般的であり，「音読カード」に「大きな声で」「気持ちを込めて」「すらすらと」「何回読んだ」などのチェック項目を設けているのではないでしょうか。詩の授業の前後には，このチェック項目を変更してみるとよいでしょう。これまでの「音読カード」とは別の用紙に，以下のような振り返り項目を設けます。

- 自分の好きな詩，ベスト3
- 「○○○」という詩を色で表すと？
- 擬人法が使われている詩はこれだ！
- 体言止めは，何回出てくるか？

チェックしてもらうというよりは，音読してミッションをクリアするようなテイストで，家庭でも意欲的に音読することができます。

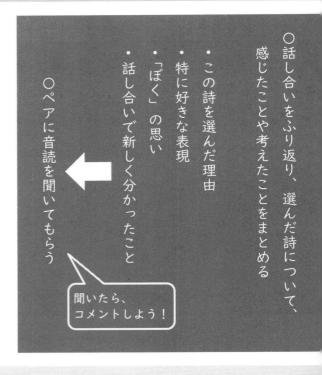

○話し合いをふり返り、選んだ詩について、感じたことや考えたことをまとめる
- この詩を選んだ理由
- 特に好きな表現
- 「ぼく」の思い
- 話し合いで新しく分かったこと

○ペアに音読を聞いてもらう

聞いたら、コメントしよう！

❶本時のめあてを確認し，音読する

どちらの詩も「ぼく」が出てきましたね。「ぼく」の思いを想像しながら音読しましょう。

夏休みの思い出が，たくさんあるのだろうな。

何かに向かって，勢いよく進んでいるんだよ。

前時の振り返りができるように，各班がまとめたものを記録に残しておくことが大切である。ペアで音読して聞き合うことで，本時の最後の音読と比べることができる。音読した際には，ペアの相手に，よかったことや，どんな風に聞こえたかについてコメントする時間を設けたい。

❷それぞれの「ぼく」の思いを話し合う

「ぼくは川」の「ぼく」は，とても力強い感じがするね。

「もうとまらない」と書いてあるから，そう感じるんだよ。

「あたらしい日へ」というから，ワクワクしているのではないかな。

前時と同様，小グループで話し合いを行う。今回は，話題が焦点化されているため，まとめるためのワークシートを用意してもよい。さらに，2編の詩について考えさせたいため，時間を短く区切ることで，話し合いへの集中力を持続させたい。教師は，各班を回って「どうしてそう考えたの？」「どんな意見が出てる？」と声をかけ，話し合いの視点を示すことができるとよい。

| 本時の目標 | ・叙述をもとに，詩の世界を想像して感じたことや考えたことに基づいて音読することができる。 | 本時の評価 | ・叙述のもとに，詩の世界を想像して感じたことや考えたことに基づいて音読している。 |

忘れもの／ぼくは川

それぞれの「ぼくの思い」について話し合おう

* pp.116-117「ぼくは川」全文

* pp.114-115「忘れもの」全文

- 各班の話し合いをまとめたものを貼る。
【まとめ方の例】
- 紙の上部には詩の本文、下側にメモ欄を作っておく。
- 「忘れもの」「ぼくは川」の「ぼく」の思いを、表に書くことができるようにする。
※これまでの学級での活動経験をもとに、まとめ方は工夫するとよい。

❸話し合いの内容を共有する

それぞれの詩の「ぼく」の思いについて，紹介してください。

両方の詩に「ぼく」が出てくるけど，この「ぼく」は…

うんうん。なるほど。

　各班の話し合いを紹介する際に，同じ考えや似ているけれど少し違う考えなどが出た時には，「さっきの班と〜については同じですね」と反応したり「この班とこの班，何が違うか分かりますか？」などと問いたりしたい。各班の考えのズレを全体に問うことで，さらに考えを深められ，聞くという活動を単調にさせない。

❹全体で振り返りながら，内容をとらえる

気に入った詩について，感じたことや考えをまとめ，音読しましょう。

「忘れもの」の，呼びかけのところが好きだから，その部分の「ぼく」の思いが伝わるように音読したいな。

　「感じたことや自分の考え」をまとめると言っても，文章にすることが難しい子もいる。以下のような項目を提示して，まとめやすくする工夫が必要である。
- この詩を選んだ理由。
- 特に好きな表現。
- 「ぼく」の思い。
- 話し合いで新しく分かったこと。

第2時 209

あなたなら，どう言う

3時間

Ⅰ 単元目標・評価

- 考えとそれを支える理由や事例との関係について理解することができる。（知識及び技能(2)ア）

- 目的や進め方を確認して話し合い，互いの意見の共通点や相違点に着目して，考えをまとめることができる。（思考力，判断力，表現力等 A(1)オ）

- 言葉がもつよさに気付くとともに，幅広く読書をし，国語を大切にして，思いや考えを伝え合おうとする。（学びに向かう力，人間性等）

知識・技能	考えとそれを支える理由や事例との関係について理解している。（(2)ア）
思考・判断・表現	「話すこと・聞くこと」において，目的や進め方を確認して話し合い，互いの意見の共通点や相違点に着目して，考えをまとめている。（A(1)オ）
主体的に学習に取り組む態度	学習課題に沿って，様々な立場でやり取りを行い，互いの意見の共通点や相違点に着目して積極的に考えをまとめようとしている。

② 単元のポイント

役割演技

　本単元では，役割演技を通して，「対話」を成立させるために大切なことを考える。役割演技には，登場人物の気持ちを実感し，様々な人の立場に立って考える素地を養う効果がある。今回の役割演技は，家に友達を招くために部屋をきれいにしたい姉と，棚をきれいにするために本の整理をしている弟を演じる。2人とも，部屋をきれいにしたいという思いは同じだが，話をしなければ2人の思いはすれ違う。そこに対話の必然性が生まれます。役割演技を通して，姉と弟のそれぞれの立場や気持ちを共感的に体験できる。

ベストアンサーを考える

　単元の最後に，ベストアンサーを考える活動を設定する。姉と弟の役割演技に正解はない。ベストアンサーは，「正解」ではなく，「納得解」である。自分以外の他者に目を向けはじめる4年生の子どもたちは，これから，悩みながらも，自分が納得する人との関わり方を見付けていくことが多くなる時期だ。国語の授業において，子どもたちが納得解を見出し，そう考えた思考のプロセスを友達と話し合う場面を大切にすることが求められる。

210　あなたなら，どう言う

3 学習指導計画（全3時間）

次	時	目標	学習活動
一	1	• 対話について理解することができる。	○「対話」と「会話」を比べて，「対話」の意味について考え，2人で話をしていて，互いにうまく伝わらなかった経験を発表する。 ○絵の状況を確認し，役割演技をする2人に，姉と弟のそれぞれの台詞を渡し，演じさせる。 ○2人にインタビューをし，やり取りをしている時の気持ちを聞く。 ○2人のやり取りの問題点について考える。
	2	• それぞれの立場に立って，思いを伝え，互いの発言の中心をとらえながら聞き，よりよい対話について考えることができる。	○前時のやり取りを思い出す。 ○グループで姉の声のかけ方について考える。 ○グループの考えを発表し，「うまくいったやり取り」と「うまくいかなったやり取り」に分類する。 ○ベストアンサーを考える。
	3	• よりよい対話について考え，対話をする時に大切にするべきことを理解することができる。	○前時を思い出す。 ○前時の「うまくいったやり取り」と「うまくいかなったやり取り」の違いを考える。 ○対話をする時に大切にすることを考える。 ○対話の意味について，もう一度考える。

「対話」と「会話」の違い

　現行の学習指導要領において「主体的・対話的で深い学び」が求められています。学校の中では，当たり前のように「対話」という言葉が飛び交うようになりました。では，「対話」と「会話」の違いは，何なのでしょうか。「対話」とは，多くの辞書で「向かい合って話すこと」とあります。ここで重要なのは，「向かい合う」ということです。これは，体のことだけでなく，心を向かい合わせることを言っているように思います。心を向かい合わせるというのは，相手に対して正対し，相手のことを理解しよう，受け入れようとする心構えと，自分のことをまっすぐに伝えようとする心構えのことです。本単元では，実際のやり取りを通して，対話の技能の習得とともに，「対話」をする心について考えさせたいものです。

あなたなら，どう言う

1/3時間　準備物：黒板掲示用資料

●役割演技のさせ方

本時では，デモンストレーションとして姉役と弟役の2人に役割演技をさせます。対話にならないのは，相手の立場や思いが分からない状況で，一方的に自分の主張を押し通そうとしたからです。同じ状況をつくるために，姉役には「友達が家に来るために片付けたいと思っている」こと，弟役には「たなをきれいにしたいと思っていること」のみを伝えて，相手の立場については伝えずに演じさせます。また，今回は，あくまでもデモなので，2人の対話が成立しないようにします。「友達が来るから，早く片付けてよ」という姉のはじめの台詞と，だんだんと2人がケンカになることだけを伝えます。他の先生の協力があるのなら，先生同士でしてもいいかもしれません。やり取りを見ていた子どもたちが「なぜ対話がうまくいかなかったか」を考えることが大切です。

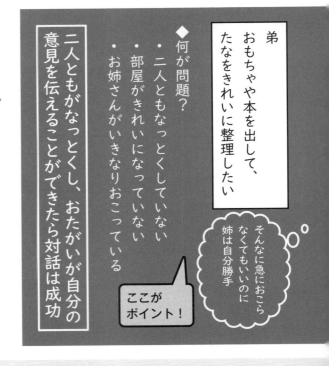

弟　おもちゃや本を出して、たなをきれいに整理したい

◆何が問題？
・二人ともがなっとくしていない
・部屋がきれいになっていない
・お姉さんがいきなりおこっている

二人ともがなっとくし、おたがいが自分の意見を伝えることができたら対話は成功

そんなに急におこらなくてもいいのに　姉は自分勝手

ここがポイント！

❶「対話」の意味について考える

「対話」と「会話」の違いって何だと思いますか。辞書を引いてみましょう。

なんか同じような意味だなぁ。

今日から，「対話」について考えてみましょう。これまでに，人と話をしていて，自分の思いや伝えたいことがうまく伝わらなかったり，相手を怒らせてしまったりしたことはありますか。

まず，「対話」と「会話」を比べて，「対話」の意味を考える。辞書を引かせて，言葉の意味からイメージを広げてもよい。ここの段階では，「対話」の意味を押さえなくてよい。

次に，話をしていてうまくいかなかった経験を思い出させる。自分が相手に伝えられなかったり，友達や家族との話の中で，嫌な思いをしたことなどを交流する。

❷教科書の通り，役割演技をする

（絵を見せて）これは何の場面でしょうか。

弟が部屋を散らかしてお姉さんが怒っている場面だと思います。

それでは，代表して2人に演じてもらいましょう。2人には，それぞれどんな状況なのかを説明しますね。

教科書p.118の挿絵の場面が，姉が家に帰ってきたら，弟の物が部屋に散らかっている場面であることを説明する。そして，姉役と弟役の2人を選び，役割演技をさせる。姉役には「友達が家に来るために片付けたいと思っていること」，弟役には「たなをきれいにしたいと思っていること」と，だんだんと言い合いになることをそれぞれに伝えて，姉のはじめの台詞だけ決めて，演技をさせる。

本時の目標	・対話について理解することができる。	本時の評価	・対話について理解している。

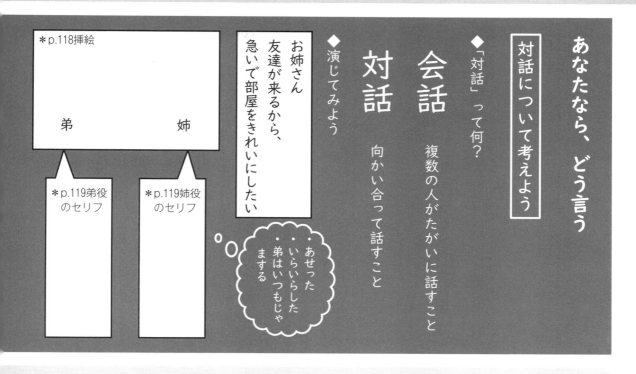

あなたなら、どう言う
対話について考えよう

◆「対話」って何？

会話 複数の人がたがいに話すこと

対話 向かい合って話すこと

◆演じてみよう

お姉さん 友達が来るから、急いで部屋をきれいにしたい

・あせった
・いらいらした
・弟はいつもじゃまする

*p.118挿絵

弟　　姉

*p.119弟役のセリフ　　*p.119姉役のセリフ

❸2人にインタビューをする

お姉さん，今どんな気持ちですか。

もうすぐ友達が来るのに，弟が散らかすから腹が立つ。姉役

弟さん，今どんな気持ちですか。

お姉ちゃんは，いつも何も聞かずに怒るから，嫌だね。弟役

　やり取りが終わった後に、姉役、弟役にそれぞれインタビューをする。「今どんな気持ちか」「やり取りをしている時はどんな気持ちだったか」「一番腹が立ったのは、相手のどのセリフか」「何に腹を立てたのか」などを聞き、姉と弟になりきって答えさせる。

❹やり取りの問題点を考える

2人のやり取りは何が問題なのでしょう。

最後になっても，2人とも納得していないのが問題。

相手の意見を聞かずにいきなり怒ったのが問題。

2人とも納得したら対話が成功ですね。

　2人のやり取りの問題点について話し合う。最後にお互いが納得できていないこと、相手の意見を聞こうとしなかったこと、お互いが自分の意見しか伝えようとしなかったことなどを確認する。最後に、よりよい対話とは、2人ともが納得し、互いが自分の意見を伝えることができることであるとまとめる。

第1時　213

2/3時間 あなたなら，どう言う

準備物：画用紙（グループに1枚）

●グループで役割演技

　本時では，グループで姉の言い方を考えます。その時に，実際に役割演技をしながら考えることが大切です。一人一人が自分で言い方を考えて，弟役と実際にやり取りをしてみることで，姉や弟の気持ちを感じ，言い方を考えることができます。

●グループの考えを分類する

　グループで考えた意見を発表した後，各グループの言い方を，成功した対話と失敗した対話に分類します。分類する過程で，子どもたちは弟の気持ちと姉の気持ちについて考えます。それは，次時に学習する，自分とは違う立場になって考えることの大切さに気付く土台になります。分類した結果，すべて成功に分類されても問題ありません。大切なことは，「なぜ成功と言えるか」について考え，その理由を交流することです。

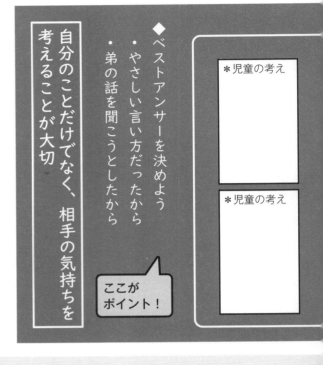

自分のことだけでなく、相手の気持ちを考えることが大切

◆ベストアンサーを決めよう
・やさしい言い方だったから
・弟の話を聞こうとしたから

ここがポイント！

＊児童の考え

＊児童の考え

❶前時のやり取りを思い出す

前の授業で，姉と弟の2人のやり取りをしてもらいましたね。どうしたら対話は成功でしょうか。

2人ともが納得し，2人ともが自分の意見を伝えることができたら対話は成功です。

　前時の姉と弟のやり取りと，2人ともが納得し，2人ともが自分の意見を伝えることができたら対話は成功であるということを振り返る。本時の最後に，ベストアンサーを考える時の評価基準になるので，しっかりと確認する。

❷姉のセリフを考え，役割演技をする

今日は，お姉さんの言い方について考えます。お互いが納得して，お互いがしたいことができる言い方をグループで考えましょう。

前は，いきなりお姉ちゃんが怒ったから言い合いになったんだよなぁ。

　姉と弟のそれぞれの状況を確認し，家に帰った時の姉の言い方をグループで考える。実際にグループの中で役割演技をやってみて，姉や弟の気持ちを確認しながら，よりよい言い方について考えを深める。その後，各グループで一番よい言い方を決めさせ，弟役は，違うグループの子どもにやってもらい，クラスの前で実際にやらせる。姉の言い方を画用紙などに書かせて，黒板に掲示する。

本時の目標	・それぞれの立場に立って，思いを伝え，互いの発言の中心をとらえながら聞き，よりよい対話について考えることができる。	本時の評価	・それぞれの立場に立って，思いを伝え，互いの発言の中心をとらえながら聞き，よりよい対話について考えている。

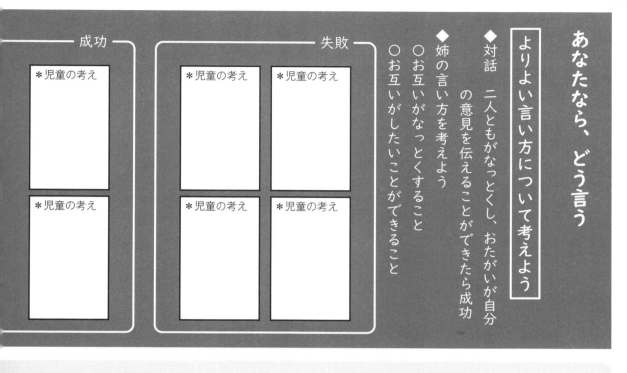

❸児童の考えを分類する

それではみなさんの考えた言い方を，うまくいったものと失敗したものに分けましょう。

　各グループの姉の言い方を演技させた後，それぞれの言い方を「対話が成功した言い方」と「対話が失敗した言い方」に分けていく。その言い方を考えた理由や，弟役の子にどんな気持ちだったかを聞きながら，①2人ともが納得していること，②2人ともが自分の意見を伝えることができること，の2点をもとにしながら分類する。

❹ベストアンサーを考える

今日，みんなが考えたお姉さんの言い方の中からベストアンサーを決めましょう。

○○ちゃんの言い方が，弟もお姉ちゃんも気持ちよく話ができたなぁ。

　最後に，自分がベストアンサーだと思うものを決める。各グループの考えた姉の言い方から，自分が1番よいと思ったものを選び，理由をノートに書かせ，選んだ理由を交流する。ここでベストアンサーを選んだ理由をしっかりと交流することで，次時のよりよい対話の仕方について考える時に，しっかりと考えることができるようになる。

第2時　215

あなたなら，どう言う

3／3時間

準備物：黒板掲示用資料

● 単元のまとめの発問

　本時では，単元の最後に，「対話と会話の違いは何か」を問います。これは，単元のはじめに子どもたちに問うたものと同じです。対話とは，向き合って話すことです。単元を通して，『向き合う』とは何か」を体験を通して考えてきました。本時の最後に，対話の成立には，相手を受け入れる心構えをもつことや相手と自分を尊重しようとすること，お互いが対話を成功させようと思うことなどが大切であることに気が付くことができれば，対話をより深く理解することができたと言えます。

　対話は毎日の授業で取り組みます。日々の授業の中で対話を積み重ねることで，学級の友達との信頼関係が構築されていきます。

> 対話とは、自分の考えを持ち、相手の考えにしっかりと向き合って話すこと
> ・自分とはちがう立場になって考えること
> ・一回落ち着いてから話をすること
> ・言葉づかいをていねいにすること
> ・相手を理解しようとする心をもつこと
> ・「自分だけ！」という思いをすてて、相手といっしょに考えようとすること
> ・対話を成立させようと思うこと

❶ 前時を思い出し，めあてを確認する

> 前回は，グループに分かれて，姉の言い方について考えました。うまくいった言い方とうまくいかなかった言い方がありましたね。今日は，それを比べながら対話の成功の秘訣を考えます。

　前時に作成した，各グループの意見を掲示しながら，「対話がうまくいった言い方」と「対話がうまくいかなかった言い方」に整理する。「対話がうまくいかなかった言い方」があまりない場合は，１時間目にデモで行ったやり取りの言い方を掲示する。そして，本時のめあて「よりよい対話にするために大切なことを考えよう」を確認する。

❷ やり取りの違いを考える

> 成功したやり取りと，失敗したやり取りの違いは何でしょうか。

> 成功したやり取りは，自分だけでなく相手のことも考えているけど，失敗したのは自分のことだけしか考えていないな。

　「対話がうまくいった言い方」と「対話がうまくいかなかった言い方」の違いを考えさせる。「やさしく言う」などの言い方や，「相手の意見を聞こうとする」などの対話の時の姿勢，「相手を受け入れようとする」などの対話の時の心のもち方まで幅広い意見を発表させる。前時のグループでのやり取りが充実することにより，ここで多くの意見が出てくる。

| 本時の目標 | ・よりよい対話について考え，対話をする時に大切にするべきことを理解することができる。 | 本時の評価 | ・よりよい対話について考え，対話をする時に大切にするべきことを理解している。 |

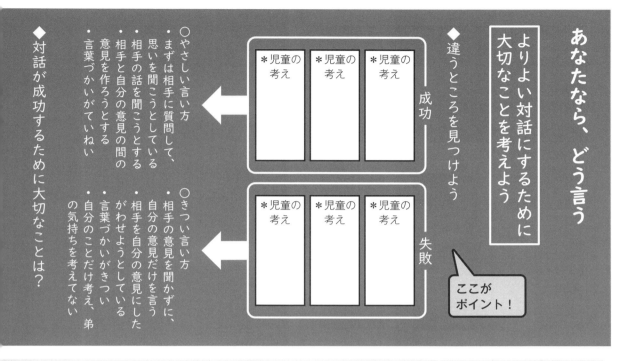

❸ 対話で大切にすることを考える

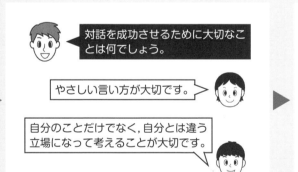

❹ 対話とは何か，もう一度考える

最後に，もう一度考えます。「対話」と「会話」の違いは何でしょうか。

前に，対話は「向き合うこと」ってあったけど，向き合うということは相手を理解しようとすることなんだね。

対話とは，自分の考えをもち，相手の考えをしっかりと聞きながら話すことです。

　本単元の一番重要な問い「対話を成功させるために大切なことは何か」を考えさせる。この発問は，❷の「対話がうまくいった言い方」と「対話がうまくいかなかった言い方」の違いをまとめて整理する発問になる。時間があるなら，子どもたちの意見の交流の後に，違うシチュエーションを設定し，子どもが見付けた対話の成功の秘訣を生かして役割演技をさせてもよい。

　最後の，本単元のはじめに聞いた問い，「対話と会話の違いは何か」を問い，もう一度「対話」について考える。1時間目に「対話とは，向かい合って話すこと」としている。ここで「向かい合う」ということの意味を深めさせたい。ただ，体を向き合うことではなく，向かい合うとは，相手を受け入れようとする姿勢と心が必要であることを確認して，単元の振り返りとする。

第3時　217

パンフレットを読もう

2時間

1 単元目標・評価

- 文章を読んで理解したことに基づいて，感想や考えをもつことができる。（思考力，判断力，表現力等 C(1)オ）
- 言葉がもつよさに気付くとともに，幅広く読書をし，国語を大切にして，思いや考えを伝え合おうとする。（学びに向かう力，人間性等）

思考・判断・表現	「読むこと」において，文章を読んで理解したことに基づいて，感想や考えをもっている。（C(1)オ）
主体的に学習に取り組む態度	読んで理解したことに基づいて，進んで感想や考えをもち，学習課題に沿って，パンフレットの工夫について話し合おうとしている。

2 単元のポイント

教材の特徴

　子どもたちは，これまで遊園地や水族館などの様々な場所でパンフレットを目にしている。しかし，その役割や特徴について考えたことがある子は少ないものだ。本単元では，パンフレットを読んで，その特徴について考える。導入では，ポスターとパンフレットを比較する。3年生の「生活の中で読もう」の単元でポスターを題材としていたので，子どもたちはポスターには馴染みがある。ポスターとパンフレットを比較することで，パンフレットの特徴が明らかになる。

- パンフレット……複数枚の紙を綴じて作られた小冊子。
- リーフレット……1枚の紙を折って作られている印刷物。
- ポスター　　……宣伝用の印刷物。

　ポスターは宣伝用のものが多いので，分かりやすいキャッチコピーや，パッと目に入る魅力的なイラストや写真が使われている。それに対してパンフレットは，場所や物について説明をしたり，よさを知らせたりするための冊子なので，絵や写真とともに，説明の文章が書かれていることが特徴だ。また，パンフレットは，作られた目的や伝えたい相手が明確になっていることも特徴だ。比較することで，これらの特徴がより明らかになる。

218　パンフレットを読もう

3 学習指導計画（全2時間）

次	時	目標	学習活動
一	1	• パンフレットの工夫について進んで感想や考えをもち，話し合おうとする。	○ポスターとパンフレットを比較する。 ○パンフレットについて理解する。 ○パンフレットの対象者や役割を考える。 ○パンフレットを見て分かったことを交流する。
	2	• 作り手の立場からパンフレットの工夫について感想や考えをもつことができる。	○「パンフレット読み取りクイズ」をする。 ○パンフレットの工夫を見付ける。 ○そのような工夫をした意図を考える。 ○学習をまとめる。

パンフレットを用意する・作成する

　本単元では，パンフレットを見ながら学習を進めます。教科書にも例が記載されているので，これを見ながら学習を進めることができます。しかし，社会見学に行った浄水場や清掃工場などのパンフレットを活用したり，近くに水族館や遊園地があるならそのパンフレットを活用したりすることもできます。実物のパンフレットやポスターは，子どもたちの興味・関心を高めるためにとても効果的です。実物を眺めながら考えることで，子どもたちが身の回りにあるパンフレットを見直し，新たな気付きが生まれ，より学習を深めることができます。

　観光地や遊園地のパンフレットは，そこに来た人が，どこに行けば何があるのかが分かるように作られています。つまり，パンフレットは，伝えたい相手と伝えたいことが明確にあります。本単元では，このようなパンフレットの特徴や役割について考えます。

　時間を取ることができるなら，より深くパンフレットについて考えるために，実際にパンフレットを作る学習が有効です。本単元の1時間目にはパンフレットを見て，パンフレットの役割などについて学習します。2時間目には，パンフレットの工夫について考えます。そこで，その後に，学んだことを活用して実際にパンフレットを作る活動を設定します。「4年3組パンフレット」などの自分たちの学級や学校のパンフレットを作ったり，校外学習に行ったところのパンフレットを作ったりすることができます。「授業参観を見に来る保護者を対象に，自分たちのよさを知ってもらうためのパンフレットを作ろう」などと，パンフレットを作る目的や対象者を明確にしてパンフレットを作ることで，作り手の立場になって考えることができます。

単元について　219

パンフレットを読もう

1/2時間　準備物：黒板掲示用資料

●ポスターとパンフレットを比較する

　本時では，パンフレットの特徴をよりはっきりさせるために，ポスターとパンフレットの比較から授業をはじめます。ポスターは，不特定多数の人に施設などについて興味を抱いてもらう宣伝や広報の役割が強いです。それに対し，パンフレットは，施設に来た人にそのよさや特徴を分かりやすく説明することが役割です。ポスターもパンフレットも同じように，絵や写真が使われていますが，パンフレットには短い説明用の文章が加わります。同じ遊園地のポスターとパンフレットを比較すると，書いている内容がまったく違います。ポスターは楽しそうな場面とキャッチコピーが書かれているのに対して，パンフレットには乗り物の説明やトイレの場所など，遊園地で知りたいことが書かれています。ポスターとの比較を通して，パンフレットの役割に気が付くことができます。

◆このパンフレットはどんな人のため？
- 小学生
  - 社会見学で見に来た小学生に清掃工場を説明するため
- 地域の人
  - 地域に住んでいる人に清掃工場が安全だと説明するため
- 業者
  - 工場で発生した熱や水蒸気やスラグを利用する業者のため

◆パンフレットを見て分かったこと
- 中央清掃工場では，もえるごみを処理している
- 工場で発生した熱と水蒸気は，温水プールに利用されている
- 約2万けんの家の電気を作っている
- 灰をとかしてできたスラグは，道路に使われている
- 日に約二百台のごみ収集車が来る

❶ポスターとパンフレットを比較する

ポスターとパンフレットを持ってきました。比べて気が付くことはありますか。

両方とも同じ施設なのに，書かれていることが全然違うね。

ポスターはインパクトを大事にしているけど，パンフレットは説明が多いね。使う場面が違うからかな。

　パンフレットの特徴をより鮮明にするために，本時ではポスターとパンフレットを比べる。可能なら，旅行会社や遊園地のパンフレットとポスターを用意すると，より違いが分かりやすい。ポスターは不特定多数の人を対象とした宣伝用なのに対して，パンフレットは目的があって冊子を見ている人を対象とした説明用になる。比較を通して，その違いを明らかにする。

❷パンフレットについて理解する

パンフレットは，場所や物などについて，説明したり，よさを知らせたりするためのものです。持ち運べて，それを見ながら行動できるように，絵や写真と短い文章で作られています。みなさんはこれまで，どんなところでパンフレットを目にしましたか。

　次に，パンフレットについて説明する。子どもたちがこれまでに見たことがあるパンフレットや，パンフレットを手に取った場面などを想起させながら，パンフレットの役割を解説する。様々な種類のパンフレットを用意することで，パンフレットのイメージが膨らんでいく。

| 本時の目標 | ・パンフレットの工夫について進んで感想や考えをもち，話し合おうとする。 | 本時の評価 | ・パンフレットの工夫について進んで感想や考えをもち，話し合おうとしている。 |

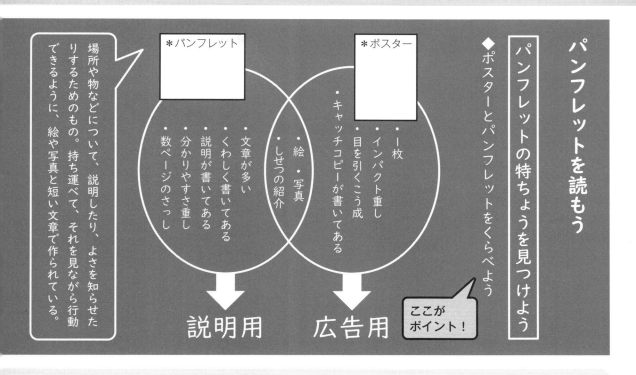

◆パンフレットを読もう
パンフレットの特ちょうを見つけよう
ポスターとパンフレットをくらべよう

*パンフレット
・文章が多い
・くわしく書いてある
・説明が書いてある
・分かりやすさ重し
・数ページのさっし

・絵・写真
・しせつの紹介

*ポスター
・一枚
・インパクト重し
・目を引くこう成
・キャッチコピーが書いてある

→ 説明用　　広告用

ここがポイント！

場所や物などについて、説明したり、よさを知らせたりするためのもの。持ち運べて、それを見ながら行動できるように、絵や写真と短い文章で作られている。

❸パンフレットの対象者や役割を考える

このパンフレットはどのような人のために作られたものでしょうか。

社会見学で見に来た小学生に清掃工場を説明するためだと思います。

パンフレットは，伝えたい人に分かりやすいように絵や写真や短い文章を組み合わせて書かれています。

▶ パンフレットを作った対象者や目的を考える。また，パンフレットのどこからそう考えたかを発表させることで，パンフレットを作成した人の意図に気付くことができる。次時には，対象とする人に膨大な情報を分かりやすく伝えるための様々な工夫について考える。ここで，しっかりと対象者とパンフレットをつなげておくことにより，次時で多くの工夫に気が付くことができる。

❹見て分かったことを交流する

パンフレットを見て分かったことを交流しましょう。

工場で発生した熱と水蒸気は，温水プールに利用されています。

どこに書かれていますか。

　最後に，パンフレットに書かれている内容を読み取る。板書例は，教科書に掲載されている清掃工場のパンフレットで記載しているが，パンフレットの実物を用意すると子どもの興味が広がる。分かったことを発表するたびに，書かれている場所を確認しながら，パンフレットの構成を整理していく。

2 パンフレットを読もう
2時間
準備物：黒板掲示用資料

●パンフレットの工夫を見付ける

　本時は，パンフレットの工夫を見付けます。何かを工夫をする背景には，必ず作成者の思いがあります。「○○を伝えたいから，△△という工夫をする」のです。遊園地のパンフレットなら「迷子の子どもを減らしたい」，旅行のパンフレットなら「旅行者にたくさんの思い出を作ってほしい」など，パンフレットの裏にある作成者の思いを想像します。そして，その思いを伝えるために様々な工夫をしています。

　パンフレットは，絵・写真・図・言葉・短い文章で構成されています。絵や写真などの大きさや配置，短い文章を掲載する場所や量など，読む人の気持ちを考えて配置されています。作成者の思いと重ねながら，多くの工夫を見付けることが大切です。

◆パンフレットを作るときや読むときに大切にすること

●作るとき
・伝えたいことをはっきりさせる
・パンフレットを見る人を意識する
・絵・図・短い文章を見やすく配置する
・文字の大きさや配置を工夫する

●読むとき
・どこにどんなことが書かれているかを確認してから，知りたい情報が書かれている場所を見る
・絵や写真と文章を合わせて読む

❶「パンフレット読み取りクイズ」をする

「パンフレット読み取りクイズ」をします。蒸気タービンを回して発電した電気は何に使われているでしょう？

蒸気タービンのところを見たら分かるよ。

　パンフレットの読み取りの練習として，クイズをする。ペアやグループなどで行い，楽しみながらパンフレットを読む時間とする。また，前時とは違うパンフレットがあれば，それを活用する。パンフレットは，内容によって書かれている場所がまとめられている。まとまりを意識して，書かれている内容を読み取らせる。

❷作った人の思いを考える

このパンフレットを作った人は，どんな思いで作ったのでしょうか。

清掃工場の仕組みを分かってほしいのだと思います。

清掃工場が安全だということを分かってほしいのだと思います。

　❸でパンフレットの工夫を見付けるために，パンフレットの作成者の思いを想像する。パンフレットの作成者は，読む人の立場や状況を想像し，様々な工夫をしてパンフレットを作っている。子どもたちを作成者の立場にし，作成者の思いを想像することで，より多くの工夫を見付けることができる。

本時の目標	・作り手の立場からパンフレットの工夫について感想や考えをもつことができる。	本時の評価	・作り手の立場からパンフレットの工夫について感想や考えをもっている。

パンフレットを読もう

パンフレットの工夫を見つけよう

◆パンフレットを作った人の思いは?
・清掃工場の仕組みを伝えたい
・清掃工場が地球にやさしいことを伝えたい
・リサイクルしていることを伝えたい

◆パンフレットの工夫を見つけよう

●言葉づかいがやさしい
→小学生でも分かるように
●絵や図をたくさん使う
→イメージしやすいように
●コラムがある
→よさがパッと分かる
●図と文章が合っている
→説明が絵の近くにあると読みやすい
●順番の数字が書いてある
→処理の流れが分かりやすい
●文章が短い
→かんたんに読める
●字の大きさ
→字の大きさを変えて目立たせている

＊pp.122-123パンフレット

---

❸パンフレットの工夫を見付ける

そうですね。そんな思いを伝えるためにパンフレットには様々な工夫があります。見付けましょう。

言葉遣いがやさしくしてあります。

作成者はどんなことを思ったでしょう?

小学生でも分かりやすいようにしたのだと思います。

　パンフレットの工夫を見付ける。グループやペアで行ってもよい。黒板に、パンフレットを拡大したものを掲示し、子どもたちが見付けた工夫を確認しながら発表させる。工夫を見付けた後、「作成者はどんなことを思ったのか」など、見付けた工夫の意図を考えさせる。

❹学習をまとめる

最後に、パンフレットを作るときや読む時に大切にすることをまとめましょう。

　最後に、「パンフレットを作る時や読む時に大切にすること」という観点について、これまでの学びをまとめる。クラスを、「作り手」と「読み手」にグループ分けをして、それぞれ振り返り、交流してもよい。
　また、「4年3組パンフレットを作ろう」などの活用場面を設定することで、パンフレットの学びを深めることができる。

いろいろな意味をもつ言葉

2時間

１ 単元目標・評価

- 言葉には様々な意味があることを理解し，語彙を豊かにすることができる。（知識及び技能 (1)オ）
- 言葉にある様々な意味を比べ，分類しながら表現することができる。（知識及び技能(2)イ）
- 言葉がもつよさに気付くとともに，幅広く読書をし，国語を大切にして，思いや考えを伝え合おうとする。（学びに向かう力，人間性等）

知識・技能	言葉には様々な意味があることを理解し，語彙を豊かにしている。((1)オ) 言葉にある様々な意味を比べ，分類しながら表現している。((2)イ)
主体的に学習に取り組む態度	様々な意味のある言葉を使った「言葉遊び詩」を作ろうとしている。

２ 単元のポイント

この単元で知っておきたいこと

　子どもたちは３年生の「国語辞典を使おう」という単元で国語辞典の使い方を学習し，言葉には様々な意味があることを知っている。また，３年生の「漢字の意味」という単元で，同じ読み方で意味の違う漢字について学習している。今回の単元では，様々な意味のある述語（動詞）について，主語や目的語などとのつながりからどんな意味になるのか学習する。

言語活動

　本教材には，詩人川崎洋の「とる」の詩の一部分が引用されている。「とる」という韻を踏むリズムのよいこの詩を，音読とともに動作化させることで，同じ「とる」という言葉でも様々な意味があることを子どもたちは体感するだろう。また，「とる」の詩の工夫を活用して「言葉遊び詩」を作ることを単元のゴールにすることで，子どもたちはその他の様々な意味をもつ言葉にも，活動の必然性をもって学習に取り組むことができるだろう。

3 学習指導計画（全2時間）

次	時	目標	学習活動
一	1	• いろいろな意味をもつ言葉があることを知り，それぞれの言葉の意味について考えようとする。	○「とる」の詩をもとに，いろいろな意味をもつ言葉があることを知り，それぞれの言葉の意味について考えようとする。 • 「とる」の詩を動作化しながら音読し，同じ言葉でも様々な意味があることを知る。 • 関係する言葉をもとに，共通する言葉を見付け，それぞれの意味について考える。 • 意味の違いを考えながら，関係する言葉を見付け，広げていく。
二	2	• 意味の違いを考えながら，「とる」の詩をもとに「言葉遊び詩」を作ることができる。	○「とる」の詩の工夫をもとに，2人組で「言葉遊び詩」を作る。 • 「とる」の詩の工夫について考える。 • 2人組で広げる言葉を決め，「言葉遊び詩」を作る。 • 学習を振り返り，自分が思ったことを書く。

「言葉遊び詩」から学び，言葉の「広がり」と「つながり」を楽しむ。

　言葉の特徴をうまく使って作られた「言葉遊び詩」は，子どもたちに豊かな言語活動の場を与えてくれるとても優れた教材です。書かれている詩の工夫から，その言葉がもっている特徴を考えさせたり，その工夫を意識しながら真似をして書かせたりする活動につなげることができます。

　詩の工夫を見付けさせるためには，何度も音読させることが何よりも重要です。「1行ずつ」など，短いかたまりごとに，「先生と子どもで交代」や「班ごとに交代」など，集団に変化をつけ，楽しませながら何度も音読させていきましょう。

　日本語は，その表現がとても多様で，様々な意味があり，細やかな意味を示す言葉もたくさんあります。今回の教材は，普段子どもたちが使っているなじみのある言葉について，意味の広がりを感じさせるとともに，それぞれの意味がどの言葉に置き換えられるのか，言葉のつながりを考えさせるのに適した教材です。国語辞典を使って調べていく活動が習慣になるチャンスでもあるので，自分から調べていく姿勢をほめて価値付けさせていきます。

　また，1人で調べる活動だけでなく，2人でどんどん語彙を増やしたりする活動や，どんな言葉がつながるのか2人で当てはまる言葉を考える活動など，子どもたちが力を合わせて楽しみながら言葉を学んでいく姿にも大きな価値をもたせることができたらよいでしょう。

単元について　225

いろいろな意味をもつ言葉

1/2時間　準備物：黒板掲示用資料

●動作化して音読する

ただの音読だけでは、意味の違いまでは分かりません。それぞれの行ごとに動きを入れて音読させましょう。それぞれの動きが変わったことが分かるように、音読しながら友達の動きを見る人と音読のリズムに合わせて動きをする人に分かれて、動きを確認する場をつくるのもよいですね。

●確かな学びのある活動となるように

スモールステップのある活動を心がけましょう。最初の問題では、どうやって活動するのか学級全体で取り組んで活動のモデルとして見せ、二つ目の問題では、活動する時間を短く決めて取り組ませ、全体で確認する時間を取ります。三つ目の問題から2人組で活動など、限られた時間の中でどうやったら活動が充実するのか、子どもの表情を見ながら指示していきましょう。

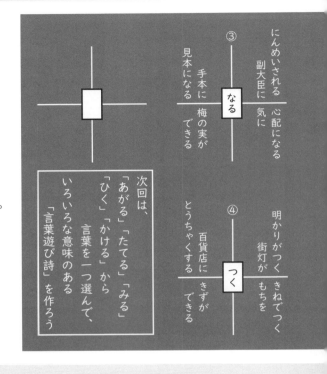

❶「とる」の意味の違いに気付く

まずは、「とる」の詩を、教師の示範の音読の後に、声を揃えて1行ずつ何度も音読させていく。

読むリズムに慣れてきたら、動きも入れて1行ずつ音読させていく。

そして、それぞれの行ごとに動きが変わることに着目し、同じ「とる」という言葉なのに、なぜ動きが変わったのか、その理由について考えさせていく。

❷意味から違う言葉に置き換える

「とる」の意味がそれぞれ違うことを確認したら、それぞれの「とる」という言葉が、置き換えられる言葉は何かを考えさせていく。

それぞれの子どもが国語辞典を使ってたくさんの意味に触れることができる場にしたい。

活動のスピードに差が出るので、時間を決めて活動させ、早く終わった子には、「とる」の詩の続きを考えさせておく。

| 本時の目標 | ・いろいろな意味をもつ言葉があることを知り、それぞれの言葉の意味について考えようとする。 | 本時の評価 | ・いろいろな意味をもつ言葉があることを知り、それぞれの言葉の意味について考えている。 |

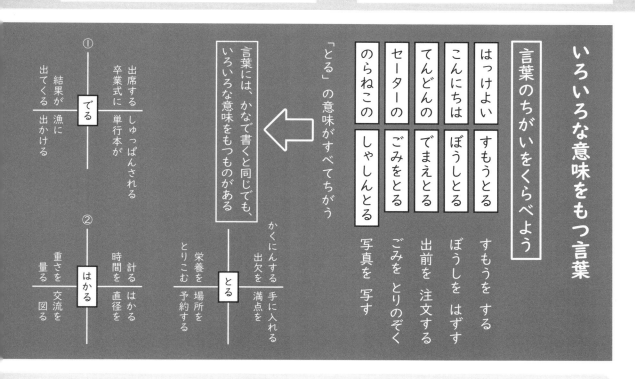

❸当てはまる言葉と意味を考える

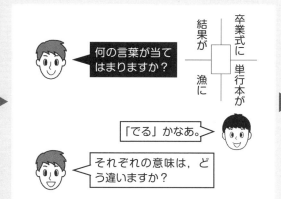

次は、主語や目的語など、つながる四つの言葉から共通する言葉を考えさせていく。そして、四つの違う意味を比べやすいよう、十字の中心に共通する言葉が入るような形を板書で示し、置き換えられる言葉とともに、まとめさせていく。

特に、「はかる」の問題については、何をはかるかによって、それぞれの漢字が変わることについてしっかりと押さえる必要がある。

❹次回の見通しをもって活動する

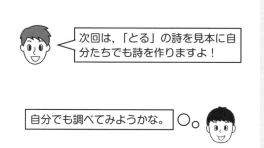

最後の意味を考えて言葉を広げていく活動も、十字の形で四つずつ言葉を広げていくよう指示をする。

活動させる前に、次回の学習では、今から広げていく言葉をもとに、「とる」の詩の工夫を見本にした「言葉遊び詩」を作ることも示しておく。

そうすることで、子どもたちは見通しをもって活動し、次回の学習にもつなげることができる。

いろいろな意味をもつ言葉

2/2時間
準備物：黒板掲示用資料

●子どもたちの発見をまずは受け入れよう

「とる」の詩の工夫について，子どもたちは様々な意見を言うこともあるかもしれません。

創作活動には合わない意見と思えても，教師が意見を受け入れない姿勢をとってしまうと，子どもたちの活動への意欲は下がります。まずは受け入れ，箇条書きで板書します。そして，その後に「詩を作る活動では，特にこの点を大事にしてね。」と必要な工夫に印を付ければよいのです。

●子どもたちの創作活動を認めよう

「これでいいのかな？」「大丈夫かな？」

作文を書くことが苦手な子どもたちはそう思っています。創作活動をさせる際には，早めの段階で教師が確認し，丸を付けたり，声をかけたりして認めてあげましょう。教師の「面白いね」という声かけが何よりの魔法の言葉になります。

やり方
①グループ（二人組）になる
②詩を作る言葉を決める
③協力して，四つの言葉をあてはめる　→先生から　丸をもらう
④交代で詩を一行ずつ作る　→先生から　丸をもらう
⑤二行できたら持ってくる　→先生から　丸をもらう
⑥交代でどんどん続きを書いていく
⑦出来上がった作品を他のグループにしょうかいする

学習を通して，自分が思ったことをくわしく書こう
（すごい・おもしろい・ふしぎ）

❶詩の工夫を考える

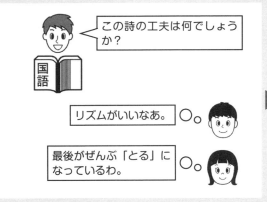

「とる」の詩を音読させてから，詩の工夫について考えさせていく。「とる」の詩を音読する活動は，前回に続いて，二度目なので，音読させる前に詩が書かれた短冊をバラバラに置いて，正しく並び替える活動を入れてもよい。

そして，「とる」の詩で見付けた工夫をもとに，自分たちで言葉を決めて「言葉遊び詩」を作っていくことを指示する。

❷2人組で詩を選んで広げていく

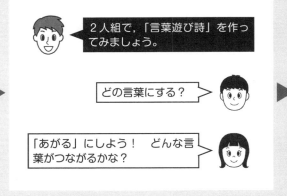

「言葉遊び詩」を作らせる前に，前回の学習で広げた言葉を，板書を使って全体で共有する。これらの言葉が，詩を作る際の支援となるよう，真似してよいことを示しておく。

「言葉遊び詩」を作る活動は，2人組となり1行ずつ交代で作らせていく。手助けが必要な子が相談できることや交代で楽しみながら作らせることがねらいである。

本時の目標	・意味の違いを考えながら、「とる」の詩をもとに「言葉遊び詩」を作ることができる。	本時の評価	・意味の違いを考えながら、「とる」の詩をもとに「言葉遊び詩」を作っている。

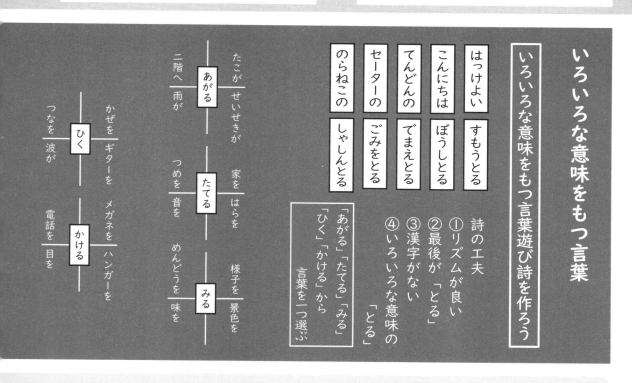

❸ 2人組で交代して1行ずつ作る

❹ 学習を振り返る

2人組で2行完成させたら、教師の前に持ってこさせる。教師は、「とる」の詩の工夫を使っているかどうか、意味が妥当かどうかを簡単に確認し、丸を付ける。丸を付けながらはげます声かけをすることが重要である。

スモールステップで評価をすることで、子どもたちが達成感をもって、楽しみながら活動できるよう働きかけていきたい。

できあがった「言葉遊び詩」を他のグループに紹介させ、簡単に交流させた後、学習の振り返りを行っていく。

学習を通して、自分が思ったこととして、「すごい」「おもしろい」「ふしぎ」の観点から一つを選ばせて理由とともに振り返りを書かせていく。

時間がある場合には、詩を作った2人組で交流させていくのも有効である。

漢字の広場③

2時間

■ 単元目標・評価

- ３年生までに配当されている漢字を書き，文や文章の中で使うことができる。（知識及び技能(1)エ）
- 間違いを正したり，相手や目的を意識した表現になっているかを確かめたりして，文や文章を整えることができる。（思考力，判断力，表現力等 B(1)エ）
- 言葉がもつよさに気付くとともに，幅広く読書をし，国語を大切にして，思いや考えを伝え合おうとする。（学びに向かう力，人間性等）

知識・技能	３年生までに配当されている漢字を書き，文や文章の中で使っている。（(1)エ）
思考・判断・表現	「書くこと」において，間違いを正したり，相手や目的を意識した表現になっているかを確かめたりして，文や文章を整えている。（B(1)エ）
主体的に学習に取り組む態度	進んで３年生に配当されている漢字を用いて書こうとしている。

② 単元のポイント

付けたい力

　本単元を通して児童に付けたい力は，「３年生までに配当されている漢字を正しく用いて文を書く力」である。「文を書く」というのがポイントである。文を考えながら，漢字を使うというところに，よくある漢字ドリルの小テストにはない難しさがある。実際，漢字ドリルで書けている漢字が，自分で文を書いた時には使われないということが少なくない。本単元では，絵を見ながら昔話を書くという設定になっており，文を書くことへの抵抗感を減らすような工夫がなされているが，それでも文を考えることにも難しさを感じる子もいるだろう。「さぁ，書きましょう」と子どもに丸投げするのではなく，どの子も安心して取り組めるように工夫をしていきたい。

3 学習指導計画（全2時間）

次	時	目標	学習活動
一	1	・3年生までに配当されている漢字を用いて，昔話を書くことができる。	○既習の漢字を用いながら「おむすびころりん」の話を書く。
	2	・3年生までに配当されている漢字を用いて，昔話を書くことができる。	○既習の漢字を用いながら「浦島太郎」の話を書く。

1/2時間 漢字の広場③

準備物：なし

●1番の読み手は自分

多くの子どもたちにとって、文を書くことは、なかなか骨の折れる作業です。ですから、一度書いた文を読み直す習慣は、実際には、なかなか身に付きません。でも、自分で書いた文を読み直さないと文の間違いに気付かず、そのままになってしまうということが、よく起こります。まず、自分で読み直す。その際、声に出して音読すると、文のつながり、句読点の間違いに気付きやすくなります。題材の決まっている本単元は、そんな「読み直し」を身に付けるチャンスです。

●文をつなげていくことが苦手な子には

本時でつまずくポイントは、漢字よりも文をつなげることではないでしょうか。書く前に口頭で言わせたり、他の子が話した文を聞かせたりすることで、抵抗を減らすことができますよ。

---

③すると、おじいさんは、おむすびが落ちたあなに、落ちてしまいました。

〈書いたら、読み直そう〉
・句読点
・漢字（書き間ちがい、送りがな）
・文のつながり

---

❶平仮名で書かれた昔話を読む

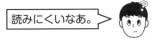

本時の活動は、既習の漢字を使って昔話を書くことである。「～しましょう」と指示をしてもよいが、ほんのひと工夫で、子どもたちに学ぶ必要感をもたせたい。ここでは、教科書の例文を平仮名で板書することからスタートする。子どもたちは、漢字を使わないことへの違和感を感じるだろう。そこで、「漢字を使った方が読みやすい」と漢字を使うよさを確かめたうえで、学習に入る。

❷本時のめあてを確かめる

「さぁ、絵を見て漢字を使って文を書きましょう」といった指示ではじめても、すらすらと書けてしまう子もいるだろう。

ただ、どのように活動を進めていったらよいか分からない子もいるかもしれない。全体の場で、2場面か3場面ぐらいまで、どう書いていくのかを確かめながら書いていくと、苦手な子も安心して取り組める。

本時の目標	本時の評価
・3年生までに配当されている漢字を用いて，昔話を書くことができる。	・3年生までに配当されている漢字を用いて，昔話を書いている。

漢字の広場③

漢字を使って，「おむすびころりん」を書こう

漢字を使おう

あるひのことです。
おじいさんは，ひるごはんのおむすびを，おとしてしまいました。

① ある日のことです。
おじいさんは，昼ごはんのおむすびを，落としてしまいました。
② おじいさんは，急いでおむすびを追いかけました。
でも，おむすびの転がるスピードがはやくて，どんどん進んでいってしまいます。

❸「おむすびころりん」の話を完成させる

② おじいさんは，急いでおむすびを追いかけました。でも，おむすびの転がるスピードがはやくて，どんどん進んでいってしまいます。

全体である程度書き進めたうえで，個人で書き進めていく。
　漢字を使うことよりも，文を綴っていくことの方に，子どもたちは難しさを感じるかもしれない。そこで，学級の実態に合わせて，グループで教え合いながら活動するようにしてもよい。

❹ 読み合い，間違いを正す

「終り」ではなくて「終わり」だよ。

ありがとう。気を付けるよ。

　書いたら，「句読点」「漢字（書き間違い，送り仮名）」「文のつながり」に気を付けて読み直しをさせることが大切である。
　その後，書いた文を互いに読み合う時間を取る。よいところを伝えたり，間違いに気付いたらアドバイスをしたりするようにする。
　個人で書く時間に差ができるため，早く書き終えて読み直しが終わった子から，教室の後ろで，交流させるようにすると空白の時間がなくなる。

第1時　233

漢字の広場③

2/2時間　準備物：なし

●子どもの実態を生かそう

本時は，いきなり「今日は漢字を使って『浦島太郎』を書きましょう」という展開もできるでしょう。ただ，本単元は，「漢字の広場」ではありますが，書く指導のチャンスでもあります。前時での子どものつまずきを生かし，導入で「間違い例文」を提示することで，ポイントを意識しながら書いていくことを狙っています。教科書をただこなすだけではない指導が，子どもに力を付けていくのです。

●習った漢字を平仮名で書いてしまう子に

本時では，文を作ることに夢中で漢字を平仮名で書いてしまう子もいるでしょう。でも，その子にとっては精一杯。イライラせず，にこっと笑顔で指で示して気付かせてあげましょう。

ポイント
- 一文を短く
- 文のつながりに気をつけて
- 読んで，句読点をたしかめる
- しっかり読み直しをする
- 漢字をたしかめる
〈書いたら，読み直そう〉
- 句読点
- 漢字（書き間ちがい，送りがな）
- 文のつながり

❶平仮名で書かれた昔話を読む

「さぁ，読んでみましょう。」
「悪い子どもたちは海岸で，かめをいじめていたら，かめは非しんでいました。」
「何かおかしいなあ。」

本時は，前時に「おむすびころりん」を書いたことを生かして，「浦島太郎」について書いていく。前時の子どものノートを見た時に，文の書き方で間違いはなかっただろうか。

ここでは，前時での子どもの間違いを生かし，敢えて書き方のおかしい文を提示するところから，本時のポイントに気付かせることを意図している。

❷本時のめあてを確かめる

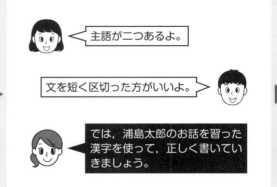
「主語が二つあるよ。」
「文を短く区切った方がいいよ。」
「では，浦島太郎のお話を習った漢字を使って，正しく書いていきましょう。」

教師の例文の間違いを子どもたちで直しながら，書く時に気を付けるポイントを確かめていく。ここでは，「子どもたちは」「かめは」という二重の主語に気付き，「一文を短くする」という指導事項を導くような例にしている。

前時から見えた子どもの書くことの実態に合わせて「間違い例文」を作成し，提示するとよいだろう。

| 本時の目標 | ・3年生までに配当されている漢字を用いて，昔話を書くことができる。 | 本時の評価 | ・3年生までに配当されている漢字を用いて，昔話を書いている。 |

漢字の広場③

漢字を使って、「うらしまたろう」を書こう

〈うらしまたろう〉
悪い子どもたちは海岸で、かめをいじめていました。
　　　←
ある海岸での出来事です。
悪い子どもたちが、かめをいじめていました。
かめは、悲しんでいました。

❸「浦島太郎」の話を完成させる

③うらしまたろうは、かめにのって、りゅう宮城に向かいました。
④りゅう宮城には、美しいタイやヒラメの…

　全体である程度書き進めたうえで，個人で書き進めていく。
　漢字を使うことよりも，文を綴っていくことの方に，子どもたちは難しさを感じるかもしれない。そこで，学級の実態に合わせて，グループで教え合いながら活動するようにしてもよい。

❹読み合い，間違いを正す

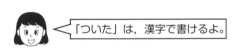

「ついた」は、漢字で書けるよ。

ありがとう。気を付けるよ。

　書いたら，「句読点」「漢字（書き間違い，送り仮名）」「文のつながり」に気を付けて読み直しをさせることが大切である。
　その後，書いた文を互いに読み合う時間を取る。よいところを伝えたり，間違いに気付いたらアドバイスしたりするようにする。
　個人で書く時間に差ができるため，早く書き終えて読み直しが終わった子から，教室の後ろで，交流させるようにすると空白の時間がなくなる。

お礼の気持ちを伝えよう

めあて　手紙を書く練習をしよう　　なまえ[　　　　　　]

下書き　　書きたいことが決まったら、下書きをしよう

初めのあいさつ	季節に関する言葉 ～季節となりました。 ～なってきました。 相手の様子をたずねる言葉 ～お元気ですか。 自分のことから ～ところだった〇年 〇組の〇〇〇〇です。	------------------------------ ------------------------------ ------------------------------
本文	伝えたいこと この間は～こと（など） が、ありがとうございま した。	------------------------------ ------------------------------ ------------------------------ ------------------------------ ------------------------------ ------------------------------
むすびのあいさつ	別れのあいさつ 相手を気づかう言葉 これからもお体に気を 「付けて」～ください。 ～ね。	------------------------------ ------------------------------ ------------------------------
後づけ	日づけ 自分の名前 相手の名前	------------------------------ ------------------------------ ------------------------------

事実にもとづいて書かれた本を読もう

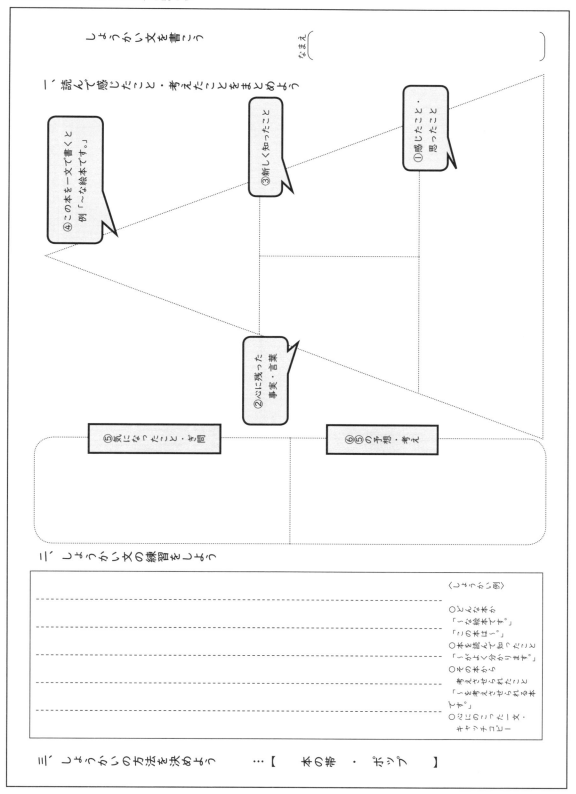

執筆者・執筆箇所一覧 （所属は執筆時）

【編著者】

河合　啓志（大阪府池田市教育委員会）

第1章1　指導内容と指導上の留意点｜こんなところが同じだね｜図書館の達人になろう｜漢字の組み立て｜春の楽しみ｜つなぎ言葉のはたらきを知ろう｜[じょうほう]要約するとき｜夏の楽しみ｜あなたなら，どう言う｜パンフレットを読もう

【執筆者】（執筆順）

小林　康宏（和歌山信愛大学）

第1章2　資質・能力をはぐくむ学習評価

宍戸　寛昌（立命館小学校）

第1章3　国語教師の授業アップデート術

澤野　佑輔（愛知県名古屋市立引山小学校）

春のうた

山本　真司（南山大学附属小学校）

白いぼうし｜漢字の広場①｜新聞を作ろう／[コラム]アンケート調査のしかた｜漢字の広場③

水野　晋吾（愛知県一宮市立葉栗北小学校）

漢字辞典の使い方｜〈練習〉思いやりのデザイン／アップとルーズで伝える／[じょうほう]考えと例

佐藤　司（大阪府豊中市立寺内小学校）

聞き取りメモのくふう／[コラム]話し方や聞き方から伝わること

星野　克行（大阪府吹田市立桃山台小学校）

カンジーはかせの都道府県の旅1｜カンジーはかせの都道府県の旅2｜いろいろな意味をもつ言葉

山埜　善昭（大阪府吹田市立豊津第一小学校）

お礼の気持ちを伝えよう｜事実にもとづいて書かれた本を読もう／ランドセルは海をこえて

上月　康弘（新潟県小千谷市立小千谷小学校）

漢字の広場②｜短歌・俳句に親しもう（一）

手島　知美（愛知県みよし市立三吉小学校）

一つの花｜忘れもの／ぼくは川

【編著者紹介】

河合　啓志（かわい　ひろし）

静岡県生まれ。大阪教育大学卒業後，大阪府池田市の公立小学校を経て，現在，池田市教育委員会指導主事。

【協力】

国語 “夢” 塾

〔本文イラスト〕木村美穂

板書&イラストでよくわかる
365日の全授業　小学校国語　4年上

2021年3月初版第1刷刊	©編著者	河　合　啓　志
	発行者	藤　原　光　政
	発行所	明治図書出版株式会社

http://www.meijitosho.co.jp
（企画）佐藤智恵（校正）nojico
〒114-0023　東京都北区滝野川7-46-1
振替00160-5-151318　電話03(5907)6703
ご注文窓口　電話03(5907)6668

＊検印省略　　　　　　組版所 株 式 会 社 明 昌 堂

本書の無断コピーは，著作権・出版権にふれます。ご注意ください。
教材部分は，学校の授業過程での使用に限り，複製することができます。

Printed in Japan　　　ISBN978-4-18-435416-6
もれなくクーポンがもらえる！読者アンケートはこちらから →

5分の準備で、最高の45分を。

365日の全授業

購入者限定ダウンロード特典付！

板書&イラストでよくわかる 365日の全授業 小学校国語 4年上

河合啓志 編著
国語"夢"塾 協力

全単元・全時間
板書とイラストで、毎時間の授業がパッとつかめる！

全国屈指のいい実践
学び続け、教育書籍・雑誌で活躍する執筆者が伝授！

授業の要所がわかる
本時メインの指示・発問を明示！

板書&イラストでよくわかる 国語

国語"夢"塾 協力
1〜6年【上巻】
定価 3,080 〜 3,190 円（10%税込）
＊下巻2021年7月発売予定
図書番号 4351-4356

板書&写真でよくわかる 社会

木村博一 他編著
3〜6年
定価 2,970 円（10%税込）
図書番号 4263-4266

板書&イラストでよくわかる 算数

宮本博規 他編著
熊本市算数教育研究会 著
1〜6年【各上下巻】
定価 2,750 〜 2,860 円（10%税込）
図書番号 4231-4236／4901-4906

学習カードでよくわかる 体育

関西体育授業研究会 著
1〜6年
定価 2,750 円（10%税込）
図書番号 4751-4756

板書&イラストでよくわかる 外国語活動 外国語

菅 正隆 編著
3〜6年
定価 2,750 円（10%税込）
図書番号 4393-4396

板書&イラストでよくわかる 道徳

田沼茂紀 編著
1・2年／3・4年／5・6年
定価 3,080 円（10%税込）
図書番号 4241-4243

明治図書
http://www.meijitosho.co.jp

携帯・スマートフォンからは **明治図書 ONLINE へ** 書籍の検索、注文ができます。▶▶▶

＊併記4桁の図書番号（英数字）でHP、携帯での検索・注文が簡単に行えます。

〒114-0023 東京都北区滝野川7-46-1　ご注文窓口　TEL 03-5907-6668　FAX 050-3156-2790